Albert Leißmann (Hg.)

Beethovens Persönlichkeit

Urteile der Zeitgenossen

Band 2

www.elv-verlag.de

Leißmann, Albert (Hg.)
Beethovens Persönlichkeit
Urteile der Zeitgenossen
Band 2

ISBN: 978-3-86267-193-9

Auflage: 1
Erscheinungsjahr: 2011
Erscheinungsort: Bremen, Deutschland

Europäischer Literaturverlag GmbH, Fahrenheitstr. 1, 28359 Bremen (www.elv-verlag.de).

Bei diesem Titel handelt es sich um den Nachdruck eines historischen, lange vergriffenen Buches aus dem Jahr 1914. Da elektronische Druckvorlagen für diesen Titel nicht existieren, musste auf alte Vorlagen zurückgegriffen werden. Hieraus zwangsläufig resultierende Qualitätsverluste bitten wir zu entschuldigen.

Beethovens Persönlichkeit

Urteile der Zeitgenossen

gesammelt und erläutert

von

Albert Leitzmann

Zweiter Band
1817—1827

Im Insel-Verlag zu Leipzig 1914

19. Januar.

Ein äußerst interessanter Abend durch Beethoven. Er begleitete seine „Entfernte" zu Nannis Gesang. Ich lebte nur für diesen Augenblick, meine Seele war gefesselt, ein heiliger Schauer durchlief mich, als ich ihn da sitzen sah — endlich, nachdem unsere Erwartung aufs höchste gestiegen war! Er war so wohlwollend gegen uns und wir für unsere Besorgnis, daß der Abend langweilig vergehen würde wegen Schönauers, belohnt. Ich sollte mein zu hohes Interesse für diesen Menschen zurückdrängen, aber es geht nun einmal nicht; ich kann nichts dafür, daß mir ein freudiges Leben meine Seele bei dem Gedanken faßte, daß er den Sommer wahrscheinlich auf Tage unser Hausgenosse werde; in diesem Wort liegt sehr viel, unendlich viel. Wenn er das so recht geworden wäre — nun und was dann? Ja dann hätte ich manches gehofft und nun darf ich nichts, nicht einmal hoffen.

27. Januar.

Verstimmt durch des kleinen Beethovens Zurückkunft vom Onkel, welcher krank ist und dem wir frische Eier schickten, da er mir sagte, er sei sehr traurig.

31. Januar.

Gestern vormittags unterhielt sich Nanni so gut mit unserem lieben Beethoven und erzählte mir so viel von einem höchst interessanten Gespräch über Kunst und von den Briefen und Geschenk, welches er von einer Bremer Bürgerin erhalten.

1. März.

Daß Beethoven auf uns böse ist, ist etwas, was mich die Zeit her recht sehr betrübte, obwohl die Art, wie er es zeigte, das traurige Gefühl mehr in ein bitteres umschuf. Es ist wahr, daß der Vater nicht artig gegen ihn gehandelt hat, aber Menschen, die ihm ihre Achtung und Liebe jederzeit so bewiesen haben wie wir, sollte er nicht mit beißendem Spott zurückweisen wollen. Er hat jenen Brief wohl in einer seiner menschenfeindlichen Launen geschrieben und ich verzeihe es gern. Wir sahen ihn nun seit jenem Abend nicht mehr, als ich und Nanni krank zu Bett lagen.

6. März.

Übrigens fühle ich mich durch Beethovens Betragen gegen uns wahrhaft gekränkt, mein bitteres Gefühl gegen ihn verlöscht ganz gegen ihn und ich fühle nur den ängstlichen Wunsch, bald die dumme Geschichte aufgeklärt zu sehen und, wenn ich ihn auch nicht oft sehe, doch zu wissen, daß er mit freundschaftlichem, liebevollem Herzen an uns denkt; das weiß ich nun nicht und es beunruhigt mich und Nanni selbst in unseren Träumen. Der böse Mensch! wenn er wüßte, wie viel trübe Augenblicke er uns schon gemacht hat, und es einsehen könnte, wie wir beide es doch so gar nicht um ihn verdient haben und ihn immer so lieb haben — er müßte vermöge seines gefühlvollen Herzens auf der Stelle kommen und ganz gut mit uns sein!

15. März.

Ich überlese diese letzten Zeilen mit einem überaus angenehmen Gefühle; denn er kam — und alles ist wieder gut. Wie wehe tut es mir, bemerken zu müssen, daß Karl sehr viele Schuld an diesem Mißverständnis hatte, und wie viel weher, noch überhaupt neue Züge seines Leichtsinns an seinem braven Onkel ausgeübt zu sehen, welche ihm neu waren und ihn desto mehr kränkten. —

Als Nanni Beethoven fragte, ob er noch bös wäre, so antwortete er: „Ich lege viel zu wenig Wert auf mich, um es zu sein." Dennoch taute er erst nach unseren wechselseitigen Erklärungen auf, wo es sich denn fand, daß nur Mißverständnis die Ursache dieser kleinen Spannung war. Das Undelikate der Handlungsweise des Vaters wegen dem Abholen Karls, der Mahnung wegen des Geldes, was ihm Karl vor dem Klaviermeister ausgerichtet hatte, nebst der Lüge des letzteren, man habe ihn abgewiesen, sich auf dem Klavier zu üben, alles dies zusammengenommen wirkte auf sein ohnedies bedrängtes Gemüt, so daß er uneingedenk des Vertrauens, das er uns schuldig ist, sich nicht liebevoll an seine Freunde wandte, sondern dem Schein traute. Doch er kam — er schien ja verlegen, sein Brief tut ihm vielleicht jetzt leid und ich lebe wieder in der beruhigenden Überzeugung, daß er uns so gut ist, wie er es sonst war. Überhaupt war ich in meinen Erwartungen nie so genügsam als jetzt; wenn mein erfüllter Wunsch, Beethoven möchte es einsehen, daß wir es gut mit ihm meinen, und er uns dafür liebhaben, wenn dieser Wunsch noch eine Ausdehnung erleiden darf, so wäre es: in seiner Nähe zu leben und ihm, wenn es in unserer Macht stände, manche trübe Stunde seines Lebens zu erheitern.

2. Mai.

Unsern teuern Beethoven sehe ich sehr selten; es tut mir sehr wehe, daß ich ihn wegen dem Knaben bedauern muß: viel Kummer wird er ihm noch machen und wie sehr wünschte ich jede trübe Wolke von seiner Stirn zu bannen. Mit seinem neuen Lied „Nord oder Süd" hat er uns wieder so viel Freude gemacht.

13. Mai.

Beethoven sah ich gestern wieder nach langer Zeit bei uns. Er atmet in unserer Nähe, sein schöpferischer Geist erschafft vielleicht in unserer Nähe Werke, die Jahrhunderte noch bewundert werden. Wenn er sich doch ganz ungehindert dem Drange seines immer weiterstrebenden Geistes überlassen könnte! Doch oft mag seine Gesundheit darunter leiden, daß ihn kalte, gemeine Begebenheiten der gedrückten Menschheit im gewöhnlichen Leben quälen, ihn, der so sehr verdiente, von nichts und niemand gequält zu werden!

15. Juni.

Ich will warten, ob er mich vielleicht nicht ganz ohne Interesse findet; denn jenem zu gefallen, dem ich eigentlich am liebsten gefallen möchte, das geschieht doch nicht. Heute eben war ich wieder entzückt über die Werke seines kräftigen schaffenden Geistes. Seine Musik durchdringt mein Innerstes und macht ein enthusiastisches Gefühl für den Mann in mir rege, welches nur dessen höheren Wert als Mensch zur Basis hat und dadurch noch gediegener ist. Er und Nanni hatten neulich einmal ein zwar kurzes, aber sehr interessantes Gespräch über Liebe und Ehe. Wie er in allem ein besonderer Mensch ist, so ist er es auch in seinen Meinungen und Ideen hierüber.

Jede Art Verhältnis beim Menschen ist ihm unangenehm; ich glaube ihn zu verstehen, wenn ich sage, er will die Freiheit des Menschen nicht beschränkt wissen; so ist es ihm weit interessanter, wenn ein weibliches Wesen ihm, ohne an ihn, wie er meint, gebunden zu sein, ihre Liebe und mit ihr das Höchste schenkt. In dem Verhältnis des Mannes zum Weibe glaubt er vielleicht schon die Freiheit des Weibes beschränkt. Von einem Freunde erzählte er, welcher ihm gesagt, man müsse ganz ohne Liebe ehelichen, er sei recht glücklich und habe viele Kinder. Wir waren noch weniger der Meinung dieses Freundes als er, der immer meinte, er wüßte es nicht.

Von sich sagte er, er habe keine Ehe gekannt, von welcher nach einiger Zeit nicht das eine oder andere den Schritt bereut hätte, und von wenigen Mädchen, welche er in früheren Zeiten zu besitzen als das höchste Glück erachtet hätte, hat er in der Folge die Bemerkung gemacht, daß er sehr glücklich sei, daß keine von ihnen seine Frau geworden wäre, und wie gut es sei, daß die Wünsche der Sterblichen oft nicht erfüllt würden. Meine Bemerkung spar ich, aber ich glaube ein Mädchen zu kennen, die ihn, von ihm geliebt, gewiß nicht unglücklich gemacht haben würde, ob aber auch glücklich? Nanni bemerkte, daß er seine Kunst immer mehr lieben würde als seine Frau: das, meinte er, wäre auch in der Ordnung und daß er eine Frau nicht lieben könnte, welche seine Kunst nicht zu würdigen verstände. Basta!

25. Juni.

Gestern sah ich den guten Beethoven ganz ergriffen von den traurigen Verhältnissen mit der Mutter des Kindes. Er wurde erheiterter nach Mitteilung und unserem Mitgefühl.

8. Juli.

An Beethoven habe ich geschrieben wegen seinem Brief an Karl, doch hat er den Brief noch nicht. Ich kann es nicht aushalten, wenn irgendeine Spannung zwischen uns ist!
Er kann die Wahrheit, die er enthält, und die Beweise unserer Achtung und Verehrung nicht übel deuten und ich glaube, sie könnten ihm angenehm sein. Nur war mir der Gedanke unangenehm, daß wirklich etwas Wahres daran ist, daß der Vater öfters seine Handlungsweise für inkonsequent gehalten hat, doch wie kann Beethoven glauben, daß er gegen Karl so etwas äußern würde? Wenn ich es mir recht in den Kopf gehen ließe, würde es mich wahrscheinlich sehr verdrießen.

21. Juli.

Im ganzen genommen verlebte ich den gestrigen Tag recht angenehm in Heiligenstadt. Die Tage vorher hatte ich einige Gemütsbewegung, welche mein gewöhnlich ruhiges Leben ein wenig aus dem Geleise brachte. Erstens wegen dem Brief, welcher endlich an die Adresse kam, an Beethoven, wo ich seinen scheinbaren Verdacht in betreff Karls rüge und unsere Gesinnungen klarer, als man es bei ihm im Sprechen kann, dartue ...

Was unsern Beethoven betrifft, so bin ich sehr froh, in meinem alten Gedanken, er erkenne unsere Gesinnungen in Rücksicht seiner, fortleben zu können; denn ich kann mir nicht helfen, aber es gehört zu meiner Ruhe, zu wissen, daß er uns nicht verkennt. Nach unserem Spaziergang von Nußdorf, wo mich der Anblick der Donau mit ihren grünen Ufern überraschte, kehrten wir ... zu Rohmanns Wohnung.

10. August.

Von da an häuften sich viele unangenehme Kleinigkeiten bis zur Geschichte mit Beethoven, welche allem die Krone aufsetzte. Daß Nanni durch ihr kluges, schnelles Handeln großen Verdruß und Schmerz von uns abgewendet, beweist ihr hellerer, richtigerer Blick, denn ich fürchtete mich, so in das Handeln anderer einzugreifen; doch wenn ich die Ursache dieser Mißhelligkeiten gewesen wäre, hätte ich vielleicht ebenso alles aufgeboten, um sie wieder gutzumachen. Am Abend konnte ich und Nanni Pachern kaum erwarten, um diesem sich immer mehr bewährenden Freunde unsere Leiden zu klagen ... Als Karl von Czerny zurückkam, bat er mich vom Onkel aus, ich möchte jenen in Wut und Verblendung geschriebenen Brief desselben dem Vater nicht übergeben. Nun war alles gut. Gestern ... kehrte ich im Regen nach Hause, als mich Beethovens Brief an den Vater, in welchem er eine so höchst kränkende Meinung von mir zeigt, im Innersten schmerzte, ja empörte. Ich konnte nicht ruhen, nicht rasten und schrieb sogleich meine Herzensmeinung nieder. Noch nie habe ich eine so kränkende Erfahrung gemacht und von einem Menschen, welchen ich so sehr hochschätzte, schmerzt sie desto mehr. Wenn Duncker das wüßte, daß Beethoven mich für so niedrig hält, denn ich kann es nicht anders nennen, wenn er von mir glaubt, daß ich gegen Karln meine Mißbilligung gegen seine Reden zu ihm zeigte und überhaupt das Tun und Lassen des Onkels mißbilligte, ihn gegen das Kind verkleinere und was dergleichen meiner unwürdige Dinge mehr sind. Nanni glaubt, er müsse dem Inhalt meines Briefes glauben: ich zweifle fast, denn ein Mensch, welcher so sehr von Mißtrauen gegen jemand eingenommen, von dem er mit einiger Menschenkenntnis eine bessere Meinung haben müßte, wird, wenn er auch vielleicht für den Augenblick glaubt, bei ähnlicher Gelegenheit doch wieder zweifeln; nur dann könnte es sein, wenn er Beweise meiner Denk- und Handlungsweise hätte, und die bin ich nicht in der Lage ihm geben zu können. Ich verzeihe ihm ganz! doch kränkt es mich tief und wenn, ich muß sagen, was ich fühle, die Freundschaft Pachers nicht so wohltäte, würde ich mich sehr unglücklich fühlen.

8. Januar 1818.

Sonntags kränkte mich sehr, was uns von Beethoven kam. Des Vaters Vorschlag, Karln um sehr geringes Geld zu behalten, nahm er nicht an aus Gründen, welche er uns verschweigt, und Ende dieses Monats müssen wir uns von ihm trennen und mit ihm, wie es scheint, von jeder näheren Verbindung mit unserem so teueren Beethoven, der uns aber schon seit unserer näheren Bekanntschaft manchen Kummer bereitet.

Ich wußte nicht gleich, was mir bei der Sache so sehr wehe tat: die Art, wie sie geschieht. Der förmliche, äußerst höfliche, aber nicht herzliche Brief, welchen er dem Vater geschrieben, nicht die mindeste Erwähnung von ihm nebst dem Vorhersagen, daß Karln ein Bestellter abholen würde. Dies Benehmen, aus welchem ich nur zu deutlich abnehme, daß er nicht gegen uns so denkt, wie er sollte und wie wir es verdienen, verursacht mir wirklich Schmerz und macht uns die Trennung von Karln nur desto fühlbarer.

9. August.

Nachmittags besuchten wir unseren immer gleich teueren Beethoven. Wie alles, was er mir antat, so verschwunden ist! Er lebt wenigstens zufriedener in den Intervallen, wo ihm die Mutter seines Neffen keinen Kummer macht in der Sorge für dessen Wohl. Er zeigte Freude uns wiederzusehen und versprach, uns, sobald er in die Stadt käme, zu besuchen. Er spielte uns auf dem ihm aus England geschickten Fortepiano. Es war nicht viel, aber Beethoven spielte. — Karl war nicht zu Hause. Ich verließ ihn nicht mit unbefriedigtem Herzen, denn ich hatte manches Unangenehme rücksichtlich seiner Gesundheit und seiner Laune befürchtet.

6. November.

Gestern war einmal wieder Beethoven bei uns. Wir hatten ihm eine Wirtschafterin besorgt. Er war drei Stunden da und da er diesen Tag besonders schlecht hörte, so schrieben wir immer. Man kann nicht mit ihm sein, ohne von seinem vortrefflichen Charakter, seinem tiefen Gefühl für das Gute und Edle ganz eingenommen zu werden. Wenn ihm doch Karl Ersatz gäbe für so viele Aufopferungen, die er seinetwegen machte! In meine Hoffnungen mischten sich ängstliche

Zweifel. Er wird wahrscheinlich diesen Frühling eine Reise nach London machen. Vielleicht ist es von vielem Vorteil in ökonomischer Hinsicht für ihn.

20. November.

Den gestrigen Abend verlebte ich recht angenehm durch Beethovens Gesellschaft. Ich und Nanni nahmen uns einmal ein Herz und sangen in seiner Anwesenheit und siehe da! er, den wir fest bei Hogarths Kupferstichen glaubten, näherte sich bei dem ersten Duett und blieb uns immer zur Seite. Er flößte uns seinen Geist ein und spielte zum Teil mit oder sang mit, was freilich sehr komisch klingt und wo er selten den rechten Ton trifft, doch hilft es sehr den Ausdruck zu erkennen, denn man hört doch immer das crescendo. Wir bedauerten unendlich unser kindisches Wesen, welches uns so lange abhielt, dies Vergnügen zu genießen, was wir so manchen Abend (vorzüglich weil er vielleicht nicht lange hier bleiben wird, da er schon die zweite Einladung nach England erhalten), der besonders für Beethoven ganz gleichgültig verging, hätten haben können. Er war recht herzlich gegen uns, was mich sehr freute. — Wenn er uns nur noch recht oft besuchte! Ich hoffe es: er muß doch einmal einsehen, wie herzlich wir es mit ihm meinen.

30. November.

Vorgestern war ich durch die Erzählung von Beethovens Haushälterin über die Niedrigkeit des Jungen empört und ins Innerste ergriffen. Das ist mehr als Leichtsinn, der Keim des Bösen konnte also durch gutes Beispiel nicht ausgerottet werden! Ich kann es gar nicht ausdrücken, wie sehr mich der Undank dieses jungen Menschen ergreift. Es ist aber notwendig, so wehe es uns tut und wir bei Beethovens unglücklicher Lage befürchten müssen, ihm zu mißfallen, ihm hier die traurige Wahrheit zu zeigen in ihrer ganzen kränkenden Wirklichkeit. Wenn es nur bald geschehen könnte, denn hier handelt es sich um Großes! Er kennt seinen grenzenlosen Leichtsinn, aber diese Züge eines verdorbenen Herzens kennt er nicht, muß sie aber kennen lernen, denn später wäre es gewiß schon zu spät, wenn es nicht jetzt vielleicht schon ist. Schreiben wäre das Beste! Ach, wenn ich doch ein Mann wäre! ich wollte sein innigster Freund sein!

5. Dezember.

Nie im Leben werde ich den Augenblick vergessen, als er kam und uns sagte, daß Karl fort sei, zur Mutter entlaufen, und seinen Brief uns zeigte zum Beweis seiner Niedrigkeit. Diesen Mann so leiden, weinen zu sehen, es war sehr angreifend! Der Vater nahm sich des Ganzen mit vieler Tätigkeit an und bei allem Traurigen habe ich ein sehr angenehmes Gefühl in dem Bewußtsein, daß wir jetzt Beethoven viel, ja in diesem Augenblicke seine ganze Zuflucht sind. Er sieht auch gewiß alles ein, wenn er uns in seiner Meinung Unrecht getan hätte. Ach! er kann es nie ermessen, wie sehr wir ihn schätzen, was ich für sein Glück zu tun fähig wäre! Wie zeigt sich hier wieder dieses seltene Wesen! Das böse Kind ist nun wieder bei ihm mit Hilfe der Polizei. Die Rabenmutter! Ach! wie schrecklich ist es, daß dieser Mensch um solche Auswürflinge so leiden muß! Er muß von hier weg oder sie; das ist das Resultat. Beethoven will ihn fürs erste in unsere Verwahrung geben, ein großer Freundschaftsdienst meines Vaters, wenn es geschieht, da er ihn als einen Arrestanten betrachten muß.

Jetzt eben schrieben ich und Nanni mehrere Stunden mit Beethoven; denn wenn er so ergriffen, so hört er fast gar nicht. Wir haben ein Buch vollgeschrieben. Dieser Edelmut, diese reine kindliche Seele! Es wird mir immer einer der schmerzlichsten Gedanken sein, daß dieser Mensch nicht glücklich ist! Es ist nicht in seinem Wesen, einen Menschen für durchaus bös zu halten, wie er sagt, wie es denn dies Weib doch ist. Es tat mir wohl, daß er, als er ging, etwas zerstreuter war; er sagte mir, er wäre von der Geschichte so angegriffen, daß er seine Gedanken erst zusammenfassen müsse. Sein Herz habe die Nacht geschlagen, hörbar. Ach! und es bleibt mir immer nichts zu sagen übrig als: daß alles, was man tun kann, doch so wenig ist! Ich gäbe mein halbes Leben für den Mann! Zuletzt denkt er immer an sich. Er klagte, daß er nicht wisse, was mit seiner Haushaltung geschehen würde, wenn Karl weg wäre. Eine seiner schönen Äußerungen war auch wegen der körperlichen Nahrung: er habe das System, daß alles, was hierin zu viel getan würde, er als einen Diebstahl ansehe, welchen man anderen nötigeren Ausgaben mache, als da sind Arme, überhaupt Verwendung für den Geist.

19. April 1820.

Heute abends besuchten wir Beethoven, nachdem wir ihn bald ein Jahr nicht gesehen haben. Es schien mir, daß er uns gerne wiedersah; es geht ihm jetzt im ganzen gut, wenigstens ist wieder ein Zeitpunkt, wo er vor den Quälereien der Mutter Karls Ruhe hat. Mit äußerst wehmütigem Gefühl bedauerte ich, daß jede Verbindung mit diesem trefflichen Menschen aufgegeben ist, je mehr ich von seiner Gediegenheit in jeder Hinsicht ergriffen war. Sein Gehör ist fast noch schlimmer geworden. Ich schrieb alles. Er schenkte mir ein neues schönes Lied: „Abendlied unter dem gestirnten Himmel", was mir sehr viel Freude macht.

Schon im Jahre 1815 während des Wiener Kongresses hatten wir die Hoffnung, Beethoven kennen zu lernen. Es wohnte damals der geheime Kabinettssekretär Duncker des Königs von Preußen bei uns, welcher ein großer Musikliebhaber war, namentlich Beethoven sehr verehrte. Er hatte ein Trauerspiel gedichtet namens „Leonore Prohaska", dazu sollte ihm Beethoven einige Stücke komponieren, was auch geschah: einen kurzen, aber wunderschönen Jägerchor, eine Romanze und einige Zeilen mit Harmonikabegleitung, Melodram; den bekannten herrlichen Trauermarsch aus der Sonate ließ der Dichter sich von ihm instrumentieren. Schwester und ich meinten, warum Herr Duncker sich nicht einen neuen Marsch ausgebeten, doch er fand, daß er keinen schönern hören könne. Die Musikstücke bis auf den Trauermarsch sind bei uns noch vorhanden, wir hatten auch die Erlaubnis, selbe veröffentlichen zu dürfen unter dem Namen: „Friedrich Duncker", es ist aber nicht dazu gekommen. Der herrliche Marsch ist jährlich einmal, ich glaube in einem geschlossenen Musikverein in Berlin, aufgeführt worden. Das Stück ist nicht zur Aufführung gelangt: eine Hauptursache davon war die, daß der Zeitpunkt, wo es allgemeinen Anteil erregt haben könnte, bereits vorübergegangen war. Duncker mußte oft deswegen sich mit dem Compositeur besprechen und immer war dieser mit dem Text des Jägerchors nicht zufrieden, auch zuletzt noch nicht ganz: das machte, weil Beethoven den Nachdruck auf die erste Silbe wünschte.

Als Beethovens Bruder, ein Beamter in Wien, gestorben war, wurde Beethoven zum Mitvormund des Sohnes ernannt; die Mutter lebte, aber sie wurde nach einem Prozeß von der Vormundschaft ausgeschlossen. Der Knabe war, wie ich glaube, neun Jahre alt. Nun brach, wenn ich so sagen darf, ein neues Gemütsleben bei Beethoven hervor: er schien sich dem Jungen mit Leib und Seele weihen zu wollen und je nachdem er fröhlich war durch seinen Neffen oder in Verdrießlichkeiten verwickelt wurde oder wohl gar Kummer erdulden mußte, schrieb er oder konnte er nichts schreiben. — Es war im Jahre 1816, da kam er zum erstenmal in unser Haus, um seinen geliebten Karl in das Institut zu geben, welches mein Vater schon seit dem Jahre 1798 errichtet hatte. Dieses Begebnis war für die Töchter besonders erfreulich und ich sehe noch, wie Beethoven mit Beweglichkeit sich hin und her drehte und wie wir, auf seine dolmetschende Begleitung, Herrn Bernard, später Redakteur der „Wiener Zeitung", nicht achtend, uns gleich zu Beethovens Ohr wandten; denn schon damals mußte man ihm ganz nahe sein, um sich ihm verständlich machen zu können. Von dieser Zeit an hatten wir das Vergnügen, ihn oft zu sehen, und später, als mein Vater mit dem Institut in die Vorstadt zog, Landstraß-Glacis, nahm auch er sich eine Wohnung in der Nähe und den nächsten Winter war er fast alle Abend in unserm häuslichen Kreise. Leider waren recht interessante Abende selten, denn häufig war er, ein Pegasus im Joche, durch die vormundschaftlichen Angelegenheiten verstimmt oder wohl auch kränklich. Dann geschah es, daß er ganze Abende bei uns am runden Tisch, wie es schien, in Gedanken versunken saß, manchmal wohl auch lächelnd ein Wort hinwarf, dabei fortwährend ins Schnupftuch spuckend oder nach Volksausdruck „spiazelnd", dabei es jedesmal ansehend, so daß ich manchmal dachte, er fürchte, Blutspuren zu finden. Leider hatten wir selbst viel schuld an dieser Langweiligkeit; denn wie Beethoven sich öfters in kleinen Spöttereien gefiel, so hatte er auch über Eltern gelacht, welche sagten: „Meine Töchter spielen auch von Ihnen —": das war uns genug und die Musik war grade damals bei uns fast verbannt, was mich später oft gereuet hat.

Denn einmal, als er mit Zeitungslesen beschäftigt im Zimmer war und ich meine Scheu überwand und sein „Kennst Du das Land" spielte, kam er allsogleich herbei, taktierte und bei einer Stelle, wo vielleicht mancher nachlassen würde, wollte er eifrig gleich fortgespielt haben.

Einmal auch, als er uns „Die entfernte Geliebte", Text von Jeitteles, gebracht hatte und Vater wollte, ich solle meine Schwester begleiten, ließ er mich nur die Angst ausstehen und mit den Worten: „Gehn Sie weg!" setzte er sich und begleitete selbst. Dabei muß bemerkt werden, daß er zu unserm großen Erstaunen häufig falsch griff und dennoch wieder, als meine Schwester fragte, ob sie nicht gefehlt oder so was, antwortete: „Es war gut, aber hier" — und da bezeichnete er eine Stelle, wo kein Verbindungsbogen angegeben war — „hier müssen Sie hinüberziehen"; — also das hatte er vermißt. — Es war derselbe Abend, an dem er, nachdem er recht heiter gewesen war, plötzlich still und verstimmt wurde. Wir erfuhren später, daß ihm der Name „Schönauer" zu Ohren gekommen, wie unser sehr harmloser, guter Onkel hieß, er aber glaubte, es sei der Advokat der Mutter seines Neffen, der denselben Namen trug.

Einst war die Rede von dem von ihm in Musik gesetzten Lied: „Wenn ich ein Vöglein wär und auch zwei Flüglein hätt, flög ich zu dir!" — da wollte er, meine Schwester sollte die Klavierbegleitung dazu machen, und als sie es endlich tat, so sagte er, es müsse ja die Begleitung mehr oben im Violin sein — vielleicht war es nur Scherz. — Einen kleinen Kanon schrieb er uns auch einmal auf, mit Bleistift nur, auf den Text: „Wie Silber ist die Rede, doch zu rechter Zeit schweigen, ist lauteres Gold."

Von meiner Schwester sagte er öfter: „Sie mag mich ja nicht, sie hat ihren Schmerling!", auch versprach er ihr ein Hochzeitslied, was auch geschah: der Text ist von einem alten Freunde unseres Hauses, der Professor der Philologie an der Universität zu Wien war; ach, wer kannte den alten Stein nicht, den Tabakhasser! Mein Vater hatte ihm angegeben, wie er das Gedicht wünsche. Damals ging auch einmal letzterer mit mir in Beethovens Wohnung, wo ich das Lied spielen mußte und Beethoven mir angab, wie er es gespielt wolle: da sagte er wiederholt, daß derlei Kompositionen klar und verständlich sein müßten und auch so vorgetragen werden müßten.

Und ich erinnere mich wieder an einen andern Abend, an dem er wie ein Kind mit uns herumtollte und vor den Angriffen sich mit Stühlen usw. verpalisadierte. — Übrigens säumte des Kindes Mutter nicht, meinem Vater und dem Onkel Verdruß zu machen, indem sie gegen die gerichtliche Übereinkunft ohne Erlaubnis den Knaben heimlich sehen wollte. Sie soll einmal als Mann verkleidet auf den großen Platz am Hause gekommen sein, wo die Knaben ihre Turn= oder gymnastischen Übungen hielten; das kann ich aber nicht verbürgen. Dies jedoch, daß ihr Erscheinen und Dringen, den Sohn ihr mitzugeben, uns oft sehr lästig war, wenn es zuweilen geschah, wenn unser Vater nicht zu Hause war.

Einmal kam ich mit Beethoven in sehr unangenehme Konflikte, weil er geglaubt hatte, ich gäbe ihm in seiner Handlungsweise unrecht gegen seinen Neffen. Überhaupt verwunderte ich mich oft darüber, daß Beethoven so viel auf die Meinung der Menschen hielt und einmal bei Gelegenheit wegen des Neffen äußerte: „Was werden die Leute sagen, sie werden mich für einen Tyrannen halten." Das konnte aber niemand glauben, wenn er ihn nur einmal mit seinem geliebten Neffen gesehen hatte; denn er duldete sogar, daß dieser ihn leiblich tyrannisierte, wenn er auf ihn hinaufkletterte und ihn fast vom Stuhl warf. — Zu meiner Schwester hatte

Beethoven ein solches Vertrauen, daß er ihr einmal heimlich schrieb, sie solle ihm aufrichtig ihre Meinung sagen, ob sie glaube, daß Karl, welcher neun Jahre unter dem traurigen Einfluß der Mutter sich befunden habe, noch zurechtkommen würde. Die Schwester hat ihm nach unserer hoffnungsvollen Ansicht mit „ja" geantwortet. — Mich hat er einmal sehr gekränkt, da er meinte, eine Nachlässigkeit meiner Schwester, welche auf dem Nicht-lesen-können seiner Schrift beruhte und wohl einigermaßen entschuldigt werden konnte, aber die Ursache eines Verdrusses mit der Mutter wurde, sei mir zuzuschreiben. Merkwürdig war mir, daß, nachdem er durch ein sehr aufrichtiges Schreiben von meiner Seite die Wahrheit erfuhr und daß ich keine Schuld an dem von ihm erfahrenen Verdruß habe, er mir kein freundlich Wort gab, sondern nur meiner Schwester mit dem Finger drohte und sagte: „Nu warten Sie, Sie haben was Schönes angestellt."

Unsere Wohnung am Landstraß-Glacis war ziemlich einsam und wenn Beethoven mich so mit dem Schlüsselkorb herumgehen sah, dann lachte er und sagte oft scherzweise: „Da kömmt die Frau Äbtissin!", was mir schon gar nicht gefallen wollte.

Einmal kam er im Frühling, brachte uns Veilchen mit den Worten: „Ich bringe Ihnen den Frühling"; er war einige Zeit sehr unwohl gewesen (er litt öfter an Kolik) und sagte: „Das wird einmal mein Ende sein!", da rief ich ihm zu: „Das wollen wir noch lange hinausschieben!", da erwiderte er: „Ein schlechter Mann, der nicht zu sterben weiß! Ich wußte es schon als ein Knabe von funfzehn Jahren. Freilich für die Kunst habe ich noch wenig getan!" „O, deswegen können Sie keck sterben!" sagte ich. Da antwortete er so vor sich hin: „Mir schweben ganz andere Dinge vor." — Zu der Zeit brachte er uns auch seine herrliche Komposition „An die Hoffnung" aus Tiedges „Urania", welchen er immer Tiedsche nannte, nicht scherzweise. — Beethoven war sehr leicht verstimmbar und so geschah es auch, daß seine Freunde oft glaubten, er habe etwas gegen sie, wenn es nicht der Fall war; aber er war in seinem Benehmen so verschieden und schien zuweilen so unfreundlich und kalt, daß man es glauben mußte und sich scheu zurückzog; — oft aber kam es auch, daß er seinen besten Bekannten nicht traute und sie in der Tat kränkte. — Oft klagte Beethoven über seine ökonomischen Verhältnisse, das war aber ein Steckenpferd von ihm.

In heiterer, gesprächiger Stimmung erzählte uns Beethoven einmal von der Zeit, welche er bei Fürst Lichnowsky zubrachte. Von der Fürstin sprach er mit vieler Achtung. Er erzählte, wie einst der Fürst, bei dem während der Invasion der Franzosen mehrere Gäste sich befanden, ihn wiederholt nötigen wollte, ihnen auf dem Klavier etwas vorzuspielen, er sich aber fest geweigert habe, was eine Szene zwischen ihm und dem Fürsten veranlaßte, worauf Beethoven rücksichtslos und plötzlich das Haus verließ. — Er äußerte einmal: „Mit dem Adel ist gut umzugehen", aber man müsse etwas haben, worin man ihm imponiere.

Von Schauspielern äußerte er einmal, daß dies Leben, dies Rollenspielen im Leben, ihm nicht zusage oder gefalle.

Beethoven gab damals Unterricht dem Bruder des Kaiser Franz, Erzherzog Rudolf; ich fragte ihn einmal, ob dieser gut spiele. „Wenn er bei Kräften ist", war die mit Lachen begleitete Antwort. Auch erwähnte er einmal lächelnd, daß er ihn auf die Finger schlage und, als der hohe Herr ihn einmal in seine Schranken zurückweisen wollen, er mit dem Finger auf die Stelle eines Dichters, wenn ich nicht irre, Goethes, gewiesen habe, in welcher er seine Rechtfertigung zeigte. — Beethoven zeigte immer gegen uns ein sehr dankbares Gefühl und nannte die Leistungen und Pflege für seinen Neffen „unbezahlbar". Einmal sagte er uns, er sei mit Sprichwörtern erzogen worden, dann, er habe einen Jesuiten zum Lehrer gehabt. — Von seinen Eltern sprach er mit vieler Liebe und Achtung, besonders nannte er seinen Großvater "einen Ehrenmann". — Oft sprach er in großer Verstimmung und Entrüstung über manche Staatseinrichtung, er war auch drum und dran, daß er eine große Reise machen wolle, vielleicht nach England. Er erzählte uns auch einmal, daß Engländer bei ihm waren; lachend sagte er: "Sie haben mir meine Feder weggenommen!" — Auf sein Leben, äußerte er, halte er nichts, nur wegen seines Neffen! — Bei seinem zarten Gefühl und bei seinem Mißtrauen, welches auf kurze Zeit wenigstens seine besten Freunde kränkte, gab es manchmal Verstimmungen von seiner Seite, welchen man nicht gleich auf die Spur kommen konnte; so, als er uns wieder besuchte, nachdem wir durch sein kühleres Benehmen glaubten, es sei derlei vorgefallen, wodurch er sich für beleidigt hielt, fragte ihn meine Schwester, ob er noch bös wäre (ob er uns noch grolle); da antwortete er: "Ich lege viel zu wenig Wert auf mich, um es zu sein!" — Einst bei einer Geldangelegenheit klagte er gegen meinen Schwager, daß er nicht geglaubt hätte, daß in einem so angesehenen Handlungshause derlei Betrügerei vorfallen könnte; was war es aber? Nur die gewöhnliche Sensarie, die ihm fremd war. — Einmal in einer lustigen Stimmung sagte ich, daß er uns necke, aber mit dem gewöhnlichen Ausdruck "seckiere", da wiederholte er diesen Ausdruck öfter mit Gelächter, so daß ich mich schämte, ihn gebraucht zu haben. — Beethoven hatte einen Bruder und wenn er desselben erwähnte, so nannte er ihn immer mit lautem Lachen: "Mein Bruder, der Apotheker!" Man sagte diesem nach, er habe viel Staat gemacht, wie sich für seinen Standpunkt nicht schickte. — Einmal, wie er über seine ökonomischen Verhältnisse klagte, sagte er, man habe nur für den Schuster, Schneider und Metzger zu arbeiten. — Die Begebenheit von Wienerneustadt, welche er uns einmal mit vielem Lachen erzählte, ist wohl sehr bekannt. Als er bei seinen künstlerischen Spaziergängen bis nach Wienerneustadt kam, machte seine auffallende Erscheinung, da er immer aufschaute und seine Noten ins Taschenbuch schrieb, die Leute glauben, er sei ein Spion; denn es war in Kriegszeit und die Stadt befestigt. Er ward deshalb genötigt, aufs Rathaus zu kommen, und kam erst los, als ein musikliebender anwesender Rat oder dergleichen in ihm Beethoven erkannte. Ich glaube, er hat auch dadurch die Bürgerkrone erlangt. — Einmal brachte er uns Billette zu einem Konzert, worin Karl Czerny Beethovens schönes Septett vortrug. Czerny spielte die Klavierpartie, legte aber statt der darin vorkommenden Fermate von dem Compositeur eine andere ein, wahrscheinlich von den seinigen. Beethoven erzählte es uns und war darüber ganz entrüstet, ja, er sagte zu Czerny u. a., er solle sich schämen, die Leute kennten ja das Stück usw. Da fragte ich ihn, was Czerny darauf erwidert habe. Darauf fing Beethoven, ihn nachahmend, die Hände übereinanderzureiben und etwas zu murmeln an, was sehr komisch anzusehen war; aber Czerny wird wohl etwas gesagt haben, was aber Beethoven nicht verstehen oder hören konnte. — Er bemerkte einmal, wie zur Orchesterleitung auch körperliche Kraft erfordert würde. Ich habe manchmal darüber sprechen gehört, daß Beethoven als Direktor manchen Spielenden nicht so angenehm war als ein anderer, geübter Dirigent; ich weiß nicht, vielleicht war es nur bei einigen so, aber jedenfalls stellte er selbst, wenn ich so sagen darf, das vollständige Bild des aufzuführenden Stückes dar; so wenigstens bei seiner Klavierbegleitung der „fernen Geliebten", denn da saß er schon ganz gefühlvoll da.

Meinem armen Schwager, welcher damals nur etwas minder gehörlos war, sagte er öfter: „Schmerling, brauchen Sie nur nichts! da wirds immer ärger!"

Eine von Beethovens schönen Äußerungen ging einmal dahin, er habe das System, daß alles, was in Rücksicht von körperlicher Nahrung zu viel geschähe, als ein Diebstahl anzusehen sei, welchen man an anderen nötigeren oder wichtigeren Ausgaben mache, als da sind Arme, und Verwendung auf Geistesnahrung.

Die von Beethoven sogenannte „Königin der Nacht", seines Neffen Mutter, hatte es endlich dahin gebracht, daß man seinen Adel als van Beethoven streitig machte und seine Sache zum Stadtmagistrat kam, was ihn sehr kränkte, weil man an ersterer Stelle ihn mehr zu würdigen verstand; auch kam es endlich dahin, daß er der Vormundschaft enthoben und sein Neffe zur Mutter zurückkehrte! Welcher Schmerz für ihn! — Einmal hatte in meiner Gegenwart meine Schwester mit Beethoven ein kurzes, aber interessantes Gespräch über Liebe und Ehe. Wie er in allem ein besonderer Mensch war, so auch in seinen Ideen und Meinung hierüber! Jede Art gebundenes Verhältnis beim Menschen, so sagte er, sei ihm unangenehm. Ich glaubte ihn zu verstehen: er will die Freiheit des Menschen nicht beschränkt wissen; so ist es ihm weit interessanter, wenn ein weibliches Wesen ihm, ohne an ihn gebunden zu sein, ihre Liebe und mit ihr das Höchste schenkt. In dem Verhältnis des Mannes zum Weibe, so schien mir, glaubte er die Freiheit des Weibes beschränkt. Er fuhr dann fort, von einem Freunde zu erzählen, welcher ihm gesagt habe, man müsse ganz ohne Liebe ehelichen, er sei recht glücklich und habe viele Kinder. Wir Mädchen waren noch weniger dieser Meinung als Beethoven, welcher nur sagte, er wüßte es nicht; was ihn beträfe, so habe er noch keine Ehe gekannt, von welcher nach einiger Zeit nicht das eine oder andere den Schritt bereut hätte, und von einigen Mädchen, welche er in früheren Zeiten zu besitzen als das größte Glück erachtet hätte, habe er in der Folge eingesehen, daß er sehr glücklich sei, daß keine derselben seine Frau geworden sei, und wie gut es sei, daß die Wünsche oft nicht erfüllt werden. Meine Schwester machte auch die Bemerkung, daß er seine Kunst immer mehr lieben würde als seine Frau — das, erwiderte er, wäre auch in der Ordnung; auch daß er eine Frau nicht lieben könnte, welche seine Kunst nicht zu würdigen verstände.

Hierher gehört wohl, was er uns einmal von einem Freunde erzählte, welcher mit ihm dasselbe Mädchen liebte, das Mädchen aber zog Beethoven vor. War es ein Anfall von Edelmut? Kurz, Beethoven überließ sie dem Freunde und zog sich zurück, das Mädchen aber starb bald, ich glaube, nachdem sie dennoch der Freund geheiratet hatte. — Das gab ein großes Lamento von unserer Seite, was wir Beethoven auch kundtaten.

Meine Schwester, welche einst einen Goldring an seinem Finger gewahrte, fragte ihn scherzweise, ob er noch eine andere als die „ferne Geliebte" habe? Auskunft scheint er ihr nicht gegeben zu haben. — Ganz ergriffen von einer traurigen Begebenheit, erzählten wir ihm, daß ein Freund des Hauses, den er bei uns gesehen hatte, vor kurzem gestorben und seine Frau — — „Hat wieder geheiratet!" rief er lachend. Aber wie sehr veränderte sich der Ausdruck seiner Züge, als wir ihm sagten, daß sie in Anfällen von krankhafter Mutlosigkeit, ihre Kinder ernähren zu können, sich den Tod gegeben habe.

Zuweilen war er voll Scherz und Neckerei: so kam er eines Abends mit dem jungen Simrock von Bonn; als ich ihm sagte, ich hätte geglaubt, er wäre schon in Baden, antwortete er mir lachend, er höre immer mehr auf zu glauben und ich glaube immer. Wegen einem Lied, das er mir geschenkt und wieder ausgeliehen, sagte er, nun müsse er es mir wohl bald wiederbringen, schon meiner Liebe zur Wahrheit wegen! Es war „Das Geheimnis, Liebe und Wahrheit" von Wessenberg. Und so war er oft in heiterer Laune voll Wortspiele und Witzfunken. — Sehr erfreute es uns, daß Beethoven, nachdem er schon den Entschluß gefaßt, seinen Neffen zu sich zu nehmen, dennoch wünschte, eine Wohnung in unserer Nähe zu finden.

Beethovens Neffe verblieb nur zwei Jahre im Institut meines Vaters, vom Februar 1816 bis 1818. Dann wollte er ihn, für uns so unerwartet, daß wir glaubten, es sei ihm etwas mißfällig gewesen, zu sich selbst nehmen; die wahre Ursache war, daß er ihn wegen der Musik unter den Augen haben wollte; ich glaube, daß er den Gedanken hatte, ihn gründlich für dieselbe auszubilden. Wir waren sehr betrübt über diesen Vorfall und so aus aller Verbindung mit ihm zu kommen. — Doch nicht lange währte es und er mußte einsehen, daß es bei ihm nicht so fortgehen konnte, und eines Tages kam Beethoven in großer Aufregung, suchte Rat und Hülfe bei meinem Vater und klagte, daß ihm Karl davongelaufen wäre! Bei dieser Gelegenheit erinnere ich mich, daß er unter unserm großen und innigen Mitgefühl weinend ausrief: „Er schämt sich meiner!" Nachdem Karl wieder aufgefunden, bat Beethoven meinen Vater, den Delinquenten in Gewahrsam zu nehmen bis auf weitere Entschließung. So geschah es, daß er einige Wochen auf diese Weise in unserm Haus verweilte; da wurde dem Onkel das Herz schwer, er brachte mehrere Klagen vor, es sei in dem Zimmer Karls zu kalt gewesen usw. — und er nahm ihn wieder zu sich. Er wollte ihn später wieder ins Institut geben, aber trotz unserm Flehen, diesmal blieb unser Vater unerbittlich und nahm ihn nicht mehr. Wir hörten dann, daß

Beethoven ihn in ein anderes Institut, dessen Inhaber Blöchlinger hieß, gegeben hatte. — Beethovens Neffe hatte einst bei uns eine Operation zu bestehen und da konnte man seines Oheims reges Dankgefühl erkennen. In einem seiner Briefe an meinen Vater wird darüber abgehandelt und besonders erwähnte er meiner Mutter, die dabei hilfreich und ausdauernd zugegen war. Wenn er, nachdem die Verbindung durch seinen Neffen abgebrochen war, meiner Mutter begegnete, sagte er, indem er ihr so kräftig die Hand schüttelte, daß sie noch lange daran denken mußte: „Ich weiß es, ich soll Sie besuchen!"

Umstände und traurige Lebensverhältnisse auch unserer Familie brachten uns mit Beethoven so auseinander, daß wir zuletzt gar wenig von ihm hörten. Ich klagte dies nach seinem Tode einem guten Bekannten von ihm, der während seiner letzten Krankheit oft bei ihm war; ich sagte ihm auch, wie wehe es mir wäre, daß wir ihn in seiner Krankheit nicht einmal besucht hätten: da meinte jener Herr aber, das solle mir gar nicht leid tun, denn Beethoven habe während der Zeit eine große Scheu vor weiblichen Besuchen gehabt, so daß er, als er einmal glaubte, es käme eine Dame, sich sehr ängstlich und abwehrend äußerte. Derselbe Herr erzählte mir, daß er in früherer Zeit öfter in engerem Zirkel der Aufführung von Musiken von Beethoven beiwohnte, wo er auch zugegen war, da konnte man fortwährend seine Selbstgespräche beobachten; so sagte er einmal: „Jetzt kommt der ungeratene Sohn!"

Als sein Neffe noch bei uns war, lud uns Beethoven einmal zu sich nach Baden ein, wo er die Sommermonate zubrachte, meinen Vater und uns zwei Töchter mit Karl. Obwohl unser Gastgeber von unserm Kommen unterrichtet war, gewahrten wir bald, daß zu unserer Beherbergung keine Anstalt getroffen war. Beethoven ging abends mit uns in einen Gast-

hof und da fiel uns sehr auf, daß er mit dem Kellner um jede
Semmel rechnete, doch dies entsprang daher, daß er wegen
seines schlechten Gehöres von Diensttuenden vielfach betrogen
worden war; denn damals schon mußte man ganz nahe am
Ohr sein, um sich ihm verständlich machen zu können, und
ich erinnere mich, daß ich oft in großer Verlegenheit sogar
durch die graulichen Haare dringen mußte, welche das Ohr
verbargen; er sagte auch oft wohl selbst: „Ich muß mir die
Haare schneiden lassen!" Wenn man ihn so sah, glaubte man,
sie wären steif und struppig, doch waren sie sehr fein und wie
er hineinfuhr, blieben sie auch stehen, was oft komisch aus­
sah. (Einst kam er; als er den Überrock auszog, bemerkten
wir ein Loch am Ellbogen, er mußte sich dessen erinnert haben
und wollte ihn wieder anziehen, sagte aber lachend, indem er
ihn vollends auszog: „Jetzt haben Sies schon gesehen!")
Als wir nun nachmittags in seiner Behausung angekommen
waren, wurde ein Spaziergang vorgeschlagen; doch unser
Wirt wollte nicht mitgehen und entschuldigte sich, daß er so
viel zu tun habe; doch versprach er nachzukommen, was auch
geschah. Als wir abends nach Hause kamen, war aber auch
keine Spur von Beherbergung zu sehen. Beethoven murrte,
ent- und beschuldigte die damit beauftragten Personen und
half uns selbst einrichten; o wie interessant war es, mit seiner
Hülfe ein leichtes Sofa weiter zu schaffen! Uns Mädchen wurde
ein ziemlich großes Zimmer, in welchem sein Klavier stand,
zum Schlafzimmer eingeräumt. Doch der Schlaf blieb in
diesem musikalischen Heiligtum uns lang ferne. Ja, und ich
muß es zu meiner Beschämung bekennen, daß unsere Neu-
und Wißbegierde einen großen runden Tisch, welcher sich
darin befand, unserer Untersuchung aussetzte. Namentlich
war es ein Notizenbuch, über das wir uns hermachten. Da
war aber ein solches Durcheinander von wirtschaftlichen

Angelegenheiten, auch vieles für uns nicht Leserliche, daß es unser Staunen erregte; aber, siehe da! einer Stelle erinnere ich mich — da stand: „Mein Herz strömt über beim Anblick der schönen Natur — obschon ohne sie!" — das gab uns vieles zu denken. Des Morgens brachte uns ein sehr prosaischer Lärm aus unserer poetischen Stimmung! Beethoven erschien auch bald mit zerkratztem Gesicht und klagte uns, daß er mit seinem Bedienten, welcher zum Austreten war, einen Auftritt gehabt habe: „Sehen Sie," sagte er, „so hat er mich zugerichtet!" Er beklagte sich auch, daß diese Menschen, obwohl sie wüßten, daß er nicht höre, dennoch nichts täten, um sich ihm verständlich zu machen. — Es wurde dann ein Spaziergang ins schöne Helenental gemacht: wir Mädchen wanderten voran, dann Beethoven mit unserm Vater. Folgendes war es, was wir mit gespanntem Gehör erhaschen konnten:

Mein Vater meinte, Beethoven könne sich von diesem traurigen Übelstand seiner häuslichen Verhältnisse nur durch ein eheliches Band befreien und ob er niemand kenne usw. Da war denn unsere langgehabte Ahnung bestätigt, er liebe unglücklich! Seit fünf Jahren habe er eine Person kennen gelernt, mit welcher sich näher zu verbinden er für das höchste Glück seines Lebens gehalten hätte. Es sei nicht daran zu denken, fast Unmöglichkeit, eine Chimäre: „Dennoch ist es jetzt noch wie am ersten Tag." Diese Harmonie, setzte er noch hinzu, habe er noch nicht gefunden! Doch es ist zu keiner Erklärung gekommen, er habe es noch nicht aus dem Gemüt bringen können! Dann folgte ein Augenblick, welcher uns für manche Mißverständnisse von seiner Seite und kränkendes Benehmen entschädigte: denn er kannte meines Vaters freundschaftliches Anerbieten, ihm in seinen häuslichen Bedrängnissen womöglich beizustehen, und ich glaube, er war überzeugt von unserer Freundschaft für ihn. — Er sprach noch von dem unglück=

lichen Verlust seines Gehörs, von dem elenden Leben, das er viele Zeit in physischer Rücksicht geführt. Er, Beethoven, war so fröhlich beim Mittagsmahl (im Freien in Helena), seine Muse umschwebte ihn! Er beugte sich öfter an die Seite und schrieb einige Takte mit der Bemerkung: „Mein Spaziergang mit Ihnen hat mir Noten genommen, doch auch wieder eingetragen." Dies geschah alles im September des Jahres 1816.

Cipriani Potter.

Er hörte viel von Beethovens Rauheit und mürrischem Wesen und bemerkte so manches Mal, wie die Leute den Kopf schüttelten, daß er unschlüssig war, ob er ihn besuchen solle. So waren zwei Wochen vergangen, als er eines Tages bei Streichers gefragt wurde, ob er Beethoven gesehen habe und ob er Briefe an ihn habe. Er erklärte daher, weshalb er ihn noch nicht gesehen. Man sagte ihm, das sei alles törichtes Zeug, Beethoven werde ihn gewiß freundlich aufnehmen. Da rief er: „Ich werde sogleich hingehen!" – was er denn auch tat. Er übergab einen oder zwei Briefe, darunter den von Dragonetti. Kaum hatte Beethoven diesen geöffnet, als er auch sein Herz gegen den Gast öffnete, und er bat ihn sofort, ihm einige seiner Kompositionen zu zeigen. Potter zeigte ihm die Partitur einer Ouvertüre. Beethoven überblickte sie mit solcher Geschwindigkeit, daß Potter daraus schloß, daß Beethoven aus Höflichkeit nur einen raschen Blick darein habe werfen wollen, und war höchst überrascht, als Beethoven, nachdem er sie ganz durchlaufen hatte, sich umwandte und ihm ein tiefes Fis im Fagott mit dem Bemerken zeigte, daß diese Note nicht angängig sei, und so noch ähnliche Beobachtungen.

Beethoven riet ihm, einen Lehrer zu nehmen, er selbst gebe

keinen Unterricht, wolle aber alle seine Sachen durchsehen. Auf die Frage Potters, wen er ihm als Lehrer empfehle, sagte Beethoven: „Ich habe meinen Albrechtsberger verloren und habe kein Vertrauen zu irgendeinem anderen." Potter wurde jedoch auf Beethovens Empfehlung Schüler Förfters, bei welchem er so lange studierte, bis ihm sein Lehrer sagte, er habe nun genug studiert und brauche sich jetzt nur noch praktisch in der Komposition zu üben. Als Potter dies Beethoven erzählte, erwiderte dieser, man könne nie aufhören zu studieren, er habe nicht genug studiert. „Sagen Sie dem Förster, daß er ein alter Schmeichler ist." Potter erzählte das Förster, welcher nur dazu lachte. Beethoven lobte Potter niemals ins Angesicht; er sagte wohl: „Recht gut, gut!", aber niemals ein bestimmtes Lob. Bei Streichers jedoch sprach er rühmend über Potter und wunderte sich, daß er ihn nicht öfter in Mödling besuchte. Einmal gab er ihm den Rat, beim Komponieren nie in einem Zimmer zu sitzen, in welchem ein Klavier stehe, um nicht der Versuchung ausgesetzt zu sein, dasselbe zu Rat zu ziehen; wenn sein Werk fertig sei, möge er es probieren; denn er könne nicht immer ein Orchester zur Verfügung haben. Beethoven hat Czerny nach dessen Mitteilung gesagt, daß er selbst in früheren Jahren vielfach am Klavier probiert habe.

Noch manche kleine Züge erzählte Potter aus der Zeit seines Zusammenseins mit Beethoven. Er begleitete den Meister zuweilen auf seinen Spaziergängen über die Felder nach Wien. Beethoven blieb oft stehen, blickte umher und gab seine Freude an der Natur zu erkennen. Eines Tages fragte ihn Potter, wer der größte lebende Komponist sei, ihn selbst ausgenommen. Beethoven schien einen Augenblick nachzusinnen und rief dann aus: „Cherubini". „Und von den toten Meistern?" fragte Potter weiter. Beethoven erwiderte, er habe

jederzeit Mozart als solchen betrachtet, seit er aber mit Händel bekannt geworden sei, stelle er diesen an die Spitze.
Potter hielt „Fidelio" für die erste aller Opern. Als er einst davon sprach, daß er sie in Wien gehört habe, bemerkte Beethoven, er habe sie nicht gehört, und sprach die Ansicht aus, daß die Sänger jener Zeit ihr nicht gewachsen seien. Eines Tages fragte ihn Potter, ob er nicht eine neue Oper zu schreiben vorhabe. „Ja," antwortete Beethoven, „ich schreibe jetzt ‚Romulus', aber die Dichter sind alle solche Narren. Ich werde kein törichtes Zeug [rubbish] komponieren." Als er ihm einst von dem Eindruck erzählte, welchen seinerzeit das Septett auf ihn gemacht habe, sagte Beethoven im wesentlichen folgendes: „Ich wußte in jenen Tagen nicht zu komponieren. Jetzt, denke ich, weiß ich es." Bei dieser oder einer ähnlichen Gelegenheit sagte er: „Jetzt schreibe ich etwas Besseres", und bald nachher erschien die B-Dur-Sonate op. 106.
Einmal fragte ihn Potter um seine Meinung über einen der ersten Pianisten, welche damals in Wien waren: es war Moscheles. „Sprechen Sie nie wieder von lauter Passagenspielern!" war die Antwort. Ein anderes Mal erklärte ihm Beethoven, daß ihn John Cramer mehr befriedigt habe als irgendein anderer.
Potter trat einmal in Mödling in sein Vorzimmer, hörte ihn nahebei phantasieren und wartete natürlich, überrascht und entzückt durch das wundervolle Spiel, zuweilen in unerhörten Harmonien (besser Disharmonien infolge seiner Taubheit), zuweilen übergehend in zarte und schnelle Passagen. Nicht lange nachher öffnete er die Tür ein wenig und sah hinaus; als er Potter erblickte, war er zuerst ungehalten und sagte: „Ich liebe es nicht, daß irgend jemand mir zuhört."
Selbst die Politik spielte eine Rolle in ihren Gesprächen. Gleich am ersten Tage des Zusammenseins stürzte sich Beet-

hoven darauf und belegte die österreichische Regierung mit allen möglichen Namen. Er war erfüllt von dem Gedanken, nach England zu kommen. Sein Wunsch wäre, sagte er, das Haus der Gemeinen zu sehen. „Ihr in England habt Köpfe auf euren Schultern."
Von Interesse ist Potters Mitteilung, daß Beethoven fließend Italienisch sprach, weniger geläufig Französisch. Er muß also durch den Verkehr mit Salieri und anderen italienischen Künstlern den Antrieb erhalten haben, auch in dieser Sprache seine Kenntnis zu fördern, und war ja wiederholt in der Lage gewesen, italienische Texte zu komponieren. In dieser Sprache wurde meist die Unterhaltung geführt. Potter konnte sich ihm verständlich machen, wenn er durch die Höhlung seiner Hand zu seinem Ohre sprach; zuweilen freilich war es klar, daß er nicht gehört hatte; doch genügte es, wenn er das Nötige verstanden hatte.
Potter sah auch oft den Kopisten Schlemmer. Als er aus einer Stelle gar nichts machen konnte, sagte Schlemmer: „Ich muß alles lesen."

Friedrich August von Kloeber.

Nach den Feldzügen von 13 und 14 trat ich aus der Armee und setzte meine künstlerischen Studien in Wien fort, wo damals schon die reichen Galerien der Fürsten zum Studium der Malerei volle Gelegenheit boten, welche hier in dem damals noch kunstarmen Berlin nicht zu finden waren.

Ein jetzt längst verstorbener Schwager von mir, Baron von Skrbensky (Gutsbesitzer in Österreichisch Schlesien), bat mich, ihm ein Bild Beethovens zu einer Galerie berühmter Wiener Künstler der Zeit zu malen.

Die Bekanntschaft Beethovens zu machen, besonders aber ihn zum Sitzen zu bewegen, war eine schwierige Aufgabe. Die glückliche und zufällige Bekanntschaft eines Freundes Beethovens, des Violoncellisten Dont beim kaiserlichen Hofoperntheater, half mir glücklich darüber hinweg, besonders da derselbe sich selbst sehr für diese Sitzung interessierte. Dont riet mir, bis zum Sommer zu warten, da Beethoven gewöhnlich seinen Sommeraufenthalt in Möbling bei Wien nähme und dann am gemütlichsten und zugänglichsten sei. Durch einen Brief des Freundes wurde Beethoven von meiner Ankunft daselbst benachrichtigt und auch auf meinen Wunsch, ihn zeichnen zu wollen, vorbereitet. Beethoven war darauf eingegangen, doch nur unter der Bedingung, daß er nicht zu lange sitzen müsse.

Ich ließ mich am frühen Morgen bei ihm melden. Seine alte Haushälterin ließ mich wissen, daß er bald kommen würde, er wäre nur noch beim Frühstück, hier wären aber Bücher von Goethe und Herder, womit ich mich unterdes unterhalten möchte. Endlich kam Beethoven und sagte: „Sie wollen mich malen, ich bin aber sehr ungeduldig." Er war schon sehr taub und ich mußte ihm, wenn ich etwas sagen wollte, dasselbe entweder aufschreiben oder er setzte das Rohr an, wenn nicht sein Famulus (ein junger Verwandter von etwa 12 Jahren) zugegen war, welcher ihm dann die Worte in das Ohr schrie.

Beethoven setzte sich nun und der Junge mußte auf dem Flügel üben, der ein Geschenk aus England war und mit einer großen Blechkuppel versehen war. Das Instrument stand ungefähr 4–5 Schritte hinter ihm und Beethoven korrigierte dem Jungen trotz seiner Taubheit jeden Fehler, ließ ihn einzelnes wiederholen usw.

Beethoven sah stets sehr ernst aus, seine äußerst lebendigen Augen schwärmten meist mit einem etwas finsteren, gedrückten Blick nach oben, welchen ich im Bilde wiederzugeben versucht habe. Seine Lippen waren geschlossen, doch war der Zug um den Mund nicht unfreundlich. — Er sprach gern von der anmaßenden Eitelkeit und dem verkehrten Geschmack der Wiener Aristokratie, auf die er niemals gut zu sprechen war, denn er fand sich eigentlich zurückgesetzt oder nicht genugsam verstanden.

Nach ungefähr ³/₄ Stunden fing er an unruhig zu werden; nach dem Rate Donts wußte ich nun, daß es Zeit sei aufzuhören, und bat ihn nur, morgen wiederkommen zu dürfen, da ich in Mödling selbst wohne. Beethoven war damit sehr einverstanden und sagte: „Da können wir ja noch öfter zusammenkommen, denn ich kann nicht lange hintereinander sitzen; Sie müssen sich auch in Mödling ordentlich umsehen, denn es ist hier sehr schön und Sie werden doch als Künstler ein Naturfreund sein." Bei meinen Spaziergängen in Mödling begegnete mir Beethoven mehrere Male und es war höchst interessant, wie er, ein Notenblatt und einen Stummel von Bleistift in der Hand, öfters wie lauschend stehen blieb, auf- und niedersah und dann auf das Blatt Noten verzeichnete. Dont hatte mir gesagt, daß, wenn ich ihm so begegnen würde, ich ihn nie anreden oder bemerken sollte, weil er dann verlegen oder gar unangenehm würde. Das eine Mal, als ich gerade eine Waldpartie aufnahm, sah ich ihn mir gegenüber eine Anhöhe aus dem Hohlwege, der uns trennte, hinaufklettern, den großkrempigen grauen Filzhut unter den Arm gedrückt; oben angelangt, warf er sich unter einen Kieferbaum lang hin und schaute lange in den Himmel hinein. — Jeden Morgen saß er mir ein kleines Stündchen. Als Beethoven mein Bild sah, bemerkte er, daß ihm die Auffassung der Haare auf diese Weise sehr gefalle, die andern Maler hätten sie bis jetzt immer so geschniegelt wiedergegeben, so wie er vor den Hofchargen erscheinen müsse, und so wäre er gar nicht. — Ich muß noch bemerken, daß das Ölbild für meinen Schwager größer als die Lithographie ist und daß er dort ein Notenblatt in der Hand hat und der Hintergrund in einer Landschaft aus Mödling besteht.

Beethovens Wohnung in Mödling war höchst einfach so wie überhaupt sein ganzes Wesen; seine Kleidung bestand in einem lichtblauen Frack mit gelben Knöpfen, weißer Weste und Halsbinde, wie man sich damals trug, doch war alles bei ihm sehr negligiert. Seine Gesichtsfarbe war gesund und derb, die Haut etwas pockennarbigt, sein Haar hatte die Farbe blau angelaufenen Stahls, da es bereits aus dem Schwarz etwas ins Grau überging. Sein Auge war blaugrau und höchst lebendig. Wenn sein Haar sich im Sturm bewegte, so hatte er wirklich etwas Offianisch-Dämonisches. Im freundlichen Gespräch nahm er dagegen einen gutmütigen und milden Ausdruck an, besonders wenn ihn das Gespräch angenehm berührte. Jede Stimmung seiner Seele drückte sich augenblicklich in seinen Zügen gewaltsam aus. Noch fällt mir ein, daß er mir selbst erzählte, daß er fleißig in die Oper gehe und zwar gerne ganz hoch oben, teils wohl wegen seiner steten Neigung, sich abzuschließen, teils aber auch, wie er selbst sagte, weil man oben die Ensembles besser höre.

Per Daniel Amadeus Atterbom.

Beethoven habe ich auch bei einem Privatkonzert gesehen. Der Mann ist kurz gewachsen, aber stark gebaut, hat tiefsinnige, melancholische Augen, eine hohe, gewaltige Stirn und ein Antlitz, in dem sich nun keine Spur von Lebensfreude mehr lesen läßt. Seine Taubheit trägt hierzu in betrübender Weise bei, denn er ist jetzt, was man nennt: stocktaub. Dies macht auch, daß er am liebsten in der tiefsten Einsamkeit lebt und selten ein Wort spricht. Er lebt von einer fürstlichen Pension

5. August von Kloeber: Kreidezeichnung (1818).

und schafft mit rastlosem Feuer und Fleiße allerhand musikalische Arbeiten; gleichzeitig erzieht er einen armen Brudersfohn mit vieler Liebe und Sorgfalt. Man sagt, und dies will ich gerne glauben, daß er von Gemüt und Charakter herzlich, redlich, uneigennützig und kraftvoll sei. — Er dirigierte selbst das Konzert, bei dem ich ihn sah: man führte nur Stücke von ihm oder von Meistern auf, die er hinlänglich kannte, um deren Musik innerlich zu hören, denn daß er mit dem äußeren Ohre von ihnen nichts hörte, obwohl sein scharfes Auge die Art ihrer Ausführung fast immer gewahrte, sah ich besonders bei einer großen, obwohl kurzen Taktverwirrung der Spielenden und dann bei einem Piano, welches dieselben in der Hast nicht als solches ausdrückten. Beethoven merkte nichts von allem. Er stand wie auf einer abgeschlossenen Insel und dirigierte den Flug seiner dunklen dämonischen Harmonien in die Menschenwelt mit den seltsamsten Bewegungen. So z. B. kommandierte er Pianissimo damit, daß er leise niederkniete und die Arme gegen den Fußboden streckte; beim Fortissimo schnellte er dann wie ein losgelassener elastischer Bogen in die Höhe, schien über seine Länge hinauszuwachsen und schlug die Arme weit auseinander: zwischen diesen beiden Extremen hielt er sich beständig in einer auf- und niederschwebenden Stellung.

Karl Friedrich Zelter an Goethe.   Wien, 29. Juli 1819.

Beethoven, den ich gern noch einmal in diesem Leben gesehn hätte, wohnt auf dem Lande und niemand weiß mir zu sagen: wo? Ich war willens, ihm zu schreiben; man sagt mir aber, er sei fast unzugänglich, weil er fast ganz ohne Gehör sei. Vielleicht ist es besser, wir bleiben, wie wir waren, da es mich verdrießlich machen könnte, ihn verdrießlich zu finden.

30. Juli.

Mit der Musik weiß man sich hier was und das in Betracht gegen Italien, das sich für die allein seligmachende Kirche hält. Sie sind aber hier wirklich tief gebildet. Sie lassen sich zwar alles gefallen, doch nur das Beste bleibt sitzen. Sie hören gern eine mittelmäßige Oper, die gut besetzt ist, aber ein treffliches Werk, wenn es auch nicht zum besten besetzt ist, bleibt ihnen aufgehoben. Beethoven ist bis an den Himmel erhoben, weil er es sich wirklich sauer werden läßt und weil er lebt; doch wer ihnen den nationalen Humor wie eine unvermischte Quelle, die keinen andern Strom aufnimmt, vorüberführt, das ist Haydn, der in ihnen wohnt, weil er aus ihnen kommt. Sie scheinen ihn alle Tage zu vergessen und täglich lebt er ihnen wieder auf.

Baden, 16. August.

Beethoven ist aufs Land gezogen und niemand weiß, wohin? An eine seiner Freundinnen hat er eben hier aus Baden geschrieben und er ist nicht in Baden. Er soll unausstehlich maussade sein. Einige sagen, er ist ein Narr. Das ist bald gesagt. Gott vergeb uns allen unsere Schuld! Der arme Mensch soll völlig taub sein. Weiß ich doch, wie mir zumute ist, wenn ich hier das Fingerieren ansehe und mir armem Teufel ein Finger nach dem andern unbrauchbar wird. Letzthin ist Beethoven in ein Speisehaus gegangen; so setzt er sich an den Tisch, vertieft sich und nach einer Stunde ruft er den Kellner: „Was bin ich schuldig?" — „Ew. Gnaden haben noch nichts gessen, was soll ich denn bringen?" — „Bring, was du willst, und laß mich ungeschoren!" —
Der Erzherzog Rudolf soll sein Gönner sein und ihm 1500 Gulden Papier jährlich geben. Damit muß er sich denn freilich einrichten wie hier alle Musenkinder. Diese sind hier wie

Katzen gehalten: wer sich nicht aufs Mausen versteht, spart so leicht nichts. Dabei sind sie jedoch alle so rund und vergnügt wie die Wieseln.

Wien, 14. September.

Vorgestern habe ich Beethoven in Mödlingen besuchen wollen. Er wollte nach Wien und so begegneten wir uns auf der Landstraße, stiegen aus, umarmten uns aufs herzlichste. Der Unglückliche ist so gut als taub und ich habe kaum die Tränen verhalten können. Ich fuhr indessen fort nach Mödlingen, wie er nach Wien ... Einen Spaß, der mich nicht wenig kitzelt, kann ich nicht unterdrücken.

Ich hatte auf dieser Fahrt den Musikverleger Steiner bei mir und da sich auf der Landstraße mit einem Tauben nicht viel verkehren läßt, so wurde auf Nachmittag um vier Uhr eine ordentliche Zusammenkunft mit Beethoven in Steiners Musikladen verabredet. Nach dem Essen fuhren wie sogleich nach Wien zurück. Satt wie ein Dachs und müde wie ein Hund lege ich mich nieder und verschlafe die Zeit dermaßen, daß mir auch gar nichts einfällt. So geh ich ins Theater und als ich von fern den Beethoven erblicke, fährt mirs wie ein Donnerschlag in die Glieder. Das nämliche nun geschieht ihm, indem er mich sieht, und hier war nicht der Ort, sich mit einem Gehörlosen zu verständigen. Die Pointe nun folgt:

Trotz des mannigfaltigen Tadels, dessen Beethoven sich schuldig macht oder nicht, genießt er eines Ansehens, das nur vorzüglichen Menschen zugeht. Steiner hatte sogleich bekannt gemacht, daß Beethoven in seinem engen Laden, der etwa sechs bis acht Personen faßt, um vier Uhr zum ersten Male in eigner Person erscheinen werde, und gleichsam Gäste gebeten, so daß in einem bis auf die Straße überfüllten Raume ein halbes Hundert geistreicher Menschen ganz und gar vergeblich warteten. Das Eigentliche erfuhr ich selbst erst andern Tages, indem ich ein Schreiben von Beethoven erhielt, worin er sich (für mich aufs beste) entschuldigte: denn er hatte so wie ich das Rendezvous glücklich verschlafen.

Wilhelm Christian Müller an Konferenzrat Gaehler.
Wien, den 26. Oktober 1820.

Beethoven ist vielleicht auch der größte ästhetische Künstler. Seine tiefempfundenen Werke gehen ihrem Zeitalter weit voraus; so wie Sebastian Bachs Werke jetzt nach 100 Jahren wieder aus der Vergessenheit hervorgezogen werden, wird man nach solchem Zeitraum auch jene wieder aus dem Grabe erwecken. Manche seiner früheren Werke hat die feingebildete Welt verstanden. In Wien versteht man ihn vielleicht weniger als bei uns oder hat ihn schon wieder vergessen.
Da ich mit Ihrer gütigen Erlaubnis Beethoven mit Bach zu vergleichen gewagt habe, so werden Sie etwas Näheres von diesem seltsamen Genie lesen wollen. Meiner Elise war viel daran gelegen, diesen ihren Liebling wenigstens zu sehn — denn ihn zu sprechen, dazu war wenig Hoffnung, da er, wie Sie wissen, taub ist. Seine Werke haben uns so unendliches Vergnügen gemacht, daß wir Wien nicht verlassen konnten, ohne auch die äußere Form des phantasiereichen Geistes zu sehn. Er hatte uns schon vor einigen Jahren eingeladen, geradezu ihn zu besuchen, ohne uns durch die Urteile der Wiener irren zu lassen, die ihn für unklug hielten. Freilich fällen die Wiener über seine Eigenheiten und Sonderlingsmanieren ungünstige Urteile. Daß er ein Genie sei, geben sie alle zu, aber nur wenige kennen ihn. Welche seinen gesunden Verstand, sein untadeliges Herz kennen, bezeugen die reinste Freundschaft für ihn. So viel ist gewiß, er kennt die Welt, den Hof, die Politik, die Verstellung nicht. Er lebt

in seiner eigenen Kunstwelt, im Reiche der Töne als Monarch.

Niemand wußte, wo er wohnte. Er war im Sommer in Mödlingen, einem schön gelegenen Dorfe drei Stunden von Wien. Als wir ihn da aufsuchten, sagte seine Haushälterin, er sei früh spazieren gegangen, er könne am Abend, aber auch erst in drei Tagen zurückkehren. Zwischen den Felsen hinter dem Orte mit überhängenden Fichten, lieblichen Bergwiesen am rauschenden Bache – rief ich laut: „So muß es sein, wo sich Beethoven aufhält; das ist sein Charakter!" – Wir erfuhren nach einigen Tagen, daß er in die Stadt gezogen, und eilten zu ihm. Er entschuldigte sich mit seinem Ausziehn, sprach von den verkehrten Dingen in der Welt, von schlechtem Geschmack in der Musik und mit beißendem Witz über die Politik. Auf meine Frage über seine Pension erzählte er, daß, als er nach Kassel zum Kapellmeister gerufen sei, ihm drei Große 2000 Gulden versprochen, wenn er in Wien bliebe. Einer derselben habe aber bankerott gemacht, der andere den Hals gebrochen – der dritte, der Erzherzog Rudolf, sein Schüler, bezahle ihm bisher seinen Drittel. Sein Erspartes hat er bei seinem Bruder verloren, dennoch hat er dessen Sohn zu sich genommen und erzieht ihn wie ein Vater.

Durch eine Verkältung hat er sein Gehör verloren, wahrscheinlich weil es durch den unendlichen Gebrauch der gereizteste, also schwächste Teil seines Körpers war. Er meinte, die Hörröhren hätten ihm den Rest des Gehörs vollends zerstört. – Was kann der Mensch, dessen ganzes Leben, Genießen, Denken nur in Tönen besteht, mehr verlieren als das Gehör? Er hört nicht mehr die Wirkung seiner eigenen Tongebilde, nicht die Töne der Natur, die ihm so manche Kunstthemate eingaben – auf den Felsen, in den Birkenwäldchen zu

Mödlingen — wie wir in seinen Symphonien hören. In diesen schönen Gefilden habe ich selbst jenes Hauptthema: ğ ğ ğ — ē, den Ruf eines bekannten Vogels gehört.

Er führte uns zu seinem prächtigen Fortepiano mit dem Jubel, daß ihm die Philharmonische Gesellschaft in London dasselbe zum Geschenk gemacht habe. Das sei ein ehrenwertes Volk, das nicht bloß die Kunst zu schätzen, sondern auch zu belohnen wisse — und noch allein die Freiheit der Rede und Schrift, selbst gegen den König und mächtigsten Minister verstatte — die keine Zensoren und Zöllner hindern. — Er schalt sich selbst einen Toren, daß er die Einladung der englischen Kunstfreunde nicht angenommen aus Anhänglichkeit an Wien, wo man die Kunst wahnsinnig als eine Mode treibe, ohne die wahre Kunst zu verstehen noch zu schätzen oder zu belohnen. — „Mir entfällt", setzte er hinzu, „manchmal ein herzliches, freies Wort; dafür hält man mich für toll."

Um ihn von seinem finsteren Kapitel zu entfernen, forderten wir ihn zum Phantasieren auf. Er war aber nicht zu bereden. Wahrscheinlich weil er den Ausdruck seines Spiels nicht hören kann und wohl daher meinte, unsere große Achtung vor ihm zu verlieren. Elise mußte etwas spielen. Er fragte sie, ob sie nicht komponiere. Als sie äußerte, es fehle ihr an einem Lehrer der Komposition, erwiderte er: „Sie haben ja Riem, das ist ein tüchtiger Mann."

Er ladete uns auf übermorgen zum Kaffee ein, unterdessen er seine übereinanderliegenden Möbeln in Ordnung bringen wollte. Als wir aber wiederkamen, herrschte dasselbe Chaos noch auf den Zimmern. Er nimmt keine Hülfleistungen von Freunden an, sowie auch keine Einladungen zum Essen, um nicht abhängig zu werden. Freiheit ist sein höchstes Gut.

Eigentümlich sind alle seine Äußerungen, immer gemischt mit satirischem Humor; sie scheinen sonderbar, weil sie vom

Schlendrian der Welt abweichen. Bei unserm einstigen Zusammensein will ich manches Interessante von diesem seltenen Geiste erzählen.

In seinem Äußeren ist alles kräftig, manches rauh — wie der knochige Bau seines Gesichts mit einer hohen breiten Stirne, einer kurzen eckigen Nase, mit aufwärts starrenden, in groben Locken geteilten Haaren. — Aber er ist mit einem zierlichen Munde und mit schönen, sprechenden Augen begabt, worin sich in jedem Momente seine schnell wechselnden Gedanken und Empfindungen abspiegeln — graziös, liebevoll=wild, zorndrohend, schrecklich. — Wie treffend sind oft seine Äußerungen über die Welt in politischer, moralischer und ästhetischer Hinsicht!

Beethoven gehört zu den Menschen, denen die Kunst genügt; der kleine Kreis, in dem er sich bewegt, ist ihm eine Welt. Das übrige Leben scheint ihm eine Wüste und freudenleer. „Solche Menschen", sagt der Phantasie=Hoffmann, „bleiben immer Kinder, stellen sich in kleiner Pedanterei oder linkisch dar, setzen sich der Verspottung der Unverständigen aus. Im Innersten solcher Geister brennt oft die Naphthaflamme höherer Erkenntnis, fremd im irren Treiben des bunten Erdenlebens, ist das Werk, dem sie in Liebe einzig ergeben sind, ihnen alles."

Sir John Russell.

Beethoven ist der berühmteste unter den jetzt lebenden Komponisten Wiens und in gewissen Fächern auch der vorzüglichste seiner Zeit. Ob er gleich noch nicht alt ist, so ist er doch wegen seiner außerordentlichen Taubheit, die ihn ganz ungesellig machte, für die Gesellschaft verloren. Die Vernachlässigung seiner Erscheinung gibt ihm ein etwas wildes Ansehen. Seine Gesichtszüge sind kräftig und ausgeprägt; sein

Auge ist voll ungestümer Energie; sein Haar, welches seit Jahren weder von Kamm noch Schere heimgesucht zu sein schien, überschattet seine breite Stirn in einer Fülle und Unordnung, mit welcher nur die Schlangen um das Gorgonenhaupt verglichen werden können. Zu diesem wenig versprechenden Äußeren paßte sein Benehmen im ganzen genommen nicht übel. Freundlichkeit und Leutseligkeit liegen nicht in seinem Charakter, ausgenommen wenn er im Kreis vertrauter Freunde sich befindet. Der gänzliche Verlust seines Gehörs hat ihn aller Freuden beraubt, welche der gesellschaftliche Umgang gewährt, und wahrscheinlich zu seinem mürrischen Wesen viel beigetragen. Er pflegte sonst einen besonderen Keller zu besuchen, wo er den Abend in einem Winkel, völlig geschieden von dem Geschwätz und den Zänkereien öffentlicher Versammlungsörter, zubrachte, Wein und Bier trank, Käse und Bücklinge aß und in den Zeitungen las. Eines Abends setzte sich jemand neben ihn, dessen Gesicht ihm gar nicht gefiel. Er sah den Fremden wütend an und spuckte sodann auf die Erde, als hätte er eine Kröte gesehen, hierauf blickte er bald aufs Zeitungsblatt, bald wieder auf den ungebetenen Gast und spuckte von neuem aus, wobei sich sein Haar allmählich noch wilder und zottiger sträubte, bis er endlich den Wechsel von Ausspucken und Anstarren mit dem schönen Ausruf beschloß: „Was für eine schurkische Fratze!" und aus dem Zimmer lief.

Selbst unter seinen ältesten Freunden muß ihm wie einem eigensinnigen Kinde immer der Wille getan werden. Er führt beständig ein kleines Schreibbüchelchen bei sich und die ganze Unterhaltung geschieht mit ihm schriftlich. In dieses Büchelchen zeichnet er sogleich, obgleich es nicht liniiert ist, jede musikalische Idee auf, die ihm gerade einfällt. Für einen andern Virtuosen dürften diese Noten an und für sich durchaus unverständlich sein, denn sie haben in dieser Form keinen besonderen Wert. Nur er allein hat in seinem Gedächtnis den Faden, mit welchem er aus diesem Labyrinth von Punkten und Kreisen die reichsten und bewundernswertesten Harmonien zu entwickeln versteht. In dem Augenblick, da er sich an das Pianoforte setzt, weiß er sicher nicht, daß irgend etwas in der Welt außer ihm und seinem Instrument existiert, und wenn man bedenkt, daß er taub ist, so scheint es ganz unmöglich zu sein, daß er alles hören sollte, was er spielt. Wenn er folglich sehr leise spielt, so bringt er oft auch nicht eine Note heraus. Er hört nur mit den Ohren des Geistes. Während sein Auge und die fast unmerkliche Bewegung seiner Finger andeuten, daß er den Satz in seiner Seele durch alle seine sterbenden Abstufungen verfolgt, ist das Instrument in der Tat fast ebenso stumm als der Spieler taub.

Ich hörte ihn spielen; allein ihn so weit zu bringen, erfordert in der Tat einige Geschicklichkeit, so groß ist sein Abscheu gegen alles, was einer ausdrücklichen Aufforderung dazu ähnlich sieht. Hätte man ihn geradezu gebeten, der Gesellschaft diese Gefälligkeit zu erzeigen, so würde er sie rund abgeschlagen haben; man mußte ihn mit List dazu bringen. Jedermann verließ das Zimmer, ausgenommen Beethoven und der Herr des Hauses, einer seiner vertrautesten Bekannten. Beide führten vermittelst des erwähnten Schreibbüchelchens ein Gespräch miteinander über Bankaktien. Der Herr berührte wie ganz durch Zufall die Tasten auf dem offenstehenden Pianoforte, neben welchem sie saßen, fing allmählich an, eine von Beethovens eigenen Kompositionen zu durchlaufen, machte dabei tausend Schnitzer, verstümmelte in aller Geschwindigkeit eine Passage so arg, daß sich der Komponist herabließ, seine Hand auszustrecken und ihn zurechtzuweisen. Nun war es so weit; die Hand war einmal auf dem Pianoforte, sein Freund verließ ihn sogleich unter irgendeinem Vorwand und begab sich zu der übrigen Gesellschaft, die in dem nächsten Zimmer, von wo aus sie alles hören und sehen konnte, geduldig den Ausgang dieser langweiligen Verschwörung erwartete. Beethoven, allein gelassen, setzte sich nun selbst an das Pianoforte. Anfangs tat er nur dann und wann einige kurze und abgebrochene Griffe, gleichsam als befürchte er, bei einem Bubenstück ertappt zu werden; aber nach und nach vergaß er alles andre um sich her und verlor sich ungefähr eine halbe Stunde lang in eine Phantasie, deren Stil äußerst abwechselnd war und sich besonders durch die schroffsten Übergänge auszeichnete. Die Liebhaber waren hingerissen, für den Uneingeweihten war es um so interessanter zu bemerken, wie sich die Musik von des Mannes Seele auf sein Gesicht übertrug. Er schien mehr Gefühl für das Kühne, Gebietende und Stürmische zu haben als für das Sanfte und Schmachtende. Seine Gesichtsmuskeln schwollen an und seine Adern traten hervor, das doppelt wilde Auge rollte noch einmal so heftig, der Mund zuckte und Beethoven sah aus wie ein Zauberer, der sich von den Geistern überwältigt fühlt, die er selbst gerufen hat.

Friedrich Rochlitz an Gottfried Christoph Härtel.

Baden, den 9. Julius 1822.

Jetzt zu dem zweiten jener musikalischen Flügelmänner, zu Beethoven, und auch von ihm nur, was ich selbst mit ihm erlebt habe. Ist das auch wenig, so scheint es mir doch bezeichnend genug.

Ich hatte Beethoven noch nie gesehn: um so mehr wünschte ich, daß es möglichst bald geschähe. Ich sprach schon am dritten Tage meiner Anwesenheit darüber mit Haslinger, seinem vertrauten Freunde. „Er wohnt auf dem Lande", sagte dieser.

„So fahren wir hinaus." „Das wohl, aber seine unglückliche Taubheit hat ihn nach und nach ganz menschenscheu gemacht. Er weiß, daß Sie hierher haben kommen wollen; er wünscht Ihre persönliche Bekanntschaft: gleichwohl sind wir nicht sicher, daß er nicht, siehet er uns ankommen, davonläuft; denn wie zuweilen die frischeste Fröhlichkeit, so überläuft ihn öfters die heftigste Verstimmung urplötzlich, ohne Grund und ohne daß er widerstehen könnte. Aber er kömmt in die Stadt, wöchentlich wenigstens einmal, und dann jederzeit zu uns, weil wir ihm seine Briefe und dergleichen besorgen. Dann ist er meist guter Dinge und dann haben wir ihn fest. Wenn Sie daher der guten, gequälten Seele so weit nachgeben wollten, sich gefallen zu lassen, daß wir es Ihnen sogleich meldeten und Sie — es sind ja nur wenige Schritte — dann wie von ungefähr kämen ..." Allerdings nahm ich das herzlich gern an. Den nächsten Sonnabend morgens kommt der Bote: ich ging und traf Beethoven munter zu Haslinger sprechend. Diesen ist er gewohnt und verstehet ihn ziemlich, indem er die Worte aus den Bewegungen des Gesichts und der Lippen lieset. Haslinger stellte uns einander vor. Beethoven schien sich zu freuen, doch war er gestört. Und wär ich nicht vorbereitet gewesen, sein Anblick würde auch mich gestört haben. Nicht das vernachlässigte, fast verwilderte Äußere, nicht das dicke, schwarze Haar, das struppig um seinen Kopf hing, u. dgl., sondern das Ganze seiner Erscheinung. Denke Dir einen Mann von etwa funfzig Jahren, mehr noch kleiner als mittler, aber sehr kräftiger, stämmiger Statur, gedrängt, besonders von starkem Knochenbau — ungefähr wie Fichtes, nur fleischiger und besonders von vollerm, runderm Gesicht; rote, gesunde Farbe; unruhige, leuchtende, ja bei fixiertem Blick fast stechende Augen; keine oder hastige Bewegungen; im Ausdruck des Antlitzes, besonders des geist- und lebensvollen Auges, eine Mischung oder ein zuweilen augenblicklicher Wechsel von herzlichster Gutmütigkeit und von Scheu; in der ganzen Haltung jene Spannung, jenes unruhige, besorgte Lauschen des Tauben, der sehr lebhaft empfindet; jetzt ein froh und frei hingeworfenes Wort, sogleich wieder ein Versinken in düsteres Schweigen; und zu alle dem, was der Betrachtende hinzubringt und was immerwährend mit hineinklingt: Das ist der Mann, der Millionen nur Freude bringt – reine, geistige Freude! – Er sagte mir in abgebrochenen Sätzen einiges Freundliche und Verbindliche: ich erhob die Stimme nach Möglichkeit, sprach langsam, akzentuierte scharf und bezeugte ihm so aus der Fülle des Herzens meinen Dank für seine Werke und was sie mir sind, auch lebenslang bleiben werden, führte einige meiner Lieblinge besonders an und verweilete dabei, erzählte, wie man in Leipzig seine Symphonien musterhaft aufführt, wie man jedes Winterhalbjahr sie sämtlich und zum lauten Entzücken des Publikums zu Gehör bringt usw. Er stand hart an mir, bald mit Spannung mir ins Gesicht blickend, bald das Haupt senkend; dann lächelte er vor sich hin, nickte zuweilen freundlich mit dem Kopfe, sagte aber kein Wort. Hatte er mich verstanden? hatte ers nicht? Endlich mußte ich ja wohl aufhören; da drückte er mir heftig die Hand und sagte kurzab zu Haslinger: „Ich habe noch einige notwendige Gänge!" Und indem er ging, zu mir: „Wir sehen uns wohl noch!" Haslinger begleitete ihn hinaus. Ich war innig bewegt und angegriffen. Jetzt kam Haslinger zurück. „Hat er mich verstanden?" fragte ich. Haslinger zuckte die Achseln: „Nicht ein Wort." Wir schwiegen eine lange Weile und ich will nicht sagen, wie bewegt ich war. Endlich fragte ich: „Warum wiederholeten Sie ihm nicht wenigstens einiges, da er Sie ziemlich versteht?" „Ich wollte Sie nicht unterbrechen und er wird leicht empfindlich. Auch hoffte ich wirklich, er würde manches verstehen: aber das Geräusch auf der Straße, Ihre ihm ungewohnte Sprache und vielleicht selbst seine Hast, alles zu verstehen, weil er Ihnen wohl ansahe, daß Sie ihm Angenehmes sagten... Er war so traurig!" — Ich kann es nicht beschreiben, in welcher Stimmung ich wegging. Derselbe, der alle Welt mit seinen Tönen erquickt, hört keinen und auch nicht den Ton dessen, der ihm seinen Dank bringen will; ja, dieser wird ihm zur Qual! Ich war fest entschlossen, ihn nicht wieder zu sehen und Herrn Härtels Auftrag schriftlich an ihn gelangen zu lassen.

Etwa vierzehn Tage darauf will ich eben zu Tisch gehen: da begegnet mir der junge Compositeur Franz Schubert, ein enthusiastischer Verehrer Beethovens. Dieser hatte zu ihm von mir gesprochen. "Wenn Sie ihn unbefangener und fröhlich sehen wollen," sagte Schubert, "so dürfen Sie nur ebenjetzt in dem Gasthause speisen, wohin er alleweile in derselben Absicht gegangen ist." — Er brachte mich hin. Die Plätze waren meist besetzt: Beethoven saß umgeben von mehrern seiner Bekannten, die mir fremd waren. Er schien wirklich froh zu sein. So erwiderte er meinen Gruß: aber absichtlich ging ich nicht zu ihm. Doch fand ich einen Platz, wo ich ihn sehen und, weil er laut genug sprach, auch großenteils verstehen konnte. Es war nicht eigentlich ein Gespräch, das er führte, sondern er sprach allein und meistens ziemlich anhaltend wie auf gut Glück ins Blaue hinaus. Die ihn Umgebenden setzten wenig hinzu, lachten bloß oder nickten ihm Beifall zu. Er — philosophierte, politisierte auch wohl in seiner Art. Er sprach von England und den Engländern, wie er nämlich beide in unvergleichlicher Herrlichkeit sich dachte — was zum Teil wunderlich genug herauskam. Dann brachte er mancherlei Geschichten von Franzosen aus der Zeit der zweimaligen Einnahme Wiens. Diesen war er gar nicht grün. Alles das trug er vor in größter Sorglosigkeit und ohne den mindesten Rückhalt, alles auch gewürzt mit höchst originellen, naiven Urteilen oder possierlichen Einfällen. Er kam mir dabei vor wie ein Mann von reichem, vordringendem Geist, unbeschränkter, nimmer rastender Phantasie, der als heranreifender, höchst fähiger Knabe mit dem, was er bis dahin erlebt und erlernt hätte oder was an Kenntnissen ihm sonst angeflogen wäre, auf eine wüste Insel wäre ausgesetzt worden und dort über jenen Stoff gesonnen und gebrütet hätte, bis ihm seine Fragmente zu Ganzen, seine Einbildungen zu Überzeugungen geworden, welche er nun getrost und zutraulich in die Welt hinausrufte. – Jetzt hatte er seine Mahlzeit beendigt, stand auf und kam zu mir. „Na, gehts gut im alten Wien?" sagte er freundlich. Durch Zeichen bejahete ich, trank auf sein Wohl und forderte ihn auf, es zu erwidern. Er nahms an, winkte mir aber nach einem kleinen Seitenzimmer. Das war mir eben recht. Ich nahm die Flasche und folgte. Hier waren wir nun allein bis auf zuweilen einen Gucker, der aber bald wieder abtrollte. Er bot mir ein Täfelchen, worauf ich schreiben sollte, was er aus meinen Zeichen nicht verstand. Er begann mit dem Lobe Leipzigs und seiner Musik, nämlich dessen, was zur Aufführung in Kirche, Konzert und Theater gewählt wird: sonst kennt er Leipzig nicht und ist nur als Jüngling, als er nach Wien ging, durchgereiset. „Und wenn darüber nichts gedruckt würde als die dürren Register, ich läse es doch mit Vergnügen", sagte er. „Man sieht doch: es ist Verstand darin und guter Wille gegen alle. Hier hingegen . . ." Nun gings los und derb, auch ließ er sich gar nicht Einhalt tun. Er kam auf sich: „Von mir hören Sie hier gar nichts." „Jetzt im Sommer!" schrieb ich. „Nein," rief er, „im Winter auch. Was sollten Sie hören? ‚Fidelio'? Den können sie nicht geben und wollen ihn auch nicht hören. Die Symphonien? Dazu haben sie nicht Zeit. Die Konzerte? Da orgelt jeder nur ab, was er selbst gemacht hat. Die Solosachen? Die sind hier längst aus der Mode und die Mode tut alles. Höchstens sucht der Schuppanzigh manchmal ein Quartett hervor usw." So viel Übertreibung darin ist, ohne Grund und Wahrheit ist es nicht. Endlich hatte er sich ausgeschüttet und kam auf Leipzig zurück. „Aber", sagte er, „Sie leben ja wohl eigentlich in Weimar?" Er mochte nach meiner Adresse sich das gedacht haben. Ich schüttelte. „Da kennen Sie also auch den großen Goethe, nicht?" Ich nickte und das tüchtig. „Ich kenn ihn auch", fuhr er fort, indem er sich in die Brust warf und helle Freude aus seinen Zügen sprach. „In Karlsbad hab ich ihn kennen gelernt vor – Gott weiß wie langer Zeit. Ich war damals noch nicht so taub wie jetzt: aber schwer hörte ich schon. Was hat der große Mann da für Geduld mit mir gehabt! was hat er an mir getan!" Er erzählte vielerlei kleine Geschichtchen und höchst erfreuliche Details. „Wie glücklich hat mich das damals gemacht! Totschlagen hätt ich mich für ihn lassen und zehnmal. Damals, als ich so recht im Feuer saß, hab ich mir auch meine Musik zu seinem ‚Egmont' ausgesonnen und sie ist gelungen – nicht wahr?" Was ich nur von Bewegungen zum Ausdruck der Freude wußte, machte ich ihm vor. Dann schrieb ich auf, daß wir diese Musik nicht nur zu jeder Vorstellung des „Egmont", sondern auch fast jedes Jahr einmal im Konzerte geben mit einer Art Erläuterung, meistens aus jenen Szenen des Gedichts, worauf sich die Musik zunächst bezieht, zusammengerückt. „Ich weiß! ich weiß!" rief er. „Seit dem Karlsbader Sommer lese ich im Goethe alle Tage – wenn ich nämlich überhaupt lese. Er hat den Klopstock bei mir totgemacht. Sie wundern sich? Nun lachen Sie? Aha, darüber, daß ich den Klopstock gelesen habe! Ich habe mich jahrelang mit ihm getragen, wenn ich spazieren ging und sonst. Ei nun, verstanden hab ich ihn freilich nicht überall. Er springt so herum; er fängt auch immer gar zu weit von oben herunter an, immer Maestoso! Des-Dur! Nicht? Aber er ist doch groß und hebt die Seele. Wo ich ihn nicht verstand, da riet ich doch – so ungefähr. Wenn er nur nicht immer sterben wollte! Das kömmt so wohl Zeit genug. Nun, wenigstens klingts immer gut usw. Aber der Goethe, der lebt und wir alle sollen mitleben. Darum läßt er sich auch komponieren. Es läßt sich keiner so gut komponieren wie er. Ich schreibe nur nicht gern Lieder..." Hier, lieber Härtel, hatte ich nun die schönste Gelegenheit, jene Idee und Ihren Auftrag anzubringen. Ich schrieb den Vorschlag und Ihre Zusage auf, indem ich ein möglichst ernstes Gesicht machte. Er las. „Ha!" rief er aus und warf die Hand hoch empor. „Das wär ein Stück Arbeit! Da könnt es was geben!" In dieser Art fuhr er eine Weile fort, malete den Gedanken sich sogleich und gar nicht übel aus und sahe dabei zurückgebeugten Hauptes starr an die Decke.[1] „Aber", begann er hernach, „ich trage mich schon eine Zeit her mit drei andern großen Werken. Viel dazu ist schon ausgeheckt, im Kopfe nämlich. Diese muß ich erst vom Halse haben: zwei große Symphonien und jede anders, jede auch anders als meine übrigen, und ein Oratorium. Und damit wirds lange dauern; denn, sehen Sie, seit einiger Zeit bring ich mich nicht mehr leicht zum Schreiben. Ich sitze und sinne und sinne; ich habs lange: aber es will nicht aufs Papier. Es grauet mir vorm Anfang so großer Werke. Bin ich drin, da gehts wohl..." Und so fuhr er noch lange fort. Da zweifle ich nun. Doch wollen wir hoffen, weil ihn der Gedanke reizt und er einmal über das andere versichert, ihn nicht außer acht lassen zu wollen.

---

[1] Es wurde ihm vorgeschlagen, eine Musik ungefähr in der Weise wie die zum „Egmont" zu Goethes „Faust" zu schreiben.

Unsere dritte Zusammenkunft war die heiterste von allen. Er kam hieher nach Baden und zwar diesmal ganz nett und sauber, ja elegant. Doch hinderte ihn dies nicht (es war ein heißer Tag), bei einem Spaziergange im Helenental — und das heißt auf dem Wege, den alles, selbst der Kaiser und sein hohes Haus geht und wo alle auf meist schmalem Pfade hart aneinander vorbei müssen — den feinen schwarzen Frack auszuziehen, ihn am Stocke auf dem Rücken zu tragen und bloßarmig zu wandern. Er blieb von ungefähr vormittags zehn bis nachmittags sechs Uhr. Jener sein Freund und Gebauer waren mit ihm. Diese ganze Zeit über war er überaus fröhlich, mitunter höchst possierlich und alles, was ihm in den Sinn kam, mußte heraus. („Ich bin nun einmal heute aufgeknöpft"; so nannte ers und bezeichnend genug.) Sein ganzes Reden und Tun war eine Kette von Eigenheiten und zum Teil höchst wunderlichen. Aus allen leuchtete aber eine wahrhaft kindliche Gutmütigkeit, Sorglosigkeit, Zutranlichkeit gegen alle, die ihm nahekamen, hervor. Selbst seine keifenden Tiraden — wie jene gegen die jetzigen Wiener, deren ich oben gedachte — sind nur Explosionen der Phantasie und augenblicklichen Aufgeregtheit. Sie werden ohne allen Hochmut, ohne alles Erbitterte und Gehässige der Gesinnung — sie werden mit leichtem Sinn, gutem Mute, in wirrig humoristischer Laune herausgepoltert und damit ists aus. Auch beweiset er im Leben — und für seine Subsistenz nur allzuoft und allzuentscheidend — daß er demselben, der ihn schwer verletzt und gegen den er in der einen Stunde am heftigsten geeifert, in der zweiten den letzten Taler hingibt, wenn dieser ihn nötig hat. Da nun zu alledem noch das froheste Anerkenntnis fremder, wenn nur wahrhaft ausgezeichneter und zugleich wahrhaft selbständiger Verdienste kömmt (wie spricht er von Händel, Bach, Mozart!); da er über die größern seiner Arbeiten sich zwar nicht meistern läßt (und wer hätte auch dazu das Recht?), aber wahrlich sie nicht überschätzt und die kleinern lachend mehr preisgibt als vielleicht irgendein anderer; da überdies, ist er einmal in Bewegung gesetzt, derbschlagende Witzworte, possierliche Einfälle, überraschende, aufregende Kombinationen und Paradoxien ihm immerfort zuströmen, so behaupte ich in vollem Ernst: er erscheint selbst liebenswürdig, oder erschrickst Du hier vor diesem Worte, so sage ich: der dunkle, ungeleckte Bär hält sich so treumütig und zutraulich, brummt auch und schüttelt die Zottelchen so gefahrlos und kurios, daß man sich freuen und ihm gut sein müßte, sogar wenn er nichts wäre als solch ein Bär und nichts geleistet hätte, als was nun eben ein solcher kann. Die Geschichte dieses Tages aber oder vielmehr die Summe seiner kleinen, originellen Geschichtchen muß ich für mündliche Mitteilung aufheben; denn wann wollte ich Kurgast, der nicht schreiben soll, zu Ende kommen? Indessen – als ich den guten Beethoven in den Wagen geschoben hatte und allein in jenem reizenden Tale auf- und abging, da wurde mirs doch wieder sehr ernst zumute. Diesmal lenkten sich meine Betrachtungen nicht bloß wie beim ersten Zusammentreffen mit ihm auf das schwere Leiden, das sein Geschick ihm auferlegt. Sahe ich doch nun: er hat auch sehr frohe, vollkommen glückliche Stunden; in andern, gleichfalls guten lebt er in seiner Kunst oder in Planen und Träumen über dieselbe; die schlimmen aber nimmt er mit in den Kauf, ergießt sich darüber und vergißt sie dann: wer hats am Ende besser? Meine Betrachtungen lenkten sich ins Allgemeinere. Es stellten sich mir Situationen über Situationen dar, wo der Mensch – und zwar nicht aus Wahl und freiem Entschluß, was sonst die schönste Ausgleichung mit sich führte, sondern durch gewisse besondere Mischung seiner Kräfte und den Drang seiner Verhältnisse – um eben sein Allerbestes der Welt darzubringen, sich selber (nicht bloß sein Glück) tief verletzen, sich wohl an den Rand seines Untergangs treiben muß, wo er ebendas, was von bittern Schmerzen andere am wohltuendsten befreit, gar nicht auffände, würde nicht er selbst von den allerbittersten Schmerzen umhergerissen, und ebendas, was andern ihr Inneres am schönsten ausheitert, es erquickt und stärkt, nimmer hervorbrächte, wenn nicht sein Inneres bald von schauerlichstem Dunkel umfangen, bald von lodernden Flammen angezehrt würde usw. Ich mag nicht schildern, wie wirr und grauenhaft mir endlich zumute ward in der dämmernden Berggrotte am Wege, wo ich saß. Da raffte ich mich auf. Heraustretend unter den tiefblauen Abendhimmel, ergriff ich fest und innig, was ich vom Anfang nicht hätte entlassen sollen. Empfangen wir es doch vom Anfang (selbst unsers Lebens), können es uns immerdar bewahren, wenn wir nur wollen, und behalten auch nichts weiter, wenns dereinst zum Ende geht! Da waren die bösen Geister und häßlichen Larven alle weg wie ein zweclos quälender Traum, wenn der Morgenstrahl durchs Fenster bricht. Nun stand es sogar draußen für mich ganz anders. Ich sahe nun wieder die Geschwister, von denen ich neulich geschrieben — den Hirtenknaben und das Mädchen, von denen ich jene zwei artigen steiermärkischen Liedchen gelernt: ich sahe sie die Rinder vom Bergabhang nach Hause treiben und hörte sie höchst zufrieden jodeln, weithinhallend in die stille Luft. Mehr nach hinten erblickte ich die alten Buchen der Berge rotgolden angeglüht und nach der gewöhnlichen Täuschung bei solchem Fallen des Lichts wie mir näher treten aus ihrer hohen Ferne. Zu meiner Linken spielte sich der Bach munter zwischen den Felsensteinen in seinem Bette hindurch und jedes seiner Wellchen flimmerte. Von der Helenenkapelle bimmelte die Abendglocke und der Widerhall aus den Bergen mischte ihre und seine Töne, damit jener

Gellendes mildernd. Und alles das für mich: es war ja weiter kein Mensch da. So nähere ich mich meinem Wohnhause: da steht der Diener im Torweg und hält mir einen Brief, der indes eingelaufen, hoch entgegen, einen ersehnten, Deinen Brief mit der Nachricht von der glücklichen Entbindung unsrer Tochter.

Heinrich Anschütz.

Eine noch interessantere Bekanntschaft brachte mir der Sommer 1822 . . .

Ich hatte eines Tages ganz in der Nähe Heiligenstadts eine Einsattlung betreten, welche von zwei Hügelreihen gebildet wurde und welche nebst einem Fußsteig nur noch Raum für ein geschwätziges Bächlein gewährte. In Gedanken zwischen Gebüschen und Baumgruppen dahinschlendernd, weckt mich plötzlich ein unerwarteter Anblick. Auf dem Wiesengrunde des Hügelabhanges zwischen Bäumen und dem Bache sehe ich einen Mann gelagert in etwas ungeordneter Kleidung, den gedankenschweren, geistreichen, wildschönen Kopf in die linke Hand gestützt und den Blick auf ein Notenblatt geheftet, in das er mit der Rechten mystische Runenzüge eingrub, während er in den Zwischenpausen mit den Fingern trommelte. Ah, Beethoven! rief ich in Gedanken aus.

Ich hatte ihn eine Weile mit dem höchsten Interesse beobachtet und wollte mich soeben, um ihn in seinen Künstlerträumen nicht zu stören, nach der Richtung, woher ich gekommen war, wieder zurückziehen, als er plötzlich das Haupt erhob und unsere Blicke sich begegneten. Ich grüßte ihn, was er kurz erwiderte.

Unwillkürlich gefesselt, trat ich näher und entschuldigte, daß ich ihn gestört hätte. „Der Weg ist für jedermann." „Darf ich wissen, was da gerade im Entstehen ist?" „Dummes Zeug!

Ein Orchesterstück, das ich hier aufführen will, um die Gelsen (Mücken) und Ameisen zu vertreiben." Hiermit war die Unterhaltung aus. Er starrte in das Notenblatt, trommelte, schrieb und vergaß ganz und gar auf den Nachbar. Endlich entfernte ich mich leise und er war so verloren, daß er es nicht bemerkte.

Ich begegnete ihm nun öfter. Obwohl damals schon sehr schwerhörig, war er doch dem Umgang mit Menschen noch nicht ganz verschlossen. Wir wurden bald näher bekannt.

Eines Tages begleitete ich ihn eine Strecke. Wir sprachen über Kunst, Musik und endlich über Lear und Macbeth. Wie zufällig warf ich die Bemerkung hin, daß mich schon öfter der Gedanke beschäftigt habe, ob er nicht als Seitenstück zur Egmontmusik den Macbeth musikalisch illustrieren sollte.

Der Gedanke schien ihn zu elektrisieren. Er blieb wie angewurzelt stehen, sah mich mit einem durchdringenden, fast dämonischen Blicke an und erwiderte hastig: „Ich habe mich auch schon damit beschäftigt. Die Hexen, die Mordszene, das Geistermahl, die Kesselerscheinungen, die Nachtwandlerszene, Macbeths Todesraserei!" Es war im höchsten Grade interessant, seinem Mienenspiele zu folgen, in welchem sich die blitzschnellen Gedanken jagten. In wenigen Minuten hatte sein Genius das ganze Trauerspiel durchgearbeitet. Bei der nächsten Frage, die ich an ihn richtete, drehte er sich um und rannte nach einer flüchtigen Begrüßung davon.

Leider aber war seiner stürmischen Erregung nicht die Tat gefolgt. Als ich nach einiger Zeit das Thema noch einmal berührte, fand ich ihn verdrießlich und schwieg. Welcher Schatz ist der Musikwelt durch die wachsende Verdüsterung seines Innern entzogen worden! Was müßte Macbeth mit Unterstützung seiner Töne geworden sein!

Franz Liszt.

Ich war ungefähr elf Jahre alt, als mein verehrter Lehrer Czerny mich zu Beethoven brachte. Schon lange vorher hatte er diesem von mir erzählt und ihn gebeten, mich einmal anzuhören. Allein Beethoven empfand solchen Widerwillen gegen Wunderkinder, daß er sich immer heftig dagegen sträubte, mich zu empfangen. Endlich ließ er sich doch von dem unermüdlichen Czerny überreden und sagte zum Schlusse ungedulbig: „Also bringen Sie mir in Gottes Namen den Racker!" Es war um zehn Uhr morgens, als wir die zwei kleinen Stuben im Schwarzspanierhause, wo Beethoven wohnte, betraten, ich etwas schüchtern, Czerny mich freundlich ermutigend. Beethoven saß vor einem langen, schmalen Tisch am Fenster und arbeitete. Er blickte uns eine Weile finster an, sprach mit Czerny ein paar flüchtige Worte und blieb schweigsam, als mein guter Lehrer mich ans Klavier winkte. Ich spielte zuerst ein kurzes Stück von Ries. Als ich geendet hatte, fragte mich Beethoven, ob ich eine Bachsche Fuge spielen könne. Ich wählte die C-moll-Fuge aus dem Wohltemperierten Klavier. „Könntest Du die Fuge auch gleich nach einer andern Tonart transponieren?" fragte mich Beethoven. Zum Glück konnte ich es. Nach dem Schlußakkord blickte ich auf. Der dunkel glühende Blick des großen Meisters lag durchdringend auf mir. Doch plötzlich zog ein mildes Lächeln über die düsteren Züge, Beethoven kam ganz nahe heran, beugte sich zu mir, legte mir die Hand auf den Kopf und fuhr mir streichelnd mehrmals über das Haar. „Teufelskerl!" flüsterte er, „so ein Racker!" Ich gewann plötzlich Mut. „Darf ich jetzt etwas von Ihnen spielen?" fragte ich keck. Beethoven nickte lächelnd. Ich spielte den ersten Satz aus dem C-dur-Konzerte. Als ich fertig war, faßte mich Beethoven an beiden Händen, küßte mich auf die Stirn und sagte weich: „Geh! Du bist ein

Glücklicher, denn Du wirst viele andre Menschen beglücken und erfreuen. Es gibt nichts Besseres, Schöneres!"
Dieses Ereignis aus meinem Leben ist mein größter Stolz geblieben, das Palladium für meine ganze Künstlerlaufbahn. Ich erzähle es nur äußerst selten und nur guten Freunden.

Wilhelmine Schröder-Devrient.

Beethoven hatte sich ausbedungen, die Oper [„Fidelio"] selbst zu dirigieren, und in der Generalprobe führte er den Taktstock. Wilhelmine hatte ihn nie zuvor gesehen — ihr wurde bang ums Herz, als sie den Meister, dessen Ohr schon damals allen irdischen Tönen verschlossen war, heftig gestikulierend mit wirrem Haar, verstörten Mienen und unheimlich leuchtenden Augen dastehen sah. Sollte piano gespielt werden, so kroch er fast unter das Notenpult, beim forte sprang er auf und stieß die seltsamsten Töne aus. Orchester und Sänger gerieten in Verwirrung und nach Schluß der Probe mußte der Kapellmeister Umlauf dem Komponisten die peinliche Mitteilung machen, daß es unmöglich wäre, ihm die Leitung seiner Oper zu überlassen.

So saß er denn am Abend der Aufführung im Orchester hinter dem Kapellmeister und hatte sich so tief in seinen Mantel gehüllt, daß nur die glühenden Augen daraus hervorleuchteten. Wilhelmine fürchtete sich vor diesen Augen; es war ihr unaussprechlich bang zumute. Aber kaum hatte sie die ersten Worte gesprochen, als sie sich von wunderbarer Kraft durchströmt fühlte. Beethoven, das ganze Publikum verschwand vor ihren Blicken — alles Zusammengetragene, Einstudierte fiel von ihr ab. Sie selbst war Leonore, sie durchlebte, durchlitt Szene auf Szene ...

Auch Beethoven hatte seine Leonore in ihr erkannt. Den Ton ihrer Stimme zu hören, war ihm versagt, aber die Seele

ihres Gesanges offenbarte sich ihm in jeder Miene des von
Geist durchleuchteten Gesichtes, in dem glühenden Leben der
ganzen Erscheinung. Nach der Vorstellung ging er zu ihr —
seine sonst so finstern Augen lächelten ihr zu, er klopfte ihr
auf die Wangen, dankte ihr für den Fidelio und versprach,
eine neue Oper für sie zu komponieren — ein Versprechen, das
leider nicht erfüllt werden sollte. Wilhelmine kam nie wieder
mit dem Meister zusammen, aber unter allen Huldigungen,
die der berühmten Frau später zuteil wurden, blieben die
Worte der Anerkennung, die ihr Beethoven gesagt hatte, die
liebste Erinnerung.

Franz Grillparzer. Erinnerungen an Beethoven.

Ich lese einen Aufsatz von Herrn Ludwig Rellstab, „Beethoven" überschrieben, und finde darin meines Verhältnisses
zu dem genannten großen Meister, namentlich aber des
Operntextes, den ich für ihn geschrieben, in einer Art erwähnt, die nicht ganz richtig ist. Diese Anschuldigung gilt
nicht Herrn Rellstab, der ohne Zweifel alles, was ihm Beethoven sagte, bis auf die Worte getreu niederschrieb. Die Ursache dürfte vielmehr in dem traurigen Zustande des Meisters
während seiner letzten Jahre liegen, der ihn wirklich Ge-
schehenes und bloß Gedachtes nicht immer deutlich unter-
scheiden ließ. Was einen großen Mann betrifft, ist immer
interessant, ich will daher unser Zusammentreffen und was
daraus erfolgte, nach Möglichkeit treu erzählen. Oder vielmehr es macht mir Vergnügen, meine Erinnerungen an ihn
bei dieser Gelegenheit wieder vor die Seele zu führen und
sie hier aufzuzeichnen.

Das erstemal, daß ich Beethoven sah, war in meinen Knaben-
jahren — es mochte in den Jahren 1804 oder 5 gewesen sein —
und zwar bei einer musikalischen Abendunterhaltung im Hause

meines Onkels, Joseph Sonnleithner, damaligen Gesellschafters einer Kunst- und Musikalienhandlung in Wien. Außer Beethoven befanden sich noch Cherubini und Abbé Vogler unter den Anwesenden. Er war damals noch mager, schwarz und zwar gegen seine spätere Gewohnheit höchst elegant gekleidet und trug Brillen, was ich mir darum so gut merkte, weil er in späterer Zeit sich dieser Hilfsmittel eines kurzen Gesichtes nicht mehr bediente. Ob er selbst oder ob Cherubini bei dieser Musik spielte, weiß ich mich nicht mehr zu erinnern, nur daß, als der Bediente bereits das Souper ankündigte, sich Abbé Vogler noch ans Klavier setzte und über ein afrikanisches Thema, das er selbst aus dem Mutterlande herübergeholt, endlose Variationen zu spielen anfing. Die Gesellschaft verlor sich nach und nach während seiner musikalischen Durchführungen in den Speisesaal. Es blieben nur Beethoven und Cherubini zurück. Endlich ging auch dieser und Beethoven stand allein neben dem hart arbeitenden Manne. Zuletzt verlor auch er die Geduld, ohne daß Abt Vogler, nunmehr ganz allein gelassen, aufhörte, sein Thema in allen möglichen Formen zu liebkosen. Ich selbst war im dumpfen Staunen über das Ungeheuerliche der Sache zurückgeblieben. Was von diesem Augenblicke an weiter geschah, darüber verläßt mich, wie es bei Jugenderinnerungen zu gehen pflegt, mein Gedächtnis völlig. Neben wem Beethoven bei Tische saß, ob er sich mit Cherubini unterhielt, ob sich später Abt Vogler zu ihnen gesellte — es ist, als ob ein dunkler Vorhang sich mir über alles das hingezogen hätte.

Ein oder zwei Jahre darauf wohnte ich mit meinen Eltern während des Sommers in dem Dorfe Heiligenstadt bei Wien. Unsere Wohnung ging gegen den Garten, die Zimmer nach der Straße hatte Beethoven gemietet. Beide Abteilungen waren durch einen gemeinschaftlichen Gang verbunden, der zur Treppe führte. Meine Brüder und ich machten uns wenig aus dem wunderlichen Mann — er war unterdessen stärker geworden und ging höchst nachlässig, ja unreinlich gekleidet — wenn er brummend an uns vorüberschoß; meine Mutter aber, eine leidenschaftliche Freundin der Musik, ließ sich hinreißen, je und dann, wenn sie ihn Klavier spielen hörte, auf den gemeinschaftlichen Gang und zwar nicht an seiner, sondern unmittelbar neben unserer Türe hinzutreten und andächtig zu lauschen. Das mochte ein paarmal geschehen sein, als plötzlich Beethovens Tür aufgeht, er selbst heraustritt, meine Mutter erblickt, zurückeilt und unmittelbar darauf, den Hut auf dem Kopfe, die Treppe hinab ins Freie stürmt. Von diesem Augenblicke an berührte er sein Klavier nicht mehr. Umsonst ließ ihn meine Mutter, da ihr alle andern Gelegenheiten abgeschnitten waren, durch seinen Bedienten versichern, daß nicht allein niemand ihn mehr belauschen werde, sondern unsere Türe nach dem Gange verschlossen bleiben und alle ihre Hausgenossen statt der gemeinschaftlichen Treppe sich nur im weiten Umwege des Ausgangs durch den Garten bedienen würden: Beethoven blieb unerweicht und ließ sein Klavier unberührt, bis uns endlich der Spätherbst in die Stadt zurückführte.

In einem der darauf folgenden Sommer besuchte ich öfters meine Großmutter, die in dem nahe gelegenen Döbling eine Landwohnung inne hatte. Auch Beethoven wohnte damals in Döbling. Den Fenstern meiner Großmutter gegenüber lag das baufällige Haus eines wegen seiner Liederlichkeit berüchtigten Bauers, Flehberger hieß er. Dieser Flehberger besaß außer seinem garstigen Hause auch eine zwar sehr hübsche, aber vom Rufe eben auch nicht sehr begünstigte Tochter Lise. Beethoven schien an dem Mädchen vieles Interesse zu nehmen. Noch sehe ich ihn, wie er die Hirschengasse heraufkam, das weiße Schnupftuch, am Boden nachschleppend, in der rechten Hand, und nun an Flehbergers Hoftore stehen blieb, innerhalb dessen die leichtsinnige Schöne, auf einem Heu- oder Mistwagen stehend, unter immerwährendem Gelächter mit der Gabel rüstig herumarbeitete. Ich habe nie bemerkt, daß Beethoven sie anredete, sondern er stand schweigend und blickte hinein, bis endlich das Mädchen, dessen Geschmack mehr auf Bauernbursche gerichtet war, ihn, sei es durch ein Spottwort oder durch hartnäckiges Ignorieren, in Zorn brachte, dann schnurrte er mit einer raschen Wendung plötzlich fort, unterließ aber doch nicht, das nächstemal wieder am Hoftore stehen zu bleiben. Ja sein Anteil ging so weit, daß, als des Mädchens Vater wegen eines Raufhandels beim Trunk in das Dorfgefängnis gesetzt wurde (Kotter genannt), Beethoven sich persönlich bei der versammelten Dorfgemeinde für dessen Freilassung verwendete, wobei er aber nach seiner Art die gestrengen Ratsherrn so stürmisch behandelte, daß wenig fehlte und er hätte seinem gefangenen Schützling unfreiwillige Gesellschaft leisten müssen.

Später sah ich ihn höchstens auf der Straße und ein paarmal im Kaffeehause, wo er sich viel mit einem jetzt seit lange verstorbenen und vergessenen Dichter aus der Novalis-Schlegelschen Gilde, Ludwig Stoll, zu schaffen machte. Man sagte, sie projektierten zusammen eine Oper. Es bleibt unbegreiflich, wie Beethoven von diesem anhaltlosen Schwebler etwas Zweckdienliches, ja überhaupt etwas anderes als — allenfalls gut versifizierte — Phantastereien erwarten konnte.

Unterdessen hatte ich selbst den Weg der Öffentlichkeit betreten. „Die Ahnfrau", „Sappho", „Medea", „Ottokar" waren erschienen, als mir plötzlich von dem damaligen Oberleiter der beiden Hoftheater, Grafen Moritz Dietrichstein, die Kunde kam, Beethoven habe sich an ihn gewendet, ob er mich vermögen könne, für ihn, Beethoven, ein Opernbuch zu schreiben.

Diese Anfrage, gestehe ich es nur, setzte mich in nicht geringe Verlegenheit. Einmal lag mir der Gedanke, je ein Opernbuch zu schreiben, an sich schon fern genug, dann zweifelte ich, ob Beethoven, der unterdessen völlig gehörlos geworden war und dessen letzte Kompositionen, unbeschadet ihres hohen Wertes, einen Charakter von Herbigkeit angenommen hatten, der mir mit der Behandlung der Singstimmen in Widerspruch zu stehen schien — ich zweifelte, sage ich, ob Beethoven noch imstande sei, eine Oper zu komponieren. Der Gedanke aber, einem großen Manne vielleicht Gelegenheit zu einem für jeden Fall höchst interessanten Werke zu geben, überwog alle Rücksichten und ich willigte ein.

Unter den dramatischen Stoffen, die ich mir zu künftiger Bearbeitung aufgezeichnet hatte, befanden sich zwei, die allenfalls eine opernmäßige Behandlung zuzulassen schienen. Der eine bewegte sich im Gebiete der gesteigertsten Leidenschaft. Aber nebstdem, daß ich keine Sängerin wußte, die der Hauptrolle gewachsen wäre, wollte ich auch nicht Beethoven Anlaß geben, den äußersten Grenzen der Musik, die ohnehin schon wie Abstürze drohend dalagen, durch einen halb diabolischen Stoff verleitet, noch näher zu treten.

Ich wählte daher die Fabel der Melusine, schied die reflektierenden Elemente nach Möglichkeit aus und suchte durch Vorherrschen der Chöre, gewaltige Finales und indem ich den dritten Akt beinahe melodramatisch hielt, mich den Eigentümlichkeiten von Beethovens letzter Richtung möglichst anzupassen. Mit dem Compositeur früher über den Stoff zu konferieren, unterließ ich, weil ich mir die Freiheit meiner Ansicht erhalten wollte, auch später einzelnes geändert werden konnte und endlich ihm ja freistand, das Buch zu komponieren ober nicht. Ja, um ihm in letzterer Beziehung gar keine Gewalt anzutun, sandte ich ihm das Buch auf demselben Wege zu, auf dem die Anforderung geschehen war. Er sollte durch keine persönliche Rücksicht irgendeiner Art bestimmt oder in Verlegenheit gesetzt werden.

Ein paar Tage darauf kam Schindler, der damalige Geschäftsmann Beethovens – derselbe, der später seine Biographie geschrieben hat – zu mir und lud mich im Namen seines Herrn und Meisters, der unwohl sei, ein, ihn zu besuchen. Ich kleidete mich an und wir gingen auf der Stelle zu Beethoven, der damals in der Vorstadt Landstraße wohnte. Ich fand ihn, in schmutzigen Nachtkleidern auf einem zerstörten Bette liegend, ein Buch in der Hand. Zu Häupten des Bettes befand sich eine kleine Türe, die, wie ich später sah, zur Speisekammer führte und die Beethoven gewissermaßen bewachte. Denn als in der Folge eine Magd mit Butter und Eiern heraustrat, konnte er sich, mitten im eifrigen Gespräche, doch nicht enthalten, einen prüfenden Blick auf die herausgetragenen Quantitäten zu werfen, was ein trauriges Bild von den Störungen seines häuslichen Lebens gab.

Wie wir eintraten, stand Beethoven vom Lager auf, reichte mir die Hand, ergoß sich in Ausdrücke des Wohlwollens und kam sogleich auf die Oper zu sprechen. „Ihr Werk lebt hier," sagte er, indem er auf die Brust zeigte; „in ein paar Tagen ziehe ich aufs Land und da will ich sogleich anfangen, es zu komponieren. Nur mit dem Jägerchor, der den Eingang macht, weiß ich nichts anzufangen. Weber hat vier Hörner gebraucht; Sie sehen, daß ich da ihrer acht nehmen müßte: wo soll das hinführen?" Obwohl ich die Notwendigkeit dieser Schlußfolge nichts weniger als einsah, erklärte ich ihm doch, der Jägerchor könne, unbeschadet des Ganzen, geradezu wegbleiben, mit welchem Zugeständnis er ſehr zufrieden ſchien, und weder damals noch ſpäter hat er irgend ſonſt eine Einwendung gegen den Text gemacht noch eine Änderung verlangt. Ja, er beſtand darauf, gleich jetzt einen Kontrakt mit mir zu ſchließen. Die Vorteile aus der Oper ſollten gleich zwiſchen uns geteilt werden uſw. Ich erklärte ihm der Wahrheit gemäß, daß ich bei meinen Arbeiten nie auf ein Honorar oder dergleichen gedacht hätte (wodurch es auch kam, daß mir dieſelben, die ich — Uhland ausgenommen — für das Beſte halte, was Deutſchland ſeit dem Tode ſeiner großen Dichter hervorgebracht, alleſamt kaum ſo viel eingetragen, als einem Verſtorbenen oder Lebendigen oder Halbtoten ein einziger Band ihrer Reiſenovellen und Phantaſiebilder). Am wenigſten ſolle zwiſchen uns davon die Rede ſein. Er möge mit dem Buche machen, was er wolle, ich würde nie einen Kontrakt mit ihm ſchließen. Nach vielem Hin- und Herreden oder vielmehr Schreiben, da Beethoven Geſprochenes nicht mehr hörte, entfernte ich mich, indem ich verſprach, ihn in Hetzendorf zu beſuchen, wenn er einmal dort eingerichtet ſein würde.

Ich hoffte, er hätte das Geſchäftliche ſeiner Idee aufgegeben. Schon nach ein paar Tagen aber kam mein Verleger, Wallishauſer, zu mir und ſagte, Beethoven beſtünde auf der Abſchließung eines Kontraktes. Wenn ich mich nun nicht dazu entſchließen könnte, ſollte ich mein Eigentumsrecht auf das Buch ihm, Wallishauſer, abtreten, er würde dann das weitere mit Beethoven abmachen, der davon ſchon präveniert ſei. Ich war froh, der Sache loszuwerden, ließ mir von Wallishauſer eine mäßige Summe auszahlen, zedierte ihm alle Rechte der Autorſchaft und dachte nicht weiter daran. Ob ſie nun wirklich einen Kontrakt abgeſchloſſen haben, weiß ich nicht, muß es aber glauben, weil ſonſt Wallishauſer nicht unterlaſſen haben würde, mir über ſein aufs Spiel geſetzte Geld nach Gewohnheit den Kopf voll zu jammern. Ich erwähne alles dies nur, um zu widerlegen, was Beethoven zu Herrn Rellstab sagte: er habe anders gewollt als ich. Er war damals vielmehr so fest entschlossen, die Oper zu komponieren, daß er schon auf die Anordnung von Verhältnissen dachte, die erst nach der Vollendung eintreten konnten.

Im Laufe des Sommers besuchte ich mit Herrn Schindler Beethoven auf seine Einladung in Hetzendorf. Ich weiß nicht, sagte mir Schindler auf dem Wege oder hatte mir jemand schon früher gesagt, Beethoven sei durch dringende bestellte Arbeiten bisher verhindert worden, an die Komposition der Oper zu gehen. Ich vermied daher, das Gespräch darauf zu bringen. Wir gingen spazieren und unterhielten uns so gut, als es halb sprechend, halb schreibend, besonders im Gehen, möglich ist. Noch erinnere ich mich mit Rührung, daß Beethoven, als wir uns zu Tische setzten, ins Nebenzimmer ging und selbst fünf Flaschen herausbrachte. Eine setzte er vor Schindlers Teller, eine vor den seinen und drei stellte er in Reihe vor mich hin, wahrscheinlich um mir in seiner wild-naiven, gutmütigen Art auszudrücken, daß ich Herr sei zu trinken, wieviel mir beliebte. Als ich ohne Schindler, der in Hetzendorf blieb, nach der Stadt zurückfuhr, bestand Beethoven darauf, mich zu begleiten. Er setzte sich zu mir in den offenen Wagen, statt aber nur bis an die Grenze seines Umkreises, fuhr er mit mir bis zur Stadt zurück, an deren Toren er ausstieg und nach einem herzlichen Händedruck den anderthalb Stunden langen Heimweg allein antrat. Indem er aus dem Wagen stieg, sah ich ein Papier auf der Stelle liegen, wo er gesessen hatte. Ich glaubte, er hätte es vergessen, und winkte ihm, zurückzukommen. Er aber schüttelte mit dem Kopfe und mit lautem Lachen wie nach einer gelungenen Hinterlist lief er nur um so schneller in der ent=

gegengeſetzten Richtung. Ich entwickelte das Papier und es enthielt genau den Betrag des Fuhrlohns, den ich mit meinem Kutſcher bedungen hatte. So entfremdet hatte ihn ſeine Lebensweiſe allen Gewohnheiten und Gebräuchen der Welt, daß ihm gar nicht einfiel, welche Beleidigung unter allen andern Umſtänden in einem ſolchen Vorgange gelegen hätte. Ich nahm übrigens die Sache, wie ſie gemeint war, und bezahlte lachend meinen Kutſcher mit dem geſchenkten Gelde. Später ſah ich ihn — ich weiß nicht mehr wo — nur noch einmal wieder. Er ſagte mir damals: „Ihre Oper iſt fertig." Ob er damit meinte: fertig im Kopfe, oder ob die unzähligen Notatenbücher, in die er einzelne Gedanken und Figuren zu künftiger Verarbeitung, nur ihm allein verſtändlich, aufzuzeichnen pflegte, vielleicht auch die Elemente jener Oper bruchſtückweiſe enthielten, kann ich nicht ſagen. Gewiß iſt, daß nach ſeinem Tode ſich nicht eine einzige Note vorfand, die man unzweifelhaft auf jenes gemeinſchaftliche Werk hätte beziehen können. Ich blieb übrigens meinem Vorſatze getreu, ihn auch nicht aufs leiſeſte daran zu erinnern, und kam, da mir auch die Unterhaltung auf ſchriftlichem Wege läſtig war, nicht mehr in ſeine Nähe, bis ich, in ſchwarzem Anzuge und eine brennende Fackel in der Hand, hinter ſeinem Sarge herging.
Zwei Tage vorher kam Schindler des Abends zu mir mit der Nachricht, daß Beethoven im Sterben liege und ſeine Freunde von mir eine Rede verlangten, die der Schauſpieler Anſchütz an ſeinem Grabe halten ſollte. Ich war um ſo mehr erſchüttert, als ich kaum etwas von der Krankheit wußte, ſuchte jedoch meine Gedanken zu ordnen und des andern Morgens fing ich an, die Rede niederzuſchreiben. Ich war in die zweite Hälfte gekommen, als Schindler wieder eintrat, um das Beſtellte abzuholen, denn Beethoven ſei eben geſtorben. Da tat es einen ſtarken Fall in meinem Innern, die Tränen

6. Ferdinand Schimon: Ölgemälde (Ende 1818).

stürzten mir aus den Augen und — wie es mir auch bei sonstigen Arbeiten ging, wenn wirkliche Rührung mich übermannte — ich habe die Rede nicht in der Prägnanz vollenden können, in der sie begonnen war. Sie wurde übrigens gehalten, die Leichengäste entfernten sich in andächtiger Rührung und Beethoven war nicht mehr unter uns!

Ich habe Beethoven eigentlich geliebt. Wenn ich von seinen Äußerungen nur wenig wiederzuerzählen weiß, so kommt es vorzüglich daher, weil mich an einem Künstler nicht das interessiert, was er spricht, sondern was er macht. Wenn Sprechen einen Maßstab für Künstlerwert abgäbe, so wäre Deutschland gegenwärtig ebenso voll von Künstlern, als es in der Tat leer ist. Ja, der eigentlichen Schöpfungskraft kommt nur jenes bereits im Talent gegebene, gleichsam gebundene Denkvermögen zugute, das sich instinktmäßig äußert und die Quelle von Leben und individueller Wahrheit ist. Je weiter der Kreis, um so schwerer seine Erfüllung. Je größer die Masse, um so schwieriger ihre Belebung. Als Goethe noch wenig wußte, schrieb er den ersten Teil des Faust; als das ganze Reich des Wissenswürdigen ihm geläufig war, den zweiten. Von einzelnem, was Beethoven sagte, fällt mir nachträglich nur noch ein, daß er Schillern sehr hoch hielt, daß er das Los der Dichter gegenüber den Musikern als das beglücktere pries, weil sie ein weiteres Gebiet hätten; endlich daß Webers „Euryanthe", die damals neu war und mir mißfiel, ihm gleich wenig zu gefallen schien. Im ganzen dürften es doch Webers Erfolge gewesen sein, die in ihm den Gedanken hervorriefen, selbst wieder eine Oper zu schreiben. Er hatte sich aber so sehr an einen ungebundenen Flug der Phantasie gewöhnt, daß kein Opernbuch der Welt imstande gewesen wäre, seine Ergüsse in gegebenen Schranken festzuhalten. Er suchte und suchte und fand keines, weil es für ihn keines gab. Es hätte ihn doch sonst einer der vielen Stoffe, die ihm Herr Rellstab vorschlug, besonders eh ihn noch Mängel der Ausführung zurückschrecken konnten, wenigstens in der Idee anziehen müssen.

Mein Opernbuch, als dessen Eigentümer ich mich nicht mehr betrachten konnte, kam später durch die Buchhandlung Wallishauser in die Hände Konradin Kreutzers. Wenn keiner der jetzt lebenden Musiker der Mühe wert findet, es zu komponieren, so kann ich mich darüber nur freuen. Die Musik liegt ebenso im argen als die Poesie und zwar aus dem nämlichen Grunde: dem Mißkennen des Gebietes der verschiedenen Künste. Die Musik strebt, um sich zu erweitern, in die Poesie hinüber, wie die Poesie ihrerseits in die Prosa. Dies weiter auseinanderzusetzen scheint nicht an der Zeit, solange Kunstphilosophen, Kunsthistoriker — ich denke hier an Gervinus und ähnliche Halbwisser, die die Unfähigkeit für ihr eigenes Fach als eine Befähigung für jedes fremde ansehen — solange derlei sachunkundige Schwätzer den deutschen Kunstboden innehaben. Von dem gesunden Sinne der Nation ist übrigens zu erwarten, daß sie sich der Herrschaft der Worte baldmöglichst entziehen und wieder auf Sachen und Taten zurückkommen werde.

Zum Schlusse noch ein paar Reimzeilen, die ich vor kurzem niedergeschrieben und für die ich keine bessere Stelle weiß:

Es geht ein Mann mit raschem Schritt —
Nun freilich geht sein Schatten mit —
Er geht durch Dickicht, Feld und Korn
Und all sein Streben ist nach vorn;
Ein Strom will hemmen seinen Mut,
Er stürzt hinein und teilt die Flut;
Am andern Ufer steigt er auf,
Setzt fort den unbezwungnen Lauf.

Nun an der Klippe angelangt,
Holt weit er aus, daß jedem bangt,
Ein Sprung — und sieh da, unverletzt
Hat er den Abgrund übersetzt. —
Was andern schwer, ist ihm ein Spiel,
Als Sieger steht er schon am Ziel;
Nur hat er keinen Weg gebahnt.
Der Mann mich an Beethoven mahnt.

Louis Schlösser.

Eine Reise im Frühling 1822 von meiner Heimat nach Wien in den Tagen, wo die Wagenräder noch nicht auf eisernen Schienen dahinbrausten, der gellende Glockenton und schrillende Pfiff der Lokomotive noch nicht die Gehörnerven erschütterte, wohl aber die erstickende Luft der Eilwagen mehrere Tage und Nächte hindurch die Atmungsorgane furchtbar affizierte, war selbst für einen 21jährigen Kunstjünger keine Annehmlichkeit. Allein die gewisse Zuversicht, unter den Auspizien der dortigen Kunstgrößen mein Wissen zu erweitern, und die infolge der Empfehlung meines Gönners Spohr erhaltene Zusage des Unterrichts von Ignaz von Seyfried, Mayseder und Worzischek verscheuchte jedes weitere Bedenken, und mutig meine Wanderschaft antretend, hielt ich nach kurzer Rast während der Osterfeier in München an einem schönen Frühlingstage meinen Einzug in der Hauptstadt an der blauen Donau. In der Tat hätte ich zu keiner günstigeren Epoche hier eintreffen können. Neben Beethoven, dem Unerreichbaren, glänzten, je nach ihren relativen Sphären, Rossini, der Schwan von Pesaro, K. M. Weber, der Komponist des „Freischütz", die älteren Meister Gyrowetz, Kreutzer, Salieri, Weigl, Abbé Stadler, der junge Franz Schubert usf. Im Theater am Kärntner Tor konnte man die deutsche und italienische Oper von Gesangsgrößen allerersten Ranges in so ausgezeichneter Vorführung hören, wie sie mit einem ähnlichen Ensemble vielleicht nicht wiederkehrt, während andererseits die Kirchenmusik unter Salieri und Eybler, den beiden Hofkapellmeistern, wenn auch nicht auf gleicher Höhe mit der Oper, die oratorischen Vereine bei Kiesewetter und Mosel, die Kammermusiken der berühmten Quartettisten Schuppanzigh, Mayseder, Holz, Linck und Merk usw., endlich die literarischen Versammlungen im Hause der Dichter Castelli, Grillparzer, Auersperg uff. einen unberechenbaren Einfluß auf die Musik und Poesie zu dieser Zeit ausübten. Vergegenwärtigt man sich dies gemeinsame Vollbringen und den Wetteifer an Produktivität, so darf jene Vergangenheit ohne Einschränkung als eine Glanzperiode ästhetischer Bildung bezeichnet werden. Unter diesen Eindrücken, in steter Verbindung mit den genannten Männern waren Monate seit meiner Ankunft verflossen, aber den erhabensten von allen, Beethoven zu sehen und zu sprechen, war mir trotz aller Bemühungen bisher nicht gelungen. Konnte ich doch selbst seine Wohnung nicht einmal mit Bestimmtheit erfahren, da er diese nicht allein öfters wechselte, sondern faktisch mehrere zu gleicher Zeit mietete und sich außerdem wochenlang in den Umgebungen Badens aufhielt, ohne daß es jemand erfuhr. Seyfried riet mir, zwischen 12 und 1 in der Musikhandlung von Haslinger nachzufragen, wo ich ihn noch am ehesten treffen könnte; Schuppanzigh begleitete mich in ein Kaffeehaus, wo er die Zeitung zu lesen pflegte. Unzählige Male forschte ich hier und dort anderswo, doch überall mit demselben Mißerfolg. Da plötzlich, wie um meiner Verstimmung ein Ende zu machen, las ich eines Tages, es war am 4. November 1822, zu meiner nicht geringen Freude die Oper „Fidelio" auf dem Theaterprogramm annonciert: Wilhelmine Schröder in der Titelrolle, Haitzinger als Florestan, Forti als Pizarro und so fort alle übrigen Partien mit den ersten Kräften besetzt; welchen Vollgenuß durfte ich mir, der diese einzige dramatische Schöpfung Beethovens vorher nie gehört, am heutigen Abend versprechen! Eine volle Stunde vor dem Anfang drängte ich mich an die Kasse, um einen anständigen Sperrsitz noch zu erhalten, denn „Fidelio" war seit Jahren nicht mehr gegeben worden; ich hörte eine musterhafte Leistung in jeder Beziehung, der Eindruck, den sie auf mich hervorbrachte, war überwältigend. Napoleons Hauptquartier befand sich in Schönbrunn, französisches Militär füllte die Räume des Opernhauses: war es da wohl denkbar, daß die ethische Reinheit und keusche Schönheit eines Werkes, dessen Sprache nicht einmal verstanden wurde, in jenen an frivolere Kost gewöhnten Gästen ein verwandtes Echo hätte erwecken können? — Fieberhaft erregt von der wunderbaren Schlußhymne, dieser Apotheose treuer Gattenliebe, bemerkte ich kaum, wie sich das Haus allmählich leerte, bis mein treuer Freund Franz Schubert meinen Arm ergriff, mich zum Ausgang zu geleiten. Mit uns zugleich traten drei Herren aus den unteren Logengängen, die ich indessen nicht weiter beachtete, weil sie mir den Rücken zuwendeten, wohl aber war ich darüber erstaunt, daß alle Hinausströmenden auf dem Vorplatze sich zur Seite drängten, um den Dreien freien Raum zu lassen. Da zupft mich Schubert ganz sachte, mit dem Finger auf den mittleren Herrn zeigend, der soeben den Kopf umdreht, so daß der helle Schein der Lampen auf das Gesicht fällt, und ich — die mir durch Stich und Bild wohlbekannten Züge des Schöpfers der heutigen Oper, Beethoven, selbst erblickte. Mein Herz schlug überlaut in dieser Minute; ob und was ich Schubert alles sagte, dessen erinnere ich mich nicht; wohl aber, daß ich dem Ersehnten und seinen Begleitern (Schindler und Breuning, wie ich später erfuhr) wie ein Schatten durch winklige

Straßen an hochgegiebelten Häusern vorüber so lange folgte, bis die nächtliche Finsternis sie meinen Augen entzog …
Je mächtiger die Erinnerung an jenen Abend, wo ich ihn zum erstenmal sah, mein Sehnen steigerte, um so mehr Pläne entwarf ich, auf welche Weise ich ihm meine Verehrung persönlich entgegenbringen könnte; denn daß er Besuche von Fremden meistens ablehnte, überhaupt nur mit wenigen, ihm seit lange nahestehenden Personen verkehrte, hatte ich von vielen Seiten erfahren. Auch eine briefliche Anfrage würde keinen andern Erfolg gehabt haben. Was ich beinahe für unmöglich hielt, sollte, wie so vieles im Leben, ein glücklicher Zufall mir gewähren. Der Großherzoglich hessische Gesandte, Baron v. Türkheim, mein Landsmann, ein hochgebildeter Kunstkenner, der selten eine musikalische Produktion, die Oper insbesondere nie versäumte, erwartete mich in der Regel den folgenden Morgen nach einer Vorstellung in seiner Wohnung, wo wir dann unsre kritischen Bemerkungen über das Gehörte gegenseitig austauschten. Die heutige Diskussion fiel kürzer aus als sonst, denn, mitten darin abbrechend, fing mein diplomatischer Freund an: „Sie äußerten schon öfters, wie es Ihr Wunsch ist, bei Beethoven eingeführt zu werden. Ich bin imstande, Ihnen augenblicklich diesen Wunsch ermöglichen zu können. Lesen Sie diesen Brief, er betrifft die Eingabe Beethovens an den Großherzog. Die Annahme des Gesuches ist mir soeben aus Darmstadt unter dem anerkennendsten Lobe für den berühmten Komponisten zugegangen; wollen Sie dieselbe vielleicht an ihre Adresse: Kotgasse Nr. 60, erster Stock, links die Tür, besorgen? Hier ist die Depesche mit dem großherzoglichen Siegel."
Mit welchem Entzücken ich das Handschreiben ergriff, spottet jeder Beschreibung: der Gedanke, Beethoven alsbald zu sehen, drängte jedes andere Gefühl zurück; kaum, daß ich dem braven Baron flüchtig dankte, eilte ich hinab auf die Straße, warf

mich in den ersten Wagen, der mir begegnete, dem Kutscher das Haus Nr. 60 in der Wiedener Vorstadt laut zurufend. Meine Phantasie hatte sich Beethovens Heim mit den freundlichsten Bildern ausgemalt, je näher ich aber gegen Ende der Fahrt zwischen den steilen Häuserreihen der ungemütlichen Kotgasse bergan fuhr und endlich vor dem niederen, unansehnlichen Hause hielt, zu dessen Eingang eine rauhe Steintreppe führte, konnte ich mich des Staunens, ja der Rührung nicht erwehren, den großen Tondichter in einer solchen Umgebung aufsuchen zu müssen. Gegenüber in einer offenen Werkstätte schwang, gleich dem Schmied Vulkan, ein herkulischer Glockengießer den wuchtigen Hammer, daß die gellenden Schläge weithin die Luft erschütterten und mich so schnell als möglich in das Innere des Hauses Nr. 60 trieben, wo ich dann, ohne einen Mann, vermutlich den Eigentümer, der mir auf der Schwelle entgegentrat, weiter zu beachten, die unbequeme, beinahe dunkle Treppe zum ersten Stock, Tür links, hinaufeilte. Es überkommen einen zuweilen Stimmungen, die man nicht in Worte fassen kann und unwillkürlich bei dem Gedanken, einer außergewöhnlichen Zelebrität bald gegenüberzutreten, jene nicht zu bemeisternde Befangenheit erzeugen. Ähnlich erging es mir, als ich, da weder Diener noch Magd sich blicken ließen, die Eingangstür vorsichtig öffnete und ahnungslos in einer Küche stand, durch welche man erst in die Wohnung gelangte. Ein anderer Weg wurde mir mindestens nie bekannt, sooft ich auch in der Folge zu Beethoven kam, lange verweilte und er mich beim Abschiede jedesmal durch diese Vorküche bis zur Treppe geleitete. Nach mehrmaligem, doch vergeblichem Klopfen an die eigentliche Zimmertür trat ich entschlossen ein und befand mich in einer ziemlich geräumigen, aber ganz schmucklosen Stube: ein großer viereckiger Tisch aus Eichenholz mit verschiedenen Sesseln, auf

denen es etwas chaotisch aussah, stand in der Mitte, darauf
lagen Schreibhefte und Bleistifte, Notenbogen und Federn,
eine Taschenuhr, ein Metronom, ein Hörrohr von gelbem
Metall und dergleichen Dinge mehr. An der Wand links vom
Eingang stand das Bett, mit Musikalien, Partituren und
Schreibereien vollauf bedeckt. Nur eines eingerahmten Öl-
bildes erinnere ich mich (es war das Porträt seines Groß-
vaters, an dem er bekanntlich mit kindlicher Pietät hing), als
des einzigen Ornaments, das mir auffiel, und zweier tiefer
Fensternischen, mit glattem Holzgetäfel bekleidet, erwähne
ich nur deshalb, weil in der ersten eine Violine mit Bogen
an einem Nagel befestigt war, in der andern Beethoven selbst,
den Rücken mir zukehrend, im Hausanzuge stand, eifrig Zahlen
und dergleichen auf das vollgekritzelte Holz schreibend. Mein
Kommen hatte der taube Meister nicht gehört, erst durch ein
kräftiges Auftreten mit beiden Füßen konnte ich mich ihm be-
merkbar machen, denn sogleich wandte er sich um, überrascht,
einen fremden jungen Menschen vor sich zu erblicken. Ehe ich
aber noch ein Wort an ihn richten konnte, begann er sich auf
die höflichste Weise zu entschuldigen, daß seine Haushälterin
ausgeschickt und niemand zum Anmelden zugegen gewesen sei,
während er schnell seinen Überrock anzog und nun erst nach
meinem Begehren sich erkundigte. Wie ich so nahe vor dem
ruhmgekrönten Künstler stand, konnte ich mir den Eindruck
erklären, den diese vornehme Erscheinung, der charakteristische,
von dichten Haaren umwallte Kopf mit der gefurchten Denker-
stirn auf jeden Menschen machen mußte, konnte in die tiefernsten Augen blicken, den freundlich lächelnden Zug um den
Mund wahrnehmen, wenn er das Wort ergriff, dessen Bedeutung man mit größtem Interesse auffaßte. Mein Besuch
mochte wohl kurz nach dem Frühstück stattgefunden haben,
weil er mit einer daliegenden Serviette öfters über seine

schneeweißen Zähne fuhr, eine Gewohnheit, die ich auch außerdem öfters an ihm bemerkte. Vertieft in seinen Anblick, war mir die Gehörlosigkeit des Armen ganz entfallen, schon wollte ich ihm den Grund meiner Anwesenheit erklären, als mir das Vergebliche einer Rede glücklicherweise noch einfiel und ich statt dessen das mit einem großen Siegel verschlossene Schreiben ehrerbietigst überreichte. Nachdem er dasselbe vorsichtig erbrochen und den Inhalt gelesen, erheiterten sich sichtlich seine Züge; dankend drückte er mir die Hände, und nachdem ich ihm meine Visitenkarte gegeben, äußerte er seine Freude über meinen Besuch und fügte noch hinzu (ich notiere seine eigenen Worte): „Das sind wohltuende Worte, die ich las. Ihr Großherzog spricht nicht nur wie ein fürstlicher Mäzen, sondern wie ein gründlicher Musikkenner von umfassendem Wissen; nicht die Annahme meines Werkes ist es allein, was mich erfreut, sondern der Wert, den er im ganzen auf die Kunst legt, und die Anerkennung, die er meinem Wirken schenkt." Er hatte das Hörrohr ergriffen, ich erwiderte daher, wie unbegrenzt man seine genialen Werke verehre, mit welcher Begeisterung man sie höre und welchen Einfluß die kunstvolle Vollendung seiner geistigen Erzeugnisse auf die Bildungshöhe der Zeit ausgeübt habe. So unzugänglich Beethoven gegen jede Art von Schmeichelei sich verhielt, so angenehm schienen ihn doch meine aus dem Grunde der Seele stammenden Worte zu berühren, was mich sogar bewog, ihm auch jene nächtliche Verfolgung seiner Person nach der Aufführung des „Fidelio" mitzuteilen. „Und was hielt Sie denn ab, zu mir selbst zu kommen?" sprach er; „da hat man Ihnen gewiß wieder eine Menge von Ungereimtheiten erzählt, mich als einen Unbequemen, Launenhaften und Hochmütigen geschildert, dessen Musik man wohl genießen, seine Person aber meiden müsse. Ich kenne diese bösen, lügenhaften Zungen;

weil ich selten nur Menschen begegne, die mein Fühlen und Denken verstehen, und darum mit wenigen Freunden mich begnüge, hält mich die Welt für herzlos; man tut mir unrecht."
Das Hörrohr hatte er niedergelegt, weil das Hineinsprechen seine Nerven zu sehr erschüttere; sein Leiden, behauptete er, habe nicht in der Schwäche der Gehörgänge, sondern im Unterleib seinen Sitz; die Ärzte seien bei der Behandlung von einer falschen Diagnose ausgegangen usw. Wirklich fand für die Folge unsre Unterhaltung in der Weise statt, daß ich mit kurzen Worten die Fragen und Mitteilungen, die ich an ihn richtete, auf die daliegenden Papierbogen schrieb, die er dann auf das ausführlichste beantwortete, so daß nicht nur keine Stockung jemals eintrat, sondern seine Ruhe und Geduld, wenn ich ihn um Aufklärung über gewisse Stellen in seinen Partituren bat, mich wahrhaft in Verwunderung setzte. Diese Anstände, in denen die Souveränität seines Genies jede beengende Schranke durchbricht, während eine kritische Pedanterie solche Wagnisse nicht verwinden zu können glaubt, erörterte er mit einer hinreißenden Überzeugung. Mitunter fielen bei diesen Gesprächen manche sarkastische Bemerkungen über die damalige Kunstströmung in Wien, das unter dem Banne italienischer Oberflächlichkeit in tiefem Schlummer versunken lag, und mit nicht minderer Schärfe erging er sich über die Wortlosigkeit der fürstlichen Kavaliere, ein Gegenstand, der mir erst später in noch weit drastischerer Weise klar werden sollte. Hocherfreut über den kaum erwarteten Erfolg dieses Besuches, nahm ich keinen Anstand, ihm den Zweck meines Aufenthaltes und die Wahl meiner Lehrer mitzuteilen, die er billigte. Aus freien Stücken forderte er mich auf, ihn einige Arbeiten sehen zu lassen, um über meine Leistungsfähigkeit urteilen zu können. Nun hatte ich gerade eine Kantate für Soli, Chöre und Orchester, sowie Ouvertüre und Zwischen-

musik zur Tragödie „Correggio" vollendet. „Beides schicken Sie mir oder besser noch bringen Sie mir übermorgen selbst und bleiben zum Mittagessen hier; ein glänzendes Diner kann ich Ihnen zwar nicht anbieten, aber wir werden beide nicht hungrig vom Tische aufstehn — ça suffit", setzte er hinzu; er liebte es, von Zeit zu Zeit einige französische Worte einfließen zu lassen. (Mit Cherubini, von dem ich es persönlich erfuhr, hatte er sich 1804 während dessen Anwesenheit in Wien nur französisch unterhalten.) Hierauf schrieb er mir seine Adresse auf ein Querblatt, die ich wie eine Reliquie bis heute verwahre, wogegen ich ihm die meinige, Hotel zum Erzherzog Karl, Kärntnerstraße, vierter Stock einhändigte und mich darauf entfernte. Als ich, zu Hause angekommen, in meinem Zimmer auf und nieder ging, wollte mir das heutige Erlebnis fast wie ein schöner Traum vorkommen. War das wirklich der unvergleichliche Tonheros, dem die hingebendste Verehrung aller Kreise entgegenkam, dessen Genius durch die Entfesselung der inneren Unendlichkeit eine neue Kunstära geschaffen, dessen Geisteserzeugnisse die Übermacht der deutschen Tonkunst durch alle zivilisierten Weltteile begründet hatte? Und heute mir gegenüber diese Tiefe der Empfindung, die Resignation auf jeden äußeren Prunk und die persönliche Teilnahme, die er mir und meinem jugendlichen Streben schenkte, deren Rückwirkung mir von so reichem Gewinn einst werden sollte! „Wo ich Ihnen dienen oder sonst nützlich sein kann, nehmen Sie mich ungeniert in Anspruch", waren seine Abschiedsworte.

Allgemein versicherten mir meine Freunde, daß dies eine Aufnahme gewesen sei, wie sie nur ganz selten und ausnahmsweise von seiten Beethovens zuteil werde.

Der Frühling war fast über Nacht eingezogen, der 3. März, ein heller Morgen, an dem ich, der Stunde der Einladung harrend, an der erwähnten Kantate dies und jenes verbesserte,

in gewählter Toilette am Klavier saß, als der Lohndiener die
Tür öffnete und — zu meiner nicht geringen Überraschung
Beethoven auf der Schwelle stand. Kaum traute ich meinen
Augen: vier Treppen hatte der gefeierte Komponist nicht ge=
scheut, um mir, dem 22jährigen Neophyten, einen Gegenbesuch
abzustatten. Was ich in der ersten Verwirrung tat und sprach,
weiß ich nicht, er hingegen, meine Verlegenheit wohl merkend,
nahm sogleich das Wort: er komme, um mich vor Tisch bei
dem freundlichen Wetter zu einem kleinen Spaziergang ab=
zuholen und bei der Gelegenheit meine Wohnung, Instru=
mente, Musikalien und die Bilder meiner Eltern, wovon ich
ihm gesprochen hatte, kennen zu lernen. Und wirklich begann
er meine Hefte kontrapunktlicher Studien zu durchblättern,
die kleine Handbibliothek, worin er seine Lieblinge, Homer
und Goethe, fand, durchzusehen, ja sogar Handzeichnungen
von mir mußte ich ihm vorlegen, wobei er alles mit Aufmerk=
samkeit betrachtete und sich lobend äußerte. Daß es mir ein
Hochgefühl war, an der Seite des Verehrten durch die beleb=
ten Straßen nach dem Volksgarten zu wandeln, und in wel=
chem Maße unterwegs die geistreichen Bemerkungen und
universellen Kenntnisse mich den hohen Flug dieses Genius
nach jeder Richtung hin erkennen ließen, bedarf keiner Ver=
sicherung; in solchen Momenten, da er, ganz erfüllt von dem
Gegenstand, redete, erschien die Fülle der Ideen, die seinem
Munde entströmten, wahrhaft wunderbar.

Die Haushälterin hatte während unserer Abwesenheit die
nötigen Vorbereitungen getroffen. Tisch und Mahl waren
auf das sorgfältigste serviert, so daß alles wie ein Räderwerk
ablief. Beethoven war das Musterbild eines väterlichen Am=
phitryonen in Wort und Tat, er bat mich beständig um Ent=
schuldigung seiner Junggesellenwirtschaft (die heute minde=
stens nichts zu wünschen übrig ließ), ermattete nie in der

Unterhaltung und erwähnte auch jener Zeit, da er als 22jähriger Jüngling nach dem Tode seines Vaters Johann (gestorben am 18. Dezember 1792) zum zweitenmal nach Wien gepilgert sei, welches er seitdem nicht wieder verlassen habe. Den Kaffee bereitete er selbst auf einer neuerfundenen Maschine, deren Konstruktion er mir sogar umständlich auseinandersetzte; wir nahmen ihn in dem anstoßenden Zimmer, das ich, obgleich die Tür beständig offen stand, noch nie betreten hatte, ein. Hier sah ich auch den herrlichen Flügel von Broadwood und auf demselben die Prachtausgabe der Händelschen Werke: beides war ihm von London verehrt worden, ein Band lag aufgeschlagen auf dem Klavierpult. Ob er wohl zuweilen noch spielte? Gehört habe ich ihn nie, ergriff aber die Gelegenheit, ihm zu bemerken, wie man einmal gefürchtet hätte, er möchte seinen Aufenthalt für die Zukunft in England nehmen, sein Vaterland, Freunde und Bewunderer verlassen, und welche Trauer die Nachricht dieser projektierten Übersiedlung in ganz Deutschland hervorgerufen habe. Mag es nun sein, daß ich mit diesem Thema manche bittere Erfahrung geweckt, kaum geschlossene Wunden unbewußt berührt hatte, aus seiner Verstimmung ließ es sich zweifellos wahrnehmen; doch konnte ihm dieses harmlose Geständnis, ein Zeugnis meines lebhaften Interesses, unmöglich verletzt haben. Das tat es auch nicht, denn nachdem er einigemal mit der Hand über die Stirn gefahren, erwiderte er: „In früheren Jahren faßte ich allerdings den Entschluß, Wien zu verlassen; Ursachen, die außer meinem Beruf lagen, bestimmten mich dazu, dann waren mir auch Anerbietungen aus dem Auslande, namentlich von England und von Kassel zugegangen, die mir ein weit höheres Einkommen sicherten und bei meinen Verhältnissen schwer ins Gewicht fielen. Mein kaiserlicher Gönner und Schüler, Erzherzog Rudolf, geriet in die größte Bestürzung, als er meinen Entſchluß vernahm: ‚Nein, nein,‘ rief er, ‚das darf nimmermehr geſchehen! Nie dürfen Sie die Stätte verlaſſen, die ein Mozart und ein Haydn vor Ihnen heiligten: wo fänden Sie auch in der Welt ein zweites Wien? Ich werde mit meinem Bruder, dem Kaiſer Franz, ich werde mit Eſterhazy, Liechtenſtein, Palffy, Lobkowitz, Karoly, mit allen Fürſten ſprechen, daß man Ihnen ein feſtes, angemeſſenes Gehalt garantiert, das Sie aller Sorge für Ihre Exiſtenz überhebt‘.“ „Und was geſchah alsdann?“ fragte ich. „Ich blieb, komponierte, gab meine Konzerte und Akademien, nachdem die Kavaliere, Erzherzog Rudolf an der Spitze, ſich zu einem jährlichen Beitrag verbunden hatten, und hatte keine Ahnung, daß dieſe rechtlich eingegangenen Verpflichtungen jemals eine Änderung würden erfahren können; allein es geſchah, was ich nie vermutete, man hielt mir nicht Wort! Was kümmerten auch die Ariſtokratie der Geburt und des Reichtums jene Ideale, die ein Künſtlerleben durchdringen. Ich muß“, ſetzte er noch mit Bitterkeit hinzu, „arbeiten, damit ich zu leben habe.“ Solche Worte aus ſeinem Munde zu vernehmen, ſchnitten mir durch die Seele; das hatte ich nicht erwartet. Doch trug ich Bedenken, meine Anſicht über dieſen Treubruch auszuſprechen, da die Mitteilung ihn ſichtlich aufgeregt hatte. Ich ſuchte daher ſeinen Gedanken eine andere Richtung zu geben, indem ich noch einmal auf den Enthuſiasmus zurückkam, den „Fidelio“ unlängſt erregt hatte, und dabei bemerkte, daß das bisher mangelnde Verſtändnis des Werkes endlich zum Durchbruch gelangt ſei und daß die deutſche Kunſt mit Sehnſucht eine neue dramatiſche Schöpfung von ihm erwarte. „Woher aber ein gutes, mir zuſagendes Opernbuch nehmen?“ entgegnete er. „Abgeredete Verſe erhielt ich ſchon von vielen Dichtern, aber von den Erforderniſſen, die der Muſiker bedarf, haben ſie keinen Begriff, und frivole Sujets werde ich niemals komponieren. Grillparzer hat mir ein Buch ‚Melusine' versprochen, zu ihm habe ich noch das meiste Vertrauen — nun wollen wir sehen, was daraus wird." — Man weiß, daß diese Hoffnung leider unerfüllt bleiben sollte! Die neunte Symphonie erfüllte seine in den höchsten Sphären weilende Phantasie, und die Vollendung dieses Riesenwerkes drängte jede andere Beschäftigung zu dieser Zeit zurück. Dennoch konnte ich seiner Antwort entnehmen, daß in der Kürze mehrere neue Quartette und Sonaten erscheinen würden, deren Manuskripte er bereits abgesendet hatte. Es sind die weltberühmten letzten Streichquartette op. 127, 130, 132 und 135 und die großen Sonaten op. 109, 110 und 111. Alle sind sie unvergleichliche Meisterwerke!

Als die Stunde der Trennung nahte und ich für das Viele, was seine edle Gastfreundschaft mit leiblich und geistig gewährt hatte, meinen Dank ausdrückte, rief er mir noch unter der Tür nach: „Auf Wiedersehen!"

Mag immerhin eine strengere Prüfung ihm den Vorwurf momentaner Aufwallung und Verletzung gesellschaftlicher Formen nicht ersparen, so dürften diese schwachen Schatten in Anbetracht des wegen seiner Taubheit sehr beschränkten Verkehrs nach außen und des immer tieferen Versenkens in die innere Welt der eigenen Gedanken doch gerechten Anspruch auf Nachsicht erheben. Meine persönliche, ganz objektive Erinnerung bewahrt nur den Nachklang eines hochherzigen, empfindungsvollen Charakters, dessen Güte und Geduld für mein Geschriebenes und Gedrucktes mich wahrhaft beschämte und selbst in der Ferne auf fremdem Boden von günstiger Vorbedeutung für mich werden sollte. Nicht minder anfechtbar scheint mir die Glaubwürdigkeit einer Anzahl von Anekdoten über Absonderlichkeiten und Extravaganzen, die in Wien über ihn kursierten, da sie meines Erachtens weder die

Züge seines harmlosen Humors trugen noch in Sachen der Kunst den rückhaltlosen, klaren Äußerungen des Mannes entsprachen. Selbstverständlich können sich diese Bemerkungen nur auf die speziell hier bezeichnete Periode erstrecken, als Beethoven, über dessen frühere Tage viele düstere Wolken gezogen waren, 54 Jahre zählte und im Gegensatz zu seiner Vergangenheit viel ruhiger und gelassener in seinem Wesen geworden war.

Inzwischen weilte er abwechselnd in dem reizenden Helenental bei Baden, wo in der freien Natur auf Hügeln und in dichtbelaubten Wäldern seine Schöpferkraft die reichste Nahrung fand, wo die Gedanken ihm, wie er sich äußerte, in Fülle zuströmten. Ich besuchte ihn dort, denn er fühlte sich sehr unwohl: der Keim der späteren Krankheit lag schon damals in seinem Körper; trotzdem konnte ich nicht genug die Seelenstärke bewundern, mit der er sie bekämpfte. Nichts an ihm verriet sein Leiden bei den gemeinschaftlichen Ausflügen in die Umgegend: die Landschaftsbilder allein nahmen seine Sinne und Augen gefangen, war es doch der Aufenthalt auf dem Lande, dem wir die ideale Schilderung in seiner unvergleichlichen Pastoralsymphonie verdanken.

Wenige Wochen hierauf begegneten wir uns auf der Kärntnerstraße, sein scharfes Auge hatte mich zuerst erblickt; auf mich zukommend, nahm er sogleich meinen Arm mit den Worten: „Wenn es Ihre Zeit erlaubt, so begleiten Sie mich ins Paternostergassel zu Steiner (die Musikhandlung von Steiner & Haslinger), dem ich einmal den Text lesen werde: diese Verleger haben immer alle möglichen Ausflüchte bei der Hand. Wenn es sich um die Veröffentlichungen meiner Kompositionen handelt, möchten sie dieselben, wer weiß, bis nach meinem Tode verschieben, weil sie dann bessere Geschäfte damit zu machen denken; allein ich werde ihnen zu begegnen wissen"

(wörtlich). Bei diesem Zusammentreffen war ich gleich anfangs erstaunt, Beethoven, sonst so wenig besorgt um seinen Anzug, heute in ungewöhnlich eleganter Toilette zu finden: blauer Frack mit gelben Knöpfen, tadellos weiße Beinkleider, ebensolche Weste und ein neuer Kastorhut wie gewöhnlich auf dem Hinterkopfe. Ich verließ ihn am Eingange des mit Leuten überfüllten Geschäftslokals, während er für meine Begleitung dankend mit Herrn Steiner in dessen Schreibstube ging; ich aber konnte nicht umhin, meinem in der Nähe wohnenden Lehrer Mayseder die auffallende Metamorphose von Beethovens Eleganz mitzuteilen, ein Ereignis, das ihn indessen weniger als mich überraschte, denn lächelnd sagte er: „Das ist nicht das erstemal, daß ihm seine Freunde in der Nacht die alten Kleider genommen und neue an deren Stelle gelegt haben; davon hatte er keine Ahnung und zog in aller Gemütsruhe die vor ihm liegenden an." Dies ist die einzige auffallende Begebenheit, die ich von ihm zu erzählen weiß; auch forschte ich nicht weiter nach, ob sich die Sache wirklich auf diese Weise zutrug, muß aber wiederholt bemerken, niemals eine Zerstreutheit an Beethoven wahrgenommen zu haben. —
Ich füge nur noch die letzte Unterredung an, die ich mit dem tiefernsten Denker pflog. Eines Tages brachte ich ihm eine neue, etwas komplizierte Komposition von mir; nachdem er sie aufmerksam durchgelesen, äußerte er: „Sie geben zu viel, weniger wäre besser gewesen; das liegt eben in der himmelstürmenden Jugend, die nie genug zu tun meint, wird sich aber mit der reiferen Zeit schon geben und lieber ist mir immer noch ein Überfluß als ein Mangel an Ideen." — „Wie soll man es denn anfangen, das Rechte zu finden und — wie sind Sie selbst zu diesem hohen Ziel gelangt?" setzte ich schüchtern hinzu. „Ich trage meine Gedanken lange, oft sehr lange mit mir herum, ehe ich sie niederschreibe", antwortete er. „Dabei

bleibt mir mein Gedächtnis so treu, daß ich sicher bin, ein Thema, was ich einmal erfaßt habe, selbst nach Jahren nicht zu vergessen. Ich verändere manches, verwerfe und versuche aufs neue so lange, bis ich damit zufrieden bin; dann beginnt in meinem Kopfe die Verarbeitung in die Breite, in die Enge, Höhe und Tiefe, und da ich mir bewußt bin, was ich will, so verläßt mich die zugrunde liegende Idee niemals, sie steigt, sie wächst empor, ich höre und sehe das Bild in seiner ganzen Ausdehnung wie in einem Gusse vor meinem Geist stehen und es bleibt mir nur die Arbeit des Niederschreibens, die rasch vonstatten geht, je nachdem ich die Zeit erübrige, weil ich zuweilen mehreres zugleich in Arbeit nehme, aber sicher bin, keines mit dem andern zu verwirren. Sie werden mich fragen, woher ich meine Ideen nehme? Das vermag ich mit Zuverlässigkeit nicht zu sagen: sie kommen ungerufen, mittelbar, unmittelbar, ich könnte sie mit Händen greifen, in der freien Natur, im Walde, auf Spaziergängen, in der Stille der Nacht, am frühen Morgen, angeregt durch Stimmungen, die sich bei dem Dichter in Worte, bei mir in Töne umsetzen, klingen, brausen, stürmen, bis sie endlich in Noten vor mir stehen."

Mit unbeschreiblichen Empfindungen hatte ich zugehört, sein Wort tief in mein Herz geschlossen ...

Der Mai neigte sich seinem Ende zu und mit ihm mein fast zweijähriger Aufenthalt in Wien. Mir fiel der Abschied schwer aufs Herz und auch Beethoven war sichtlich ergriffen: es lag eine Rührung in seinem Lebewohl, als hätte er geahnt, daß wir uns nicht mehr sehen sollten; ich hätte ihm zu Füßen fallen mögen! Als ich nun die Feder ergriff, um ihm für das unendlich mir bewiesene Wohlwollen zum letztenmal zu danken, zog er augenblicklich meine Hand zurück. „Nichts von Dank!" rief er; „dessen bedarf es nicht zwischen uns: was ich tat, kam von Herzen. Und nun auch keine Rührung mehr! Fest und mutig soll der Mensch in allen Dingen sein. Kommen Sie bald wieder nach Wien; wann ist Ihre Abreise?" — „Den 26. oder 27.", antwortete ich. — „Da werde ich Sie mit Briefen und Aufträgen für Paris wohl beschweren dürfen, die ich besorgt haben möchte, und mündlich dürfen Sie dem Musikverleger Schlesinger sagen, daß ich den Grund kenne, weshalb er die Herausgabe meiner Manuskripte verzögert, daß ich es aber nicht länger dulden würde." Düstere Trauer zog über meine Augen, als ich bald darauf den trefflichen Mann verließ, der so Großes der Tonkunst gewonnen. —

Etwas Wundersames aber sollte ich den Tag vor meiner Abreise noch erfahren. In der Frühe unter dem Ordnen meiner Reiseeffekten vernehme ich ein leises Klopfen von außen, ich öffne. — Wen sehe ich? — Beethoven ists, der ins Zimmer tritt: man kann sich meine Überraschung denken, als er mich in diesem Durcheinander von Kleidern und Koffern, Musikalien und Instrumenten fand; er bemerkte es jedoch kaum, sondern erklärte sogleich, daß er nur käme, um mir noch einmal eine glückliche Reise zu wünschen und mir die versprochenen Briefe an Cherubini und den Verleger Schlesinger, der französischen Post wegen unversiegelt, zuzustellen; ungewiß, ob er mich zu Hause treffen würde, habe er zur Vorsicht einen besonderen Brief zu meiner Instruktion geschrieben, den ich aufmerksam lesen möchte. Dieser Brief, ein heiliges Kleinod meines Albums, enthielt in der Tat die genaueste Anweisung für die zu besorgenden Kommissionen und schloß mit der Versicherung seiner herzlichsten Ergebenheit. Als ich denselben gelesen und alles aufs beste zu besorgen ihm versichert hatte, fuhr er fort: „Ein kleines Andenken habe ich Ihnen noch mitgebracht: ich weiß, daß Sie einigen Wert darauf legen, obgleich Sie so bescheiden waren, es mir nicht abzuverlangen. Nehmen Sie

es als Zeichen meiner Freundschaft zur Erinnerung und behalten Sie mich lieb!" Mit zitternden Händen empfing ich das teure Notenblatt. Es enthielt einen Kanon für sechs Stimmen auf die Worte: ‚Edel sei der Mensch, hülfreich und gut!' Worte von Goethe, Töne von Beethoven. Wien, im Mai 1823." Auf der leeren Rückseite stand: „Reisen Sie glücklich, mein lieber Herr Schlösser! Alles komme Ihnen erwünscht entgegen, Ihr ergebenster Beethoven."
Ich begleitete ihn die Treppe hinab, Hand in Hand, und blickte ihm, unten angekommen, noch lange nach, bis er meinen Augen entschwand.

Edward Schulz. Ein Tag bei Beethoven.

Ich erfülle jetzt das Ihnen im letzten Sommer bei meiner Abreise nach Deutschland gegebene Versprechen, von Zeit zu Zeit mitzuteilen, was mir im Betreff der schönen Künste, besonders der Musik interessant erscheinen möchte, und wie ich Ihnen damals sagte, daß ich mich in Ort und Zeit an keinerlei Ordnung binden würde, so fange ich sogleich mit Wien an. Dies ist die Stadt, die, wenn von Musik die Rede ist, die Hauptstadt Deutschlands genannt werden muß. Anders steht es um die Wissenschaften: man hält sie allgemein für eine der allergeringfügigsten deutschen Universitäten. Der Norden Deutschlands hat zu allen Zeiten die besten Theoretiker besessen: die Bache, Marpurg, Kirnberger, Schwencke, Türk; aber die gefeiertsten Tonkünstler waren immer zahlreicher im Süden, vor allem in Wien. Hier haben Mozart, Haydn, Beethoven, Hummel, M. von Weber, Spohr usw. nicht bloß ihre musikalische Erziehung erhalten, sondern die meisten von ihnen auch diejenigen Werke geschaffen, welche ihnen den größten Ruhm gebracht haben, und selbst in der allerneuesten Zeit hat Wien einen Überfluß an ausgezeichneten

Muſikern: K. Kreutzer, Stabler, Mayſeder, K. Czerny, Pixis und jenes junge Wunder auf dem Pianoforte — Liszt. Ihnen einen gedrängten Bericht bloß von dem gegenwärtigen Zuſtande der Muſik in Wien zu geben, würde die Grenzen eines Briefes überſchreiten, deshalb will ich lieber den noch übrigen Teil des jetzigen dem einen widmen, der noch immer der glänzendſte Schmuck der Kaiſerſtadt iſt — Beethoven. Indeſſen müſſen Sie nun nicht etwas von mir erwarten, was einer Biographie ähnlich ſieht; das werde ich mir für eine ſpätere Mitteilung aufſparen. Für jetzt wünſche ich Ihnen nur einen kurzen Bericht von einem eintägigen Beſuche bei jenem großen Manne abzuſtatten und wenn es Ihnen ſcheinen ſollte, als verweile ich in meiner Erzählung bei Kleinigkeiten, ſo wollen Sie ſolches gütigſt meiner Verehrung für Beethoven zuſchreiben, die mich dahin führt, alles höchſt anziehend zu finden, was nur im entfernteſten mit einer ſo ausgezeichneten Perſönlichkeit in Berührung ſteht.

Der 28. September 1823 wird mir immer als ein dies faustus erinnerlich bleiben; in Wahrheit, ich wüßte nicht, daß ich jemals einen glücklicheren Tag verbracht hätte. Früh morgens ging ich in Geſellſchaft von zwei Wiener Herren — von denen der eine, Herr Haslinger, als ſehr vertrauter Freund Beethovens bekannt iſt — nach dem wunderſchön gelegenen Orte Baden, etwa zwölf engliſche Meilen von Wien, wo Beethoven ſich gewöhnlich während der Sommermonate aufhält. Da ich mit Herrn Haslinger kam, hatte ich keinerlei Hinderniſſe zu überſteigen, um vor ihn gelaſſen zu werden. Er ſah mich zuerſt ſehr ernſthaft an, gleich darauf aber ſchüttelte er mir herzlich die Hand wie einem alten Bekannten; denn er erinnerte ſich dann deutlich meines erſten Beſuches bei ihm im Jahre 1816, obwohl dieſer nur von ſehr kurzer Dauer geweſen war, ein Beweis ſeines vorzüglichen Gedächtniſſes.

Ich fand zu meinem aufrichtigen Bedauern eine beträchtliche Veränderung in seinem Äußern und es fiel mir sogleich auf, daß er sehr unglücklich aussah. Seine späteren Klagen gegen Herrn Haslinger bestätigten meine Besorgnisse. Ich fürchtete, er würde kein Wort von dem verstehen, was ich sagte; hierin jedoch, freue ich mich sagen zu können, hatte ich mich sehr geirrt, denn er begriff alles sehr gut, was ich langsam und laut sprach. Aus seinen Antworten war es klar, daß ihm nichts von dem entging, was Herr Haslinger äußerte, obwohl weder dieser noch ich eine Hörmaschine benutzte. Hieraus können Sie schließen, daß die über seine Taubheit kürzlich in London verbreiteten Geschichten sehr übertrieben sind. Erwähnen muß ich, daß, wenn er Klavier spielt, dies gewöhnlich auf Kosten von einigen 20 bis 30 Saiten geschieht, so stark schlägt er drauf. Nichts kann lebhafter, munterer und — um einen Ausdruck zu gebrauchen, der seine eignen Symphonien so passend charakterisiert — energischer sein als seine Unterhaltung, wenn es nur erst gelungen ist, ihn in eine gute Laune zu versetzen; aber eine ungeschickte Frage, ein übel angebrachter Ratschlag (z. B. hinsichtlich der Heilung seiner Taubheit) reicht völlig hin, ihn uns für immer zu entfremden.

Er wünschte für eine Komposition, mit der er gerade beschäftigt war, den höchst möglichen Ton der Posaune zu wissen und fragte Herrn Haslinger danach, dessen Antwort ihm aber nicht zu genügen schien. Er sagte mir darauf, daß er in der Regel bemüht gewesen, sich durch die betreffenden Künstler selbst über den Bau, Charakter und Umfang aller Hauptinstrumente unterrichten zu lassen. Er stellte mir seinen Neffen vor, einen schönen jungen Mann von etwa achtzehn Jahren, den einzigen Verwandten, mit welchem er auf freundschaftlichem Fuße lebt, und sagte: „Sie können ihm, wenn Sie wollen, ein Rätsel auf Griechisch aufgeben", womit er nur, wie man mich bedeutete, die Kenntnis des jungen Mannes in jener Sprache andeuten wollte. Die Geschichte dieses Verwandten wirft das hellste Licht auf Beethovens Herzensgüte; der liebevollste Vater hätte nicht größere Opfer bringen können, als er getan.

Nachdem wir über eine Stunde bei ihm gewesen waren, verabredeten wir in dem romantischen und schönen Helenentale, etwa zwei englische Meilen von Baden, um ein Uhr zusammen zu essen. Nachdem wir die Bäder und andere Merkwürdigkeiten des Ortes besehen hatten, gingen wir gegen zwölf Uhr wieder nach seinem Hause und da er schon auf uns wartete, machten wir uns sofort auf den Weg nach dem Tale. Beethoven ist ein tüchtiger Fußgänger und hat seine Freude an mehrstündigen Spaziergängen, besonders durch wilde und romantische Gegenden. Ja man erzählte mir, daß er mitunter ganze Nächte mit solchen Ausflügen verbringe und oft mehrere Tage zu Hause vermißt werde. Auf unserm Wege in das Tal blieb er oft plötzlich stehen und zeigte mir die schönsten Punkte oder machte Anmerkungen über die Mängel der neuen Gebäude. Dann wieder schien er ganz in sich selbst versunken und summte bloß auf unverständliche Weise vor sich hin; ich hörte jedoch, daß dies seine Art zu komponieren sei, und auch, daß er niemals eine Note niederschreibe, bis er einen bestimmten Plan für das ganze Stück entworfen habe.

Da der Tag ausnehmend schön war, speisten wir im Freien und was Beethoven besonders zu gefallen schien, war dies, daß wir die einzigen Gäste im Hotel und den ganzen Tag für uns allein waren. Die Wiener Mahlzeiten sind in ganz Europa berühmt und die für uns bestellte war so luxuriös, daß Beethoven nicht umhin konnte, über die Verschwendung Bemerkungen zu machen. „Wozu so viele verschiedene Gänge?"

rief er aus, „der Mensch steht wenig über andern Tieren, wenn der Eßtisch sein Hauptvergnügen bildet." Solche und ähnliche Betrachtungen machte er während unsrer Mahlzeit. Von Speisen liebt er bloß die Fische, von welchen die Forelle sein Liebling ist. Er ist ein großer Feind von allem Zwange und ich glaube, es gibt niemand in Wien, der von allen, selbst von politischen Gegenständen mit so wenig Zurückhaltung spricht als Beethoven. Er hört schlecht, aber spricht bemerkenswert gut und seine Beobachtungen sind so charakteristisch und so originell wie seine Kompositionen.

Im ganzen Verlauf unsres Tischgespräches war nichts so anziehend, als was er über Händel sagte. Ich saß dicht neben ihm und hörte ihn ganz deutlich auf deutsch sagen: „Händel ist der größte Komponist, der je gelebt hat."[1] Ich kann Ihnen nicht beschreiben, mit welchem Pathos, und ich möchte sagen, in welcher Erhabenheit er von dem Messias dieses unsterblichen Genies sprach. Jeder von uns war ergriffen, als er sagte: „Ich würde mein Haupt entblößen und auf seinem Grabe niederknien." Haslinger und ich versuchten wiederholt das Gespräch auf Mozart zu lenken, aber umsonst; ich hörte ihn nur sagen: „In einer Monarchie weiß man, wer der Erste ist", was sich auf diesen Gegenstand beziehen mag oder auch nicht. Herr Karl Czerny, der, beiläufig gesagt, jede Note von Beethoven auswendig weiß, obgleich er von sich selbst nicht eine einzige Komposition spielt, ohne die Musik vor sich zu haben, sagte mir indessen, daß Beethoven bisweilen unerschöpflich sei im Lobe Mozarts. Bemerkenswert ist, daß dieser große Musiker es nicht ertragen kann, seine eigenen früheren Werke loben zu hören, und ich erfuhr, daß man ihn

---

[1] Mozart drückte sich auf eine ähnliche Weise aus und Haydn war bei einer Aufführung des „Messias" in der Westminster-Abtei durch die erhabenen Melodien fast überwältigt und weinte wie ein Kind.

am sicherſten ärgerlich machen kann, wenn man über sein Septett, die Trios u. dgl. Komplimente vorbringt. Seine letzten Erzeugnisse, an denen man in London so wenig Geschmack findet, die aber von den jungen Künstlern in Wien so sehr bewundert werden, ſind ſeine Lieblinge. Seine zweite Meſſe, höre ich, ſieht er als ſein beſtes Werk an.

Gegenwärtig iſt er mit einer neuen Oper namens „Meluſine" beſchäftigt, deren Text von dem berühmten, aber unglücklichen Dichter Grillparzer iſt. Er kümmert ſich ſehr wenig um die neueſten Arbeiten lebender Komponiſten, ſo wenig, daß er, über den „Freiſchütz" befragt, zur Antwort gab: „Ich glaube, ein gewiſſer Weber hat ihn geſchrieben."

Es wird Sie freuen, zu hören, daß er ein großer Bewunderer der Alten iſt. Homer, beſonders ſeine Odyſſee, und Plutarch zieht er allen andern vor und von den vaterländischen Dichtern ſtudiert er vorzugsweiſe Schiller und Goethe. Der letztere iſt ſein perſönlicher Freund. Von der britischen Nation ſcheint er unveränderlich die günſtigſte Meinung zu hegen: „Ich liebe die edle Einfachheit der engliſchen Sitten", sagte er und fügte noch andre Lobsprüche hinzu. Es ſchien mir, als ob er noch einige Hoffnung habe, dieſes Land mit ſeinem Neffen beſuchen zu können. Ich darf nicht vergeſſen zu erwähnen, daß ich ein Trio von ihm im Manuskript für Pianoforte, Violine und Violoncell gehört habe, welches mir ſehr ſchön vorkam und, wie ich vernehme, nächſtens in London erſcheinen wird. Das Porträt, welches Sie von ihm in den Muſikhandlungen ſehen, gleicht ihm jetzt nicht, doch mag es dies vor acht bis zehn Jahren getan haben.

Ich könnte Ihnen noch viel von dieſem außerordentlichen Manne erzählen, der nach dem, was ich von ihm geſehen und erfahren habe, mir die tiefste Verehrung eingeflößt hat; aber ich fürchte, ich habe Ihre Zeit ſchon zu lange in Anſpruch genommen. Die freundliche und herzliche Weise, mit welcher er mich behandelte und mir Lebewohl sagte, hat einen Eindruck in meinem Geiste gelassen, der für das Leben dauern wird. Adieu!

Karl Maria von Weber.

Als nun Webers „Freischütz" gar so lauten Lärm in der Welt machte und Beethoven so viel davon las und ihm so viel davon geschrieben wurde, da trug er denn auch die Partitur heim und studierte ihn tüchtig durch, obwohl er sonst wenig Respekt vor Weberschen Kompositionen gefühlt hat. Das tief Originale, das ihm natürlich nicht entging, imponierte ihm und er rief in Gegenwart seiner Freunde, auf die Partitur schlagend, aus: „Das sonst weiche Männel, ich hätts ihm nimmermehr zugetraut! Nun muß der Weber Opern schreiben, gerade Opern, eine über die andere und ohne viel daran zu knaupeln! Der Kaspar, das Untier, steht da wie ein Haus. Überall wo der Teufel die Tatzen reinsteckt, da fühlt man sie auch!"

Und als ihn jemand an das zweite Finale und das musikalisch Unerhörte darin erinnerte, sagte er:

„Ja damit ists freilich auch so; aber mir geht es dumm damit. Ich sehe freilich, was Weber will, aber er hat auch verteufeltes Zeug hineingemacht! Wenn ichs lese – wie da bei der wilden Jagd – so muß ich lachen – und es wird doch das Rechte sein."

Und tieferregt setzte er dann, auf sein Ohr deutend, hinzu: „So was muß man hören, nur hören, aber da – ich – –"

Jedenfalls hatte Weber bei ihm gewonnen Spiel. Beethoven hatte ihn zu achten begonnen und das zeigte er ihm, als er ihn persönlich kennen lernte.

Die drei Männer waren erregt, als sie in das öde, fast ärm-

liche Zimmer traten, das der große Ludwig bewohnte. Der Raum war in der größten Unordnung: Musik, Geld, Kleidungsstücke auf dem Fußboden, auf dem unsaubern Bette Wäsche gehäuft, der offenstehende Flügel mit dickem Staub bedeckt, zerbrochenes Kaffeegeschirr auf dem Tische.
Beethoven trat ihnen entgegen.
Benedikt sagt: So muß Lear oder die ossianischen Barden ausgesehen haben. Das Haar dick, grau, in die Höhe stehend, hie und da ganz weiß, Stirne und Schädel wunderbar breit gewölbt und hoch wie ein Tempel, die Nase viereckig wie die eines Löwen, der Mund edel geformt und weich, das Kinn breit mit jenen wunderbaren Muschelfalten, die alle seine Porträts zeigen, und aus zwei Kinnbackenknochen gebildet, die dafür geschaffen schienen, die härtesten Nüsse knacken zu können. Über das breite, blatternarbige Gesicht war dunkle Röte verbreitet, unter den finster zusammengezogenen buschigen Brauen blickten kleine, leuchtende Augen mild auf die Eintretenden, die zyklopisch viereckige Gestalt, welche die Webers nur wenig überragte, war in einen schäbigen, an den Ärmeln zerrissenen Hausrock gekleidet.
Beethoven erkannte Weber, ehe er ihm genannt war, schloß ihn in die Arme und rief: „Da bist du ja, du Kerl, du bist ein Teufelskerl! Grüß dich Gott!" und nun reichte er ihm gleich jene berühmte Schreibtafel und es entspann sich ein Gespräch, während dessen Beethoven zunächst die Musikalien vom Sofa warf und dann sich ungeniert in Gegenwart seiner Gäste zum Ausgehen ankleidete.
Beethoven klagte bitter über seine Lage, schimpfte auf die Theaterverwaltung, die Konzertunternehmer, das Publikum, die Italiener, den Geschmack, besonders aber über die Undankbarkeit seines Neffen. Weber, der sehr bewegt war, riet ihm, sich diesen widerlichen, entmutigenden Verhältnissen zu ent=

reißen und eine Kunstreise durch Deutschland zu machen, wo er sehen werde, was die Welt von ihm halte. – „Zu spät!" rief Beethoven, machte die Pantomime des Klavierspielens und schüttelte den Kopf. „So gehen Sie nach England, das Sie bewundert", schrieb Weber. „Zu spät!" schrie Beethoven, nahm Weber demonstrierend unter die Arme und zog ihn mit nach dem Sauerhof, wo er speiste.

Hier war Beethoven ganz Herzlichkeit und Wärme gegen Weber. Dieser schreibt:

„Wir brachten den Mittag miteinander zu, sehr fröhlich und vergnügt. Dieser rauhe, zurückstoßende Mensch machte mir ordentlich die Cour, bediente mich bei Tische mit einer Sorgfalt wie seine Dame. Kurz, dieser Tag wird mir immer denkwürdig bleiben so wie allen, die dabei waren. Es gewährte mir eine eigne Erhebung, mich von diesem großen Geiste mit so liebevoller Achtung überschüttet zu sehen usw."

Beethoven lenkte das Gespräch auf „Euryanthe", was Weber indes ablehnte. Da fragte Beethoven Haslinger über den Tisch: „Wie ist das Buch?" und während Weber aufschrieb: „Ganz erträglich! voll schöner Stellen!", hatte Beethoven Haslingers Kopfschütteln gesehen, lachte laut auf und rief: „Immer die alte Geschichte! die deutschen Dichter können keinen guten Text zusammenbringen!" „Und ‚Fidelio'?" schrieb Weber. „Das ist ein französisches Original," sagte Beethoven, „ins Italienische und dann erst ins Deutsche übersetzt." „Und welche Texte halten Sie für die besten?" frug Weber. „‚Vestalin' und ‚Wasserträger'!" rief Beethoven ohne Besinnen. –

So verkehrten die großen Meister in Liebe miteinander und die andern saßen dabei und sahen, wie sich die Stirnen zusammenneigten, hinter denen die „Eroica" und die C-Moll-Symphonie und „Fidelio" und „Freischütz" und „Leier und

Schwert" und „Preciosa" gewohnt hatten und — des Schö­nen noch viel wohnte, und verglichen Webers schmalen, langen, dünnumlockten Schädel, sein feines, geistvolles, zartes Gesicht mit Beethovens breitem, dichtbewaldeten Hirnge­wölbe, seinem geröteten Löwenangesicht und dachten, wie Verschiedneres als diese beiden nicht auf Erden sei, wie die Individualität beider aber so wunderbar das Wesen ihres Genius spiegle und wie doch diese so abweichend gestalteten Hüllen derselbe göttliche Funken erhelle, dieselbe Tönewelt erfülle und über beiden der Schimmer der Unsterblichkeit schwebe. — Beim Abschiede umarmte und küßte Beethoven Weber mehrere Male, behielt lange seine schmale Hand in seiner Faust und rief: „Glück auf zur neuen Oper! Wenn ich kann, komme ich zur ersten Aufführung!"
Tief bewegt und erhoben kehrte Weber nach Wien zurück.

Johann Sporschil.

Ludwig van Beethoven gehört zu jenen Männern, welche nicht nur Wien und Deutschland, sondern Europa und unser ganzes Zeitalter verherrlichen. Mit Mozart und Haydn bildet er das unerreichte Triumvirat neuerer Tonkunst. Die geniale Tiefe, die beständige Originalität, das einem großen Gemüte ent­quollene Ideale in seinen Kompositionen sichert ihnen trotz italienischem Klingklang und moderner Charlatanerie die Anerkennung jedes wahren Verehrers der göttlichen Poly­hymnia. Hier nicht von seinen Werken, nur von seiner Per­sönlichkeit!

Beethovens Leben ist, wie er sich auch selbst ausdrückt, mehr ein Intensionsleben. Die Ereignisse der Außenwelt berühren ihn nur wenig, er ist ganz der Kunst eigen. Die späte Nacht findet ihn an seinem Pulte und der früheste Morgen ruft ihn wieder zu demselben. Unausgesetzt tätig, affizieren ihn daher

Mahnbriefe auf eine höchst unangenehme Weise, denn nur freie Erzeugnisse des Geistes, keine abgezwungenen will er liefern. Ihm gilt die Kunst als Göttliches, nicht als Mittel, sich Ruhm oder Geld zu erwerben. Ein Verächter alles Scheines, bringt er auf Wahrheit und Charakter, so im Leben wie in der Kunst. Als man das erstemal seinen „Fidelio" gab, konnte die dazu gehörige Ouvertüre nicht aufgeführt werden, man mußte eine andere von ihm verfaßte vorausschicken. „Die Leute klatschten," erzählte er, „ich aber stand beschämt; es gehörte nicht zum Ganzen." Er ist unfähig sich zu verstellen. Wer ihn über Kompositionen um seine Meinung fragt, ist, wenn er sich sie zu geben würdigt, sicher, die wahre zu erfahren. Verhältnisse, die seiner geraden Männlichkeit, seinen hohen Begriffen von Ehre zuwiderlaufen, bricht er. Was er will, will er gewaltig, denn er will nur das Rechte. Er ist ganz der Mann, der nicht nur nichts Unbilliges tut, sondern, was selten ist in unserer Zeit, auch nichts Unbilliges leidet. Gegen Frauen hegt er eine zarte Achtung und seine Gefühle für dieselben sind jungfräulich rein. Gegen Freunde ist er mild, jeder derselben hat gewiß auf irgendeine Art seine gütige Gemütsart erfahren. Eine reiche Quelle des Witzes steht ihm zu Gebote; gegen das, was er verachtet, schleudert er beißende Sarkasmen. Leider ist die Konversation mit ihm nur von seiner Seite mündlich. Ihn entschädigt Kunst, Wissenschaft und Natur. Er ist ein großer Verehrer der Werke Goethes; gern erinnert er sich an die Zeit, welche er mit diesem berühmten Dichter in Karlsbad verlebte. „Damals hörte ich noch besser", setzte er, von Goethe erzählend, mit jenem leisen Tone hinzu, der ihm in gemütlichen Augenblicken auf eine ergreifende Weise eigen ist. Vorzüglich aber liebt er die freie Natur. Nicht leicht bringt er selbst bei dem übelsten Wetter des Winters einen ganzen Tag im Zimmer zu und wenn er ſich im Sommer auf dem Lande befindet, iſt er gewöhnlich ſchon vor Sonnenaufgang in dem blühenden Garten Gottes: kein Wunder, daß ſeine Werke herrlich ſind wie die heilige Natur; die Zeit, in ihrer Beſchauung verlebt, iſt ja diejenige, „wo man dem Weltgeiſt näher iſt als ſonſt". Faſt täglich erhält er aus allen Teilen Europas, ja ſelbſt aus dem fernen Amerika Beweiſe der Anerkennung ſeines Talents. Sehr ſchmerzlich fiel es ihm, daß im verfloſſenen Jahre bei Gelegenheit ſeiner Überſiedlung vom Lande in die Stadt, vielleicht durch Nachläſſigkeit, vielleicht durch Treuloſigkeit des mit dem Fortſchaffen der Effekten Beauftragten — denn häufig wird der nur mit ſeiner Kunſt Beſchäftigte hintergangen — ſeine ganze Korreſpondenz in Verluſt geriet. Einſt nahm er in einem Gaſtzimmer das Veſperbrot ein. Der Aufwärter nennt ſeinen Namen. Dadurch aufmerkſam gemacht naht ſich ihm ein engliſcher Schiffskapitän, bezeugt die außerordentlichſte Freude, den Mann zu ſehen, deſſen herrliche Symphonien er ſelbſt in Oſtindien bewundernd hörte. Des Briten reine, ungekünſtelte Ausbrüche der Verehrung freuten ihn innig; Beſuche aber, ihn zu ſehen, liebt er nicht, ſeine Zeit iſt ihm zu koſtbar. Außer an ſeiner Kunſt hängt er mit ganzer Seele an ſeinem Neffen Karl. Er vertritt dem Waiſen Vaterſtelle im vollen Sinne des Worts. Außer dem Neffen lebt ihm zu Wien noch ein Bruder, Johann van Beethoven, ſeines Standes ein Apotheker.

Beethovens Äußeres verkündet markige Kraft. Sein Kopf erinnert an Oſſians grey haired bards of Ullin. Das Bildnis, welches die Kunſthandlungen von dieſem Fürſten der Geſänge verkaufen, hat Ähnlichkeit. Seine Bewegungen ſind ſchnell, Langſamkeit iſt ihm vor allem verhaßt. Sein Tiſch iſt einfach, aber gut beſtellt: Wildbret liebt er beſonders, er hält es für die geſündeſte Nahrung. Wein trinkt er mäßig, gewöhnlich nur roten östreichischen, der ungarische wirkt nachteilig auf seine Gesundheit. Er liebt es, wenn er im Winter zu Wien wohnt, nach Tische, bevor er seinen Spaziergang antritt, im Kaffeehause bei einem Schälchen Kaffee die Zeitungen zu durchschauen, ein Pfeifchen zu schmauchen, wohl auch mit Freunden zu konversieren. Da er bis tief in die Nacht zu arbeiten und doch wieder sehr früh aufzustehen pflegt, geschieht es häufig, daß er nach vollbrachtem Spaziergange eine Stunde schläft. Wohnungen gegen Norden oder die dem Luftzuge ausgesetzt sind, äußern einen nachteiligen Einfluß auf seine Gesundheit, welche gegen rheumatische Zufälle, denen Beethoven den Verlust seines Gehörs zuschreibt, höchst empfindlich ist. Daher war ihm auch der heurige nasse Sommer, den er in Hetzendorf zubrachte, außerordentlich zuwider: durch zwei Monate litt er an heftigen Augenschmerzen. Bewundernswert ist, daß, obschon des Sinnes beraubt, durch den er so meisterhaft auf die Geister wirkt, er dennoch, wenn er sich zum Klavier setzt und sich seinen Phantasien überläßt, auch das leiseste Piano ausdrückt. Er genießt vom kaiserlich östreichischen Hofe eine Pension und wiewohl diese seine Bedürfnisse lange nicht deckt, verschmähte er doch zur Zeit, als die Franzosen ihren Beherrscher Kaiser nannten, eine reizende Einladung.

Gegenwärtig hat er eine Messe vollendet, welche er auf Subskription herausgibt. Außer Sr. kaiserlichen Hoheit und Eminenz, dem Erzherzog Rudolf unterzeichnete auch Ludwig XVIII. Eine Symphonie, Quartetten, ein biblisches Oratorium, ihm durch den amerikanischen Konsul in englischer Sprache aus den Vereinigten Staaten überschickt, und vielleicht auch eine Oper (Dichtung von Grillparzer) stehen zu erwarten.

7. *Stich von L. Sichling*
   nach dem Ölgemälde von F. G. Waldmüller (1823).

Johann Andreas Stumpff.

Im Jahr 1824 im September nahte ich mich der großen Kaiserstadt Wien. Es war in Gesellschaft eines preußischen Rittmeisters von K. Wir hatten eine Postkutsche und einen Postillion in München genommen ...

Als wir nun in Wien einquartiert waren, war mein erstes, ausfindig zu machen, wo dieses nondescript Beethoven wohne, wo er speise, in welchem Gasthof er verkehre! — Da ich einen Brief an einen Herrn Haslinger in der Steinerschen Musikhandlung hatte und in London vernommen, daß derselbe dem rastlosen Beethoven in dem Verkaufen seiner Kompositionen und im Besorgen seiner Briefe und anderen Angelegenheiten sich sehr tätig beweise, so war mein erster Gang solchen aufzusuchen.

Herr Haslinger empfing mich mit Achtung, weil er schon von mir gehört, was mich zu solcher berechtigte. Haslinger erbot sich mich nach Baden, wo Beethoven wohnte, zu begleiten, welches mich sehr erfreute. Baden liegt in Niederösterreich, ohngefähr drei oder vier Stunden von Wien: dessen Lage ist über alle Beschreibung schön in jeder Hinsicht und dessen warme Bäder werden von jeder Menschenklasse besucht, die auch der von seinem Genius gequälte Beethoven zur Lindrung gebrauchte. Noch muß hier bemerkt werden: Herr Haslinger hatte sich eine stumme Sprache erfunden, wodurch er durch Bewegung des Kopfes, des Mundes, der Augen und der Finger sich so ziemlich verständigen konnte.

Nun standen wir vor der Wohnung, die den Mann in seinem Innern eine kurze Zeit sich zu sammeln aufgenommen, dessen Werke so viele Tausende entzückt und mit Tönen den Geist über unsern Nebelplaneten beflügelt, die er selbst mit den Ohren zu vernehmen durch eine Zerrüttung des Hörorgans verhindert ward.

Als man die Türe öffnete, durchlief mich ein Schauer, als

wenn ich einem überirdischen Wesen nahen sollte. Ich sandte meine Visitenkarte zu ihm hinauf, als wir ersucht wurden einzutreten. Hier nun kam uns Beethoven entgegen mit meiner Karte in der Hand; er reichte mir mit einer heitern Miene seine Hand, meinen Namen repetierend: „Stumpff, Herr Stumpff aus London? Von dem ich durch Herrn Streicher schon manches Gute vernommen und einen Brief besitze, den Sie an ihn geschrieben und in welchem Sie auch meiner gedacht haben." — Nun ging er zum Schreibtisch — „Ha! Hier ist er, ein Lied zum Komponieren enthaltend." — Es war derselbe Brief, den ich Herrn Streicher in London vor zwei Jahren zugestellt. Das Angesicht von Beethoven, das nur stoßweise sich erheitert, schien, als wenn die Sonne von hinter einem Gebirg von schwarzen Wolken sich hervordrängt und die letzteren mit ihren Feuerstrahlen durchlöcherte; also erheiterte ihn alles, was er von uns vernahm, welches Haslinger durch seine Gebärden zu ihm bemerkte. „Ja, ich bin heute froh und heiter. — Na, wie gefällts im alten Wien? Wo man ißt und trinkt, schläft und . . . . Ah, jeder lebt hier auf seine Weise, spielt und singt, was er selbst gemacht."

Also stand ich endlich vor Beethoven, der mich in seinem täglichen Anzug, nicht in einem saubern, beblümten Schlafrock, mit offenem Herzen empfing.

Beethovens Person war unter mittlerer Größe, von starkem Knochenbau so wie Napoleon, gestaucht, von kurzem Nacken und breiten Schultern, aus welchen ein großer, runder Kopf mit starkem Haarwuchs, verwirrt, emporstrebte. Sein großes, tiefliegendes Stechauge, das zu blitzen schien und in der Seele des vor ihm stehenden Individuums sich Eingang zu versichern wußte, welches aus seinen Worten nachher deutlich zu vernehmen war.

Beethoven sprach sehr gern und viel und hatte eine übertriebene Meinung von London und dessen hochgebildeten Einwohnern: „England steht hoch in der Kultur. In London weiß jeder Mensch etwas und weiß es gut, aber der Wiener, der weiß von Essen und Trinken zu sprechen und singt und klimpert Musik von wenig Bedeutung anitzo oder die er selbst fabrizierte."

„Ich wünsche aus meinem Neffen Karl einen Menschen zu machen, den ich seiner nichtswürdigen Mutter abgekauft habe, und wünsche ihn nach einer hohen Schule nach Sachsen zu schicken, und jeder Gulden, den ich durch die Anstrengung meiner Kräfte gewinnen kann, ist für seine Erziehung bestimmt. Karl soll auch englisch lernen und zu Ihnen nach London kommen, um auch etwas zu werden, aber unsere klugen Obern wollen es nicht zugeben, er soll in Wien ein Alltagsmensch werden und bleiben."

Beethoven fragte nun ängstlich, was wohl die Unterhaltung eines jungen Menschen, wie sein Karl, in London ein Jahr zu verweilen, kosten möchte. Um meine Meinung deutlich zu vernehmen, legte er mir seine Not- und Hülfsblätter nebst einem Bleistift vor, worinnen ich ihm meine Antwort schreiben sollte. Sein Auge folgte den Zügen meines Bleistifts und er sprach das kaum vollendete Wort laut aus, und nachdem er vernommen, was er zu wissen wünschte, schüttelte er mißmutig den Kopf und beklagte sich bitter über die Musikverleger, die ihm fast nichts für seine großen Kompositionen, die ihm so viel Zeit und Kopfzerbrechens gekostet, geben wollten.

„Bleiben Sie in Baden," fuhr Beethoven fort, „und besuchen Sie mich, soviel Sie wollen, ich habe gar manches mit Ihnen zu reden" — und ich versprachs zu tun. — Als nun die gewünschte und gefürchtete Audienza so gut abgelaufen war, sagte ich im Weggehen zu meinem Begleiter: „Da Sie, mein verehrter Freund, so viel über den von seinen Phantasien ge-

quälten Geist vermögen, könnten Sie ihn wohl bewegen, in Ihrer Gesellschaft mit mir zu speisen, nämlich in meinem Gasthofe, welcher einen so schönen beschatteten Garten hinter den neu erbauten Gasthofsgebäuden hat?" – „Ich wills versuchen", war seine Antwort, „und es Ihnen so bald wie möglich wissen lassen."
Beethoven genehmigte die Einladung unter der Bedingung, daß man im Garten speisen würde. – O, wie dankte ich meinem guten Genius, der mich bis hieher so glücklich geleitet!
Und nun hatte ich nichts Angelegeneres, als mich mit dem Gastwirt zu beratschlagen wegen der Speisen, die der Tisch enthalten sollte. Ich fragte ihn, ob er vielleicht wisse, was der wunderliche Mann wohl gern genieße, und ich bat ihn darauf, bei der Wahl der Speisen besonders Rücksicht zu nehmen. – „Ja, ja, mein verehrter Herr, das weiß ich: Fische, ja Fische, die liebt er sehr. Wunderlich ist Beethoven, aber gut ist er! das ist aller Welt bekannt, mein Herr."
Nun stand der Tisch rauchend in einem schattenreichen Garten bereit, die Gäste mit einfachen, doch guten Speisen zu bedienen. Herr Haslinger und einige Freunde von ihm nur harrten des großen Künstlers, der uns mit seinem Neffen Karl soeben entgegentrat; mit heiterer Miene beäugelte er und seine Nase verspürte den Geruch der Fische. – Nach einem kurzen Gruß packte er den Tisch mit beiden Händen an und bedeutete uns, solches auf der entgegengesetzten Seite zu tun, um den Tisch so zu stellen, daß die Sonne den für ihn bestimmten großen Stuhl beschien, deren erquickende Strahlen heute unserm verehrten Gast zuliebe vom blauen Himmel durch laubvolle Bäume unsern Tisch mit lebender Goldfarbe bemalten. Beethoven nun setzte sich nieder in den von uns für ihn bestimmten großen Stuhl und hub lachend den Deckel von der

Fischschüssel ab: „Brav, brav, hier seh ich Fische! Ja, Fische esse ich gern, nur sind sie in diesem Lande nicht gut. Die Fische, die aus der See kommen, das wäre eine Speise für mich, wie die, die man in London auf den Tisch bringt!" — Nun sprach er in einem fort und schalt auf die Wiener Köche und Weinhändler, die alles verfälschen („vergiften" war das Wort): „Ja, ja, so ists!" — Nun gings aufs Lob der Engländer, die alles zu schätzen wissen, was kräftig, gut und schön ist.

Die Franzosen, denen er nicht günstig war, bekamen manche Hiebe, die er für schlechte Kenner des Wahren, Guten und Schönen in der Musik hielt, sowie auch in der Politik, welches sie hinlänglich bewiesen und noch beweisen!

Nun gings über die Wiener, über den Geschmack, der sich so sehr verändert, ja verschlimmert. „Für das Gute, das Kräftige, kurz für die wahre Musik hat man keinen Sinn mehr! Ja, ja, so ists, ihr Wiener! Rossini und Konsorten, die sind eure Helden. Von mir wollen sie nichts mehr! Manchmal holt Schuppanzigh ein Quartett von mir hervor: zu den Symphonien haben sie nicht Zeit und den ‚Fidelio‘ wollen sie nicht, Rossini, Rossini geht euch über alles. — Vielleicht euer seelenloses Geklimper und Singen, eure eignen Machwerke, womit ihr euch für die wahre Kunst zugrunde richtet — das ist euer Geschmack! o, ihr Wiener!" — Und so gings in einem gutmütigen Tone fort, der nicht im geringsten weder Lieblosigkeit noch Eifersucht verriet, welche Jeremiaden wir gutmütig mit dem Kopf nickend oder schüttelnd und auflachend bejahten oder verneinten. — Als nun die untergehende Sonne uns zum Aufbruch mahnte, so ergriff Beethoven seinen Hut und Stock und mit seinem Neffen am Arm faßte er meine Hand und lud mich am dritten Tag mit ihm zu Mittag zu speisen ein, welches ich mit Freuden annahm.

Ich erschien also an dem von ihm bestimmten Mittag in seiner Wohnung. Einen Umstand zu erörtern muß ich mir erlauben, welcher eine etwas rasche Handlung während des Mittagsmahls wo nicht rechtfertigen, doch entschuldigen ließe! — Beethoven hatte seiner Haushalterin wiederholtemal befohlen, daß sie alles, was jedesmal zum Mittagessen beordert sei, auf den Tisch stellen und durchaus nichts, wenn er Platz daran genommen, nachgebracht werden sollte. Ob solcher Befehl gewöhnlich, billig oder unbillig war, ist hier nicht die Rede: kurz, es war befohlen.

Also ward mir endlich der sonderbarste Wunsch, den ich so lange im Leben gehegt, erfüllt. Nun war ich innerhalb der Mauern, die den Riesen der Tonkunst einschlossen. Ich war in der Stube, wo er seine Geisteswerke zu Papier brachte; ich saß neben ihm, von ihm eingeladen, an seinem Tisch, um ein Mittagessen, das er, mich zu bewirten, hatte bereiten lassen, mit ihm zu genießen. Wunderbar! ja! — Das Andenken an ein so gewünschtes, so gefürchtetes Ereignis setzt mein Blut noch, indem ich dieses schreibe, in Wallung! ...

Nun saß ich ganz allein mit Beethoven an seinem wohlbesetzten Tisch. Zwei hohe, altväterische Flaschen voll von rötlichem Wein standen ihm zu beiden Seiten und eine kleinere Flasche auch glänzte zu seiner Linken, den Nachtisch zu verherrlichen.

„Was Sie hier finden werden, sind einfache Speisen, nicht vergiftet vom Koch; so ist auch der Wein unverfälscht und natürlich. — Jetzt zugreifen und gegessen und getrunken, was Gott bescheret!"

Ich folgte seinem Exempel und ließ mich nicht saumselig finden. Der Wein, der rein und gut war, erweckte die Lebensgeister bei meinem Wirt, der immer die beiden Gläser so recht behaglich füllte und leerte und seinem Gast immer das

erste zuschob, und da er ununterbrochen fort sprach, so kamen witzige und drollige Einfälle ans Licht, worüber er oft selber laut auflachte, und ich mit klatschenden Händen dieselben bejubelte. In einem solchen Erguß schlich sich seine mürrische Haushälterin zur Tür herein und setzte eine Schüssel mit Nudeln auf den Tisch, glaubend, sie würde nicht bemerkt werden, als Beethoven plötzlich laut aufschreiend zu ihr sagte: „Du widerspenstiges Weib, wer hat dir geheißen, das Verbotene zu tun?" — Er schob ihr die Schüssel mit den rauchenden Nudeln entgegen, die sie mit der Schürze auffing — die Alte, die ihren Herrn kannte, entfernte sich so geschwind wie möglich und laut aufbrummend verschwand sie.
Nun langte Beethoven die kleine Flasche her. Sie war mit dem köstlichen Tokaierwein angefüllt und er füllte die beiden Gläser bis an den Rand. „Nun, mein guter deutscher Engländer, auf Ihre werte Gesundheit!" Wir leerten erst die Gläser, dann mir die Hand reichend: „Gut Glück auf die Reise und aufs Wiedersehen in London!" — Nun bedeutete ich ihm, die Gläser noch einmal zu füllen, und schrieb eiligst auf seine Blätter: „Nun gilts aufs Wohl des größten lebenden Tondichters, Beethoven!" — ich erhub mich vom Sitz, er folgte meinem Exempel, leerte sein Glas und sagte, meine Hand ergreifend: „Und wie bin ich heute so ganz, was ich bin und sein sollte, ganz aufgeknöpft!" Nun ergoß er sich über Musik und wie man solche gegenwärtig herabwürdige und sie ein Spiel niedriger und frecher Leidenschaften mache. Wahre Musik, sagte er, fände nur wenig Eingang in diesem Rossinischen Zeitalter. — Alsdann ergriff ich die Bleifeder und schrieb mit sehr deutlichen Buchstaben: „Wen halten Sie für den größten Komponisten, der je gelebt?"
„Händel," war seine augenblickliche Antwort, „vor dem beuge ich meine Knie" — und berührte mit dem einen den Boden. —

„Mozart?" schrieb ich nun hin.

„Mozart", fuhr er fort, „ist gut und vortrefflich."

„Ja," schrieb ich, „der selbst Händeln durch eine neuere Begleitung im ‚Messias' verherrlichen konnte."

„Der hätte sich auch ohne das erhalten", war seine Antwort.

Nun schrieb ich: „Sebastian Bach?"

„Warum ist er tot?"

Ich schrieb augenblicklich: „Er wird wieder aufleben."

„Ja, wenn man ihn studieren wird, und dazu hat man nicht Zeit!"

Weiter erlaubte ich mir zu schreiben: „Da Sie die Verdienste eines Händels, selbst ein unerreichbarer Künstler in der göttlichen Kunst, so hoch und über alles erheben, so werden Sie gewißlich die Partituren seiner Hauptwerke besitzen?"

„Ich, ich armer Teufel, wie sollte ich dazu gekommen sein! Ja, die Partituren von seinem ‚Messias' und ‚Alexanders Fest' sind mir durch die Hände gegangen." ...

Die Rede war nun von Klavierinstrumenten und Kompositionen für dasselbe. Beethoven beklagte sich über die Unvollkommenheit des Flügels, worauf man in dem gegenwärtigen Zustand nichts mit Kraft und Effekt vortragen könne.

„Ich besitze selbst ein Londoner Instrument, welches aber nicht das leistet, was man von dorther erwarten sollte. Kommen Sie, hier steht es im Nebenzimmer, in einem höchst elenden Zustand."

Als ich solches eröffnete, welch ein Anblick trat mir entgegen! Der obere Teil war tonlos und die zerrissenen Saiten waren ineinander verwirrt, wie ein Dornstrauch vom Sturmwind gegeißelt!

Beethoven bat mich, ihm doch zu raten, was mit dem Klavier anzufangen sei. „Könnte wohl der Klaviermacher Stein, wenn Sie sich mit ihm beraten, solches wieder in einen guten Zustand zu setzen vermögend sein?"

Ich versprach, seinen Wünschen willfährig zu sein. — Soeben trat sein Bruder, ein Landgutsbesitzer, herein, welcher von mir gehört und froh schien, mich hier zu treffen: weil er gar manches mit mir zu sprechen hätte, bat er mich sehr schmeichelnd, ihn doch zu besuchen. Da es nun Abend war, so nahm ich Abschied von Beethoven und er begleitete mich bis an die Haustür: er schien nun ganz verstimmt; er sagte mit umwölktem Gesicht: „Dieses ist mein Bruder — haben Sie nichts mit ihm zu tun — es ist kein redlicher Mensch. Sie werden von mir manche schlechte Handlung, deren er sich schuldig gemacht, vernehmen. Leben Sie wohl!"
Das war der Bruder, welchem Beethoven seine Kompositionen verpfänden mußte, wenn er in der größten Geldnot war, und der sich einmal in einem Briefe stolz unterzeichnete „Gutsbesitzer", worauf sich der Tonpoet in seiner Antwort „Hirnbesitzer" unterschrieb.

Ein unbefriedigter Wunsch wurde immer reger in meiner Seele, nämlich Beethoven spielen zu hören, und in dem Zustand, in dem sein Klavier sich befand, war es unmöglich. Ich begab mich unverzüglich zu Herrn Stein, Klaviermacher, und entdeckte ihm meinen Wunsch und bat ihn, mir beizustehen, um das Klavier in spielbaren Zustand zu setzen. Er versprachs und hielt Wort und mit einigen von seinen Arbeitern und mit Beihülfe meinerseits war das Piano bald wieder in einem spielbaren Zustand. Beethoven war mit seinem Bruder für einige Tage verreist wegen Familienangelegenheiten und das war uns erwünscht, wir konnten daher ungehindert unsere Absicht erreichen. —
Nach seiner Zurückkunft kam sein Neffe, der seinen Onkel begleitet hatte, mich zu ihm zu führen; unterwegs entdeckte ich ihm, daß das Klavier nun seine Sprache wiedergefunden, und bat ihn, ganz unbemerkt den bewußten Aufsatz darauf zu setzen und dann den Onkel mit dem Geschehenen zu überraschen.

Also nach Abrede führte Karl seinen Onkel hin, wo das Klavier stand, und hob den Auffatz hinweg; da erblickte Beethoven mit Verwunderung die neue Gestalt seines Klaviers, ausrufend: „Das hat kein Feind getan!" — und ergriff meine Hand, die er herzlich umfaßte, mit einem Blick, wie wenn die Sonne ein schwarzes Gewölk verscheucht und sich den harrenden Geschöpfen nun wieder in voller Majestät zeigt: also erschien das Angesicht heute erheitert. — Nun setzte er sich unter den Schirm vor die Claves und ein Tongewebe mit überraschenden Übergängen machte die armen Saiten sowie das ganze Instrument erbeben und ein Chaos von Tönen entwickelte sich in die herzergreifendsten Melodien, kurz, wer könnte mit Worten malen, was die Phantasie eines solches Geistes vermag! Also ward auch dieser Wunsch, den größten lebenden Künstler in der göttlichen Kunst Musik auf dem Klavier spielen zu hören, erfüllt! Den Tag darauf kam Beethoven zu mir mit umwölkter Stirn ganz in der Frühe und beklagte sich ganz bitter in abgerissenen Worten über die Behandlung seines von schmutzigem Geiz besessenen Bruders und wie die Seuche des Geizes immer mehr um sich greife, daß es für einen ehrlichen Kerl immer schwerer würde, seinen Magen zu füllen! „Ja, ja, so ists!! — O, ihr Geizhälse! wann werdet ihr satt werden!" Er nannte mir zwei mit Namen, die die göttliche Kunst Musik selbst durch diese Seuche verunehren, „schmutzige Geizhälse."

„Ich muß mich in der unverdorbenen Natur wieder erholen und mein Gemüt wieder rein waschen. — Wie stehts heute mit Ihnen? — Wollen Sie heute mit mir gehen, meine unwandelbaren Freunde zu besuchen, die grünen Gebüsche und die hochstrebenden Bäume, die grünen Hecken und Schlupfwinkel, von Bächen rauschend? Ja, die Weinstöcke, die von ihren Hügeln der Sonne, die sie befruchtete, nun ihre Trauben zu reifen ihr hinhalten, zu schauen? Ja, mein Freund? Dort ist kein Brotneid noch Betrug. Kommen Sie – kommen Sie! – Welch ein herrlicher Morgen, er verspricht einen schönen Tag." –

Beethoven war heute sehr sauber gekleidet, wie wenn er in den Konzertsaal eintreten sollte: in einem neuen blauen Frack, blaue Pantalons, gelbe Weste und sehr weiße Halskrause und einen Hut mit einer hohen Krone, wie es damals in Wien Gebrauch war, und glänzende Stiefel waren das Finis seiner Kleidung!

Nun gings in raschem Schritt dem sehr beliebten und von allen Klassen besuchten Helenental entgegen, wo der Kaiser selbst mit seinem hohen Hause lustwandelte, und wo oft die sich Begegnenden durch einen engen Pfad sich drängen müssen. Unterwegs war von seinen großen Werken die Rede, die ich, um ihn zu erheitern, vorsätzlich zum Gegenstand machte. Ich bemerkte zu ihm, welchen großen Effekt seine Symphonien in unserm Konzertsaal stets bewirken und seine Pastoralsymphonie, die Lieblingssymphonie unserer Damen in London, deren Augen von Genuß funkelnd meinen Genuß verdoppelten. „Aber wie ein Beethoven die Naturereignisse mit Tönen vorstellen konnte, ist allen ein Wunder", hinzufügend, daß die von solchen Schöpfungen begeisterten Kunstfreunde sich nach einer zehnten Symphonie sehnten.

„Ja, in England, wo man noch Sinn fürs Große hat, werden auch Kompositionen von Gehalt, wie ich vernommen, würdig aufgeführt. Ich muß auch nach London und werde bei Ihnen absteigen."

Wir kamen nun bei einem neu erbauten Schloß vorbei, welches, wie er sagte, der Herzog C. hat bauen lassen. „Sehen Sie hier unsern großen Geschmack in der Wahl des Orts, wo man moderne Schlösser hinbauen soll! Nicht wahr, da, wo man die Rudera der Schlösser der Vorwelt erblickt, da gehören sie hin! O, wäre mein Arm vermögend genug, solches Gebäude, wohin es gehört, zu verschieben!"

Jetzt naheten wir uns einem sehr romantischen Ort. Hohe, alte, prachtvolle Bäume erhoben ihre Wipfel dem blauen Himmel entgegen, dunkle Gebüsche tranken die Sonnenstrahlen und warfen sie wieder auf einen grünen Rasenteppich hin, auf welchem die Bewohner der Büsche umherhüpften, die für sie bestimmte Nahrung zu erhaschen. Ein rinnendes Wasser hörte man rauschen, hier ungesehen, das von einer Höhe herabschoß. Hier setzte sich Beethoven auf eine Rasenbank hin.

„Hier, von diesen Naturprodukten umgeben, sitze ich oft stundenlang und meine Sinne schwelgen in dem Anblick der empfangenden und gebärenden Kinder der Natur. Hier verhüllt mir die majestätische Sonne kein von Menschenhänden gemachtes Dreckdach, der blaue Himmel ist hier mein sublimes Dach. Wenn ich am Abend den Himmel staunend betrachte und das Heer der ewig in seinen Grenzen sich schwingenden Lichtkörper, Sonnen oder Erden genannt, dann schwingt sich mein Geist über diese soviel Millionen Meilen entfernten Gestirne hin zur Urquelle, aus welcher alles Erschaffene strömt und aus welcher ewig neue Schöpfungen entströmen werden. Wenn ich dann und wann versuche, meinen aufgeregten Gefühlen in Tönen eine Form zu geben — ach, dann finde ich mich schrecklich getäuscht: ich werfe mein besudeltes Blatt auf die Erde und fühle mich fest überzeugt, daß kein Erdgeborner je die himmlischen Bilder, die seiner aufgeregten Phantasie in glücklicher Stunde vorschwebten, durch Töne, Worte, Farbe oder Meißel darzustellen imstande sein wird."

Indem er also mit Wärme seiner Brust Luft gemacht, erhob er sich rasch vom Sitz und blickte zur Sonne empor. „Ja, von oben muß es kommen, das was das Herz treffen soll, sonst sinds nur Noten, Körper ohne Geist, nicht wahr? Was ist Körper ohne Geist? Dreck oder Erde, nicht wahr? Der Geist soll sich aus der Erde erheben, worin auf eine gewisse Zeit der Götterfunke gebannt ist, und ähnlich dem Acker, dem der Landmann köstlichen Samen anvertraut, soll er aufblühen und viele Früchte tragen und also vervielfältigt hinauf zur Quelle emporstreben, woraus er geflossen ist. Denn nur durch beharrliches Wirken mit den verliehenen Kräften verehrt das Geschöpf den Schöpfer und Erhalter der unendlichen Natur." ...

Beethoven zuletzt begleitete mich bis an den Wagen, der mich nun von ihm diesseits des Grabes trennen soll! – Nach einigen stummen Minuten in der Landstraße an dem Wagen, der sich fertig machte, abzufahren, zog er eine kleine Rolle Papier aus dem Busen: „Nehmen Sie dies Bild, das mein Gesicht vorstellen soll, von mir als ein Andenken! Zwar ist es nicht gut und von einem Freund, der kein Künstler von Profession ist, auf Stein gezeichnet!" –

Nun blickte er mich starr an, indem er meine Hand ergriff, welche ich zurückzog und solche zu einem Trichter formierte und solchen an sein linkes Ohr preßte (welches er mir im Freien schon erlaubt hatte) – ich rief nun folgende Worte scharf artikulierend ins Ohr: „Sollte ich in London einen Künstler treffen, dem ich das, was einen so tiefen Eindruck in meine Seele geprägt, mitzuteilen vermag, so werde ich von dem besten Gemälde von Ihnen das, was noch fehlt, Ihren Gönnern zu Liebe ans Licht befördern."

Nun umschlang er mich in einer Art von Ekstase, während ein Leichenzug uns entgegenkam, dem er aus dem Wege trat, und verschwand. Welche Ahndungen durchdrangen meine Seele, als ich im Wagen saß, und helle Tränen träufelten mir vom Angesicht in den Wagen!

Karl Gottlieb Freudenberg.

Im Juni 1825 fuhr ich mit 150 Talern in der Tasche mit meinem Reisegefährten Drescher, einem mit historischen Studien und Vorkenntnissen der Kunstgeschichte ausgerüsteten Studiosus juris per Journalière über Neisse, Ratibor, Olmütz nach Wien. Meine langen Beine befähigten mich zu einem rüstigen Fußgänger; in Betracht der Geldersparnis und der goldnen Unabhängigkeit hätte ich unbedingt die Reise per pedes angetreten, aber das dringende Zureden meines Gefährten ließ mich den Wagen besteigen. Wegen der damals überall herumspukenden Demagogenriecherei sollte ich auch mein blondlockiges, langwallendes Haar abscheren lassen und meinen deutschen Rock mit einem erbärmlichen französischen Frack vertauschen, um nicht den Schikanen der Polizei ausgesetzt zu sein. Dazu aber konnte ich mich durchaus nicht verstehen; ich blieb meiner einfachen bequemen Kleidung getreu wie dem Grundsatze: je weniger Bedürfnisse, desto mehr Zufriedenheit im Menschen. Nichts weiter als ein kleines Tornister mit der nötigen Wäsche belästigte mein fröhliches, reisemutiges Herz. Und das war gut, sonst wäre ich durch die Last ärmlicher Verhältnisse erdrückt und auf der langen Reise zu Brei zermalmt worden. In Wien angelangt, überließ ich mich ganz den augenblicklichen Eindrücken der großen, volkreichen, gemütlichen, lebensfrohen Kaiserstadt ...
Unter den musikalischen Größen Wiens hatte ich nur für einen einzigen Augen und Ohren. Achtung! Präsentiert das Gewehr! Der Kaiser kommt! Etwa Franzl? Joseph? — Nein, der Musikkaiser Beethoven! Der Sonnenstrahlende, Licht- und Freudebringende, der Fröhliche unter den Fröhlichen, der Trauernde unter den Traurigen, der durch seinen tönenden Kuß Millionen Herzen verbrüderte, auch ein von Gottes Gnaden gekröntes und mit dem heiligsten Kunstöl

gesalbtes Haupt! Meine Beethovensehnsucht, mein Beethovenkultus konnte in Wien nicht gestillt werden, da der Musikkaiser bereits seine Sommerresidenz in Baden bezogen hatte. Dahin, dahin muß ich, Geliebter, ziehn; ohne Rast und Ruh dem Helenental zu! Das lederne Ränzel wurde geschnallt, per pedes apostolorum oder vielmehr cantorum wanderte der deutsche Jüngling seinem Ziele entgegen. Baden war bald erreicht; je näher ich dieser quasi Wiener Vorstadt kam, desto lauter und rascher schlug mein von Furcht und Hoffnung gepeinigtes Herz. Um mich von allen irdischen Schlacken zu reinigen und für den hohen Besuch würdig vorzubereiten, nahm ich zuvor ein Bad und zwar in den Räumen der ersten Klasse. Herren und Damen badeten hier in leichter Badeumhüllung etwas frivolerweise in einem gemeinschaftlichen Bassin. Ich als Frembling bezog vom Badewärter eine sehr magere, dürftige, kurze Bedeckung, die wie bei Schwimmhosen nur durch ein Bändchen lose zusammengefügt war. Bei meinem Eintritt hob das Wasser die leichte Hülle: die vornehme, elegante, lustig plaudernde Badegesellschaft sah mich verstummend an; ich, dadurch bestürzt gemacht, mochte in der kritischen Lage mit verwirrtem Sinne das Band der Badehülle aufgelöst haben. Ein Kichern, Lachen, Aufmichblicken trieben mir das Blut vor Scham und Verlegenheit in den Kopf, bis die plötzliche Ansprache eines Herrn: „Monsieur, nous ne sommes pas ici au Paradis, regardez en bas!" mich über die Ursache des homerischen Gelächters aufklärte. Der Stein des Anstoßes war sogleich entfernt. Mehrere Herren, denen ich wohl als ein aufdringlicher, ungebildeter Mann erscheinen mochte, redeten mich französisch an; es war dies ein damals oft gebräuchlicher Bildungsgradmesser. Obwohl ich die Frage französisch zu beantworten vermochte, gab ich doch den Vorwitzigen in italienischer Sprache Antwort, worauf sie verdutzt und beschämt abzogen. Bald darauf setzte eine badende, etwas dickbäuchige Nymphe den Diskurs italienisch fort und der Bildungsgradmesser stellte mich in dieser aristokratischen Gesellschaft somit auf einen Ehrenplatz. Es löste sich alles in Wohlgefallen auf, ich wurde für courfähig gehalten. Meine Frage, wenn Beethoven am besten zu sprechen sei, meine projektierte Fahrt nach Rom, Neapel umgaben meine Person mit einem gewissen Heiligenschein, ja man hielt mich sogar für einen reichen Engländer, wie ich später erfuhr. Der arme Musiklehrer ein reicher Engländer! o sancta simplicitas, o stockfinstere Blindheit! – In St. Helenenthal, dem stillen, romantischen Zauberort, durchkreuzt von einsamen Berg- und Waldwegen, wo man fern von Menschen und näher bei Gott sein inneres Ich sammeln und von dem Weltgetümmel fernhalten kann, hatte sich Beethoven häuslich und gemütlich niedergelassen. Es war gegen zwei Uhr nachmittags an einem heißen Julitage, als ich mich seiner Wohnung mit beschleunigtem Schritte näherte. Vom Balkon seiner ländlichen Wohnung aus hatte mich Beethoven bereits bemerkt; er zog sich alsbald bei meiner Annäherung zurück, vielleicht eines der vielen zureisenden sogenannten Musikgenies vorausahnend, von denen er im Sommer, wie ein von Fliegen geplagtes edles Roß, überlaufen und belästigt wurde. In meinem abenteuerlichen Turneranzuge, ungestriegelt, ungebügelt, wollte mich beim ersten Anblick die alte Wirtin in seine Wohnung nicht einlassen. Auf meine Anrede: „Ich wünsche Beethoven zu sprechen" antwortete sie ganz zornig mit am Leibe untergestemmten Armen: „Was? Sie Fußlatscher wollen meinen lieben Herrn, den Beethoven sprechen? Da könnte jeder kommen. Barone, Grafen, selbst Prinzen werden oft nicht vorgelassen. Einen schönen Gruß – und es ist nichts!" – „Aber, liebes Goldmadamchen, ich komme weit von Breslau aus Schlesien zu Fuß als ein armer Musiker hierher, der, ohne Beethoven, seinen irdischen Abgott, gesehen zu haben, Tag und Nacht keine Ruhe hätte. Mir geht es wie dem greisen Simeon, der, als er vor seinem Ende noch einmal das liebe Christuskindlein sehen wollte, nach gestillter Sehnsucht ausrief: Herr, nun läßt Du Deinen Diener in Frieden fahren, denn meine Augen haben Deinen Heiland gesehen!" — „Schaun's, Ew. Gnaden, Sie sind nicht so schlimm, wie Sie aussehen; jetzt habe ich Respekt vor Ihnen, eine so weite Reise zu Fuße, es sind wohl 20 bis 30 Meilen!" — „Nein, mein liebes Mütterchen, beinahe 100!" — „Ei, du lieber Gott, Jesus Maria, das wäre die größte Unbarmherzigkeit von meinem lieben Herrn, Sie ohne die gestillte Sehnsucht weiter ziehen zu lassen." — Schnell trippelte sie fort, meldete mich an und brachte mir eine Pergamenttafel mit Bleistift. Auf die Frage: „Was soll ich damit?" antwortete sie: „Nun, Sie wissen doch, daß Beethoven gar nicht hört, deshalb muß der Besuchende seine Fragen und Antworten ihm schriftlich mitteilen." Diese hochgradige Harthörigkeit Beethovens war mir unbekannt. Wie sollte ich die erste Begrüßung beginnen? Ich schrieb: „Der Musiklehrer Freudenberg aus Breslau wünscht des großen, genialen Beethovens Bekanntschaft zu machen!" — Bald darauf trat eine gedrungene Gestalt in Mittelgröße mit freundlicher Gebärde und liebevollem Blick heraus und nötigte mich in sein Zimmer. Hier wurde mir dann ein Platz auf dem Sofa angewiesen und bei einer Tasse schwarzen Kaffee ein Stündchen gemütlich geplaudert. Daß diese Unterhaltung eine Stunde der höchsten Weihe, der heißesten Kunstandacht und Herzensseligkeit für mich war — wird wohl jeder glauben, auch wenn mir die Worte fehlen, es auszusprechen. Den Gegenstand unseres Gesprächs bildete natürlich die musikalische Kunst und ihre Jünger. Den damals vergötterten Rossini, glaubte ich, würde Beethoven verspotten; mitnichten, er räumte ein, Rossini sei ein Talent und melodienvoller Komponist, seine Musik passe für den frivolen, sinnlichen Zeitgeist und seine Produktivität brauche zur Komposition einer Oper so viel Wochen wie die Deutschen Jahre. Spontini habe viel Gutes, den Theatereffekt und musikalischen Kriegslärm verstäude er prächtig. Spohr sei zu dissonanzenreich und durch seine chromatische Melodik würde das Wohlgefallen an seiner Musik beeinträchtigt. Sebastian Bach hielt Beethoven sehr in Ehren: „Nicht Bach, sondern Meer sollte er heißen wegen seines unendlichen, unausschöpfbaren Reichtums von Tonkombinationen und Harmonien." Bach sei das Jdeal der Organisten. „Auch ich", erzählte Beethoven, „spielte in meiner Jugend viel die Orgel, aber meine Nerven vertrugen die Gewalt dieses Rieseninstrumentes nicht. Einen Organisten stelle ich, wenn er Meister seines Instruments ist, unter den Virtuosen obenan." Beethoven schimpfte sehr auf die Wiener Organisten: die Besetzung der Stellen ginge nach Gunst oder nach alten, observanzmäßigen Gebräuchen. Wer am längsten dient, erhält solch ein Amt und so kämen die Leiermänner obenan. Er tadelte die Orgeln mit mangelhaftem Pedal und zuletzt auch die Großen und Reichen der Erde, die für die Kunst und das Gute nichts tun wollen, weil sie nichts davon verstehen. Meine Fragen über einige seiner Werke, z. B. „Fidelio", warum diese Oper nicht überall Beifall finde, beantwortete er: „Wir Deutsche haben zu wenig dramatisch gebildete Sängerinnen für die Leonore; sie sind zu kalt und gefühllos, die Italiener singen und spielen mit Leib und Seele." Über Kirchenmusik äußerte Beethoven viel Wahres. Reine Kirchenmusik müßte nur von Singstimmen vorgetragen werden, ausgenommen ein Gloria oder ein anderer dem ähnlicher Text.

Deswegen bevorzugte er Palestrina, doch sei es Unsinn, ihn nachzuahmen, ohne seinen Geist und religiöse Anschauung zu besitzen; auch dürfte es den jetzigen Sängern unmöglich sein, die langgehaltenen Noten tragend und rein zu singen. Über das berühmte Miserere des Allegri sprach er kein Urteil, weil er es nicht gehört habe; viele Hörer seien entzückt davon, manche auch kalt geblieben. Die Komponisten, die in ihren Werken Natur und Kunst vereinigen, stellte er als Muster hin. Meine wiederholte Bitte, mir auf dem Flügel etwas zu phantasieren, gewährte er mir nicht: er sei immer kränklich und spiele zu wenig, um mich befriedigen zu können, obgleich ich ihm entgegnete, daß nicht die Fingerfertigkeit, sondern sein Ideengang mich zu dieser Bitte bestimmte. An seinem Mienenspiel und zerstreuten Wesen merkte ich wohl, daß er in seiner erhabenen Tonwelt lebte und mir durch Gebärden zu verstehen gab, ihn nicht weiter seiner kostbaren Zeit zu berauben. Sonst war er freundlich und mild; einmal aber schnitt er ein gewaltig grimmiges Gesicht, als ich seine letzten Symphonien für unverständlich barock erklärte. Sein Augen- und Mienenspiel antwortete mir: „Was verstehst du Tölpel und alle ihr Klügler davon, die ihr meine Werke tadelt? Euch fehlt der Schwung, die kühnen Adlerflügel, um mir nachfolgen zu können." ... Dieser große Beethoven, von ziemlich kleiner Figur mit wildem und etwas verstörtem Aussehen, grauem, struppigem Haare, borstenmäßig in die Höhe stehend, entließ mich mit den Worten: „Grüßen Sie mir den alten Joseph Schnabel, der sich meiner erinnert!"

Jakob Reuter.

Ich bin herausgegangen aus meiner Sammlung (von Gewerbsprodukten, eine Art Museum) zu der Zeit, als nach dem Schlusse der Vorlesungen die Studenten die Treppe herunterliefen, etwa um zwölf Uhr mittags – zu meinem großen, freudigen Erstaunen sehe ich Beethoven! (Den ich gleich gekannt durch öfteres Sehen auf der Straße und besonders in Mödling, wo ich einmal hinausging, um ihn bloß zu sehen.) Zuerst stand ich ganz erstaunt, Beethoven zu sehen, stillstehend mit entblößtem Haupte, als die Studenten an ihm vorbeirannten. Sobald ich mich von meiner Überraschung erholt hatte, ging ich zu ihm und legte meinen Arm in den seinigen, da ich wußte, daß es bei seiner Taubheit vergeblich sein würde, zu ihm zu sprechen; er wendete sich natürlich mir entgegen, sah mich, einen Fremden, an und mit einem unbeschreiblichen Ausdruck von Demut und einer halben Verbeugung sagte er nur: „Beethoven". Ich gab ihm durch Kopfnicken zu verstehen, daß ich ganz gut wüßte, wer er sei, und führte ihn in das technologische Museum hinein. (Als ich mich vor ihm verbeugt hatte, zeigte ich auf meine Tür; er verstand mich und so ging er mit mir.) Damals war ich 22–23 Jahre alt. Sobald ich ihn in dem Zimmer hatte und die Tür zugemacht hatte, stand ich einen Augenblick da mit gefalteten Händen und von einem unbeschreiblichen Gefühl von Liebe und Ehrfurcht durchdrungen und rief aus: „O, wie freut es mich!" Ich warf meine Arme um seinen Hals und zog ihn an mein Herz. Er war augenscheinlich erfreut über meinen Enthusiasmus, dankte mir durch sein ausdrucksvolles Lächeln und eine leichte Verbeugung für meine Sympathie und schließlich erwiderte er meine Umarmung, indem er gleichfalls seinen Arm um meinen Hals schlang. Nun sah er mich erst recht an – ich glaube, daß ich sogar geweint habe – und sein Antlitz zeigte, wie sehr ihn mein Enthusiasmus gefreut hatte. Als ich schließlich allmählich ruhig geworden war, fiel mir ein, daß er wohl einen Zweck gehabt haben müsse, um diese Zeit hier zu erscheinen. Ich legte meinen Mund an sein Ohr und fragte mit lauter

Stimme: „Womit kann ich Ihnen dienen?" „Ich habe einen Neffen —" „Ich weiß es." „Da wollte ich sehen, wie es mit ihm steht." Ich legte meinen Mund wieder an sein Ohr und bat ihn, dort zu bleiben, während ich zur Direktionskanzlei ging und genaue Auskunft über seinen Neffen holen wolle, da der Neffe nicht in meiner, sondern in der Kommerzialabteilung war. Ich ging fort und sperrte ihn ein! In der Kanzlei angekommen, nahm ich Einsicht in die Kataloge und habe ersehen, daß ich diesem großen Manne, den ich gern mit Freude überschüttet hätte, nichts Erfreuliches über seinen Neffen mitteilen könne. — So rasch wie ich hinaufgelaufen bin, so langsam bin ich hinuntergegangen — da ich nur Schlechtes zu sagen hatte. Jetzt komme ich an und stelle mich mit einer traurigen Miene vor ihn hin. Ohne ein Wort zu sagen, hatte er in meinem Gesicht die Wahrheit gelesen und sein Gesicht, vorher so freudevoll, nahm in einem Augenblick nur den Ausdruck des tiefsten Kummers an. Nun legte ich wieder meinen Mund an sein Ohr und sagte nichts mehr als: „Ich habe Ihnen nichts Gutes mitzuteilen!" Er ließ mich nicht weiter reden und sagte: „Ach Gott! ach Gott! Die jungen Leute — ich armer, alter, schwacher Mann!" So fuhr er fort, eine Zeitlang Schmerzensworte auszurufen, deren ich natürlich nach so vielen Jahren nicht mehr imstande bin mich zu erinnern, allein den Ausdruck des Schmerzes in seinem Gesicht werde ich nie vergessen! Zuletzt nahm er mich bei beiden Händen und in Tönen der tiefsten Wehmut dankte er mir und empfahl sich. Ich nahm ihn unter den Arm und begleitete ihn über die Stiegen herunter. Auf einmal blieb er auf der Treppe stehen und sagte mit einer Art von Vorwurf (wie ich deutlich in seinem Gesicht und in den Tönen seiner Worte vernehmen konnte): „Mein Gott! Mit wem habe ich denn die Ehre zu sprechen?"

Ich antwortete: „Mit niemand als mit Ihrem Anbeter und Verehrer!" Das tat ihm wohl, es tröstete ihn ein wenig, sein Gesicht erheiterte sich ein bißchen wieder; nun nahm er mich wieder bei den Händen und drückte sie an seine Brust. Wir sprachen dann nichts mehr. Ich begleitete ihn bis ans Tor und wir nahmen, ohne ein Wort zu sprechen, unter den herzlichsten Händedrücken Abschied voneinander. Jetzt erst setzte er den Hut auf und ging über das Glacis weg. Ich sah ihm noch eine Weile nach, setzte meinen Hut erst jetzt auf und ging betrübt meinen Weg. Ich ging gleich zum Speisen in ein Wirtshaus, ohne daß mir irgend etwas geschmeckt hätte; so groß war meine Aufregung. Nun konnte ich nicht erwarten, dies meinen Freunden zu erzählen, insbesondere meinem Bruder Ferdinand, der ein ebenso großer Verehrer Beethovens war wie ich. Nach einigen Tagen kam ich zu einem meiner Freunde, Kirchhofer (wo ich sehr viele erfreuliche musikalische Abende verlebt habe, bei dem viele musikalische Notabilitäten sich öfters eingefunden haben), und da fand ich Alois Fuchs und andere. „Ihr," sagte ich, „das ist der Rock, den Beethoven an seine Brust gedrückt: küßt ihn ab!"

Einige Tage nach diesem Ereignis gehe ich durch die Kärntner Straße, es greift mich jemand rückwärts beim Arm. – Wer ist es? – Beethoven. – Mit beiden Händen ergreift er wieder meine Hände, drückt sie recht mit dem freundlichsten Gesicht und ohne zu reden mit großer Wärme. – Dann trennten wir uns.

Ich sah ihn später niemals wieder, war aber einer von denen, die ihn in dem großen Gefolge zum Grabe geleiteten.

Ludwig Rellstab.

Die Reise nach Wien war beschlossen. Mit welchen Hoffnungen, mit welcher Zuversicht auf Genuß und mit welcher gesunden Freude daran geht ein Jüngling, zumal ein Schriftsteller, der eben die ersten Schritte in die Öffentlichkeit getan, im kleinern Kreise die Genugtuung einiger Anerkennung gefunden, einem solchen Ziel entgegen! Was sind Vergangenheit und ferne Zukunft einer so nahen und einer solchen Gegenwart gegenüber!

Von allem, was ich in und von der Kaiserstadt erwartete, war es eins, das der begeisterten Seele des Jünglings entschieden als das Höchste vorschwebte. Die Hoffnung, Beethoven zu sehen! Wahrlich nur mit dem Anblick des im tiefsten verehrten Mannes wäre ein unendlicher Wunsch meines Herzens erfüllt gewesen; doch im stillen träumte ich noch viel Größeres, das allerdings ein wenig den luftigen Feenschlössern glich. Ich nährte die freilich nur schwach dämmernde Hoffnung, seinen Anteil für eine Oper, die ich ihm dichten möchte, zu gewinnen. So unerreichbar, so unglaublich mir, wenn ich es als etwas Festes, Wirkliches ins Auge faßte, dieses Ziel auch schien, so wollte ich doch das „magna voluisse" auf meiner Seite behalten. Deshalb hatte ich alle die Schritte getan, die mir in meiner Stellung nützlich und geeignet schienen, um das Vorhaben einzuleiten ...

Dies waren meine Berechtigungen. Nicht daß ich in dem eiteln Wahn gestanden, mich zu Beethovens Größe gesellen zu dürfen; aber ich fühlte die Kraft, mich zu denen in die Schranken zu stellen, unter welchen er die Wahl haben konnte.

Wie aber sollte ich sein Zutrauen gewinnen? Ein Gespräch war mit dem von dem schwersten Unheil Betroffenen, welches die Schickung gerade über ihn verhängen konnte, nur sehr schwer zu führen. Ihm zuvor zu schreiben? Wie viele Briefe mußte er nicht erhalten haben, die nur von törichter Hand ausgingen! Und überhaupt, das Lesen war nicht die

Sache des Musikers, nicht die Weise Beethovens! Ein Name von Gewicht mußte eine Bahn brechen. In Berlin war es allein Zelter, der in musikalischer Beziehung durch seinen Ruf als Theoretiker und anderweitig sowohl durch seine frühere Bekanntschaft mit Beethoven selbst den Standpunkt einnahm, von dem aus er mir einen einführenden Brief an den großen Meister mitgeben konnte. Und hier habe ich eine große heilige Schuld der Dankbarkeit gegen Zelter abzutragen, dem ich in andern Beziehungen späterhin oft gegenübertreten mußte, weil sein häufiges nicht zu rechtfertigendes Tun, sein geistig musikalischer Absolutismus im Namen der Wahrheit und des Rechts mich in meiner kritischen Stellung dazu herausforderten. Nicht daß er mir den Brief an Beethoven gab, sondern wie er ihn gab, wie er ihn in Beziehung auf Beethoven gab, verpflichtet mich zum Dank und noch mehr zum Ausdruck der Verehrung. Denn er tat es, als wenn er an einen Heiligen des Himmels schriebe. Er, der im Gespräch oft die Weise anzunehmen pflegte, als habe er vor allen Größen der Kunst, Mozart, Haydn, Beethoven, eben gar keine sonderliche Ehrfurcht und dürfe mit ihnen nur so ganz wie mit aller Welt obenhin umspringen, er nahm jetzt, da er zu einer Tat schreiten sollte, nicht aus irgendeiner gemachten Empfindung oder Scheinheiligkeit, sondern aus wahrhaftigster Kunstwärme eine, ich kann es kaum anders nennen, anbetende Stellung an; er fühlte, daß er zu einem Hohenpriester sprach, und seine Demut wurde wahre Größe seines Sinnes. Genial, wie so oft in einzeln aufblitzenden Lebensmomenten, war er auch bei diesem Briefe, schon in der Aufschrift. Denn er schrieb nicht, wie jeder getan, an Herrn Ludwig van Beethoven, sondern: "An den edeln, berühmten, großen Ludwig van Beethoven." — Unverzeihlich muß ich es nennen, daß ich mir den Brief, den ich späterhin bei Beethoven las, nicht sofort abgeschrieben, denn er war in vier oder fünf Zeilen ein wahres Kunstwerk, schöpferisch hervorgegangen aus der Glut der Verehrung. Keine fade Schmeichelei, keine unangenehm berührende Unterwürfigkeit (wie oft in den Briefen an Goethe), sondern nur edle, großherzige Worte und doch dabei treu, schlicht, deutsch, Worte der Freundschaft, aber einer begeisterten, endlich der dringende Wunsch meines Herzens, der Hauptzweck meines Besuchs klar und warm ausgesprochen, dem hohen Meister ans Herz gelegt.

Dieser Brief war des Aufbewahrens wert! Er hätte als ein Juwel geprangt in der starken Bändezahl des Briefwechsels zwischen Goethe und Zelter! Er würde vieles Dunkle darin (nämlich was im Dunkel hätte bleiben sollen) durch seinen Glanz überschimmert haben! — Genug ich war im Besitz des Briefes, wenigstens in dem der Aufschrift, die mir so warm aus der Seele genommen war, daß ich sie mit immer erneutem Staunen und Herzklopfen betrachtete. —

Am 21. März des Jahres 1825, also am Tage des Äquinoktium, wo die Wohltat der rückkehrenden Sonne beginnt, an Jean Pauls Geburtstag (damals überging ich so wichtige Festtage im Jahre niemals) traten wir die Reise an. Noch waren die Felder rings mit Schnee bedeckt, die Luft eisig rauh! Dennoch, wie erquickend schien es dem jugendlichen Sinn, die öden Fluren und grauen Dörfer vorüberfliegen zu sehen, sich von dem rauhen winterlichen Hauch anwehen zu lassen...

Ich übergehe alles und hebe nur das, was die Musik angeht, heraus. Schon vierzehn Tage zuvor hatte ich an Maria von Weber die schriftliche Bitte gerichtet, uns während unserer Anwesenheit, wenn es möglich sei, mit einer Aufführung der „Euryanthe" zu erfreuen, die damals außer in Wien noch nirgend gegeben war, da Spontini die Darstellung derselben in Berlin nach Kräften hinderte, gewiß aus der reinsten künstlerischen Überzeugung, daß das Werk nicht würdig genug sei, um in die Welt geführt zu werden! Weber hatte auf meine Bitte mit der Übersendung einer Karte geantwortet, auf der ihm die einige Tage zuvor erfolgte Entbindung der Schröder-Devrient (die Euryanthe Dresdens) angezeigt war. Durch dieses glücklich-unglückliche Ereignis lag die Oper überhaupt ziemlich untätig danieder. Dies verschaffte mir aber den Vorteil, daß Weber weniger beschäftigt war und ich ihn in diesen zwei Tagen öfter sehen konnte, als ich sonst irgend hoffen durfte. Er bereitete sich gerade vor, nach England zu gehen, um den „Oberon" zu komponieren. Dies gab uns viel Anlaß zu Gesprächen; doch ließ ich die Gelegenheit nicht vorübergehen, um auch für meinen Zweck seine Mithilfe zu gewinnen. Auf meine Bitte um einen Brief antwortete er: „Beethoven liebt die vielen Briefe nicht. Sie zu lesen und zu schreiben ist ihm eine lästige Sache. Aber grüßen Sie ihn mündlich aufs herzlichste und ehrfurchtsvollste von mir. Nach der Art und Weise, wie er mich bei meiner vorjährigen Anwesenheit in Wien aufgenommen, darf ich voraussetzen, daß er sich meiner mit Freundlichkeit und Liebe erinnern wird." — Jetzt machte mir Weber eine Schilderung von seinem letzten Besuch bei Beethoven, der ich natürlich mit der gespanntesten Aufmerksamkeit zuhörte. „Wir waren", erzählte er, „mehrmals bei ihm gewesen, doch er hatte sich immer nicht sprechen lassen. Er war unwohl, menschenscheu, trübsinnig. Endlich gelang es uns, eine günstige Stunde zu treffen. Wir traten ein: er saß am Arbeitstisch; nicht eben freundlich stand er auf. Er hatte mich vor Jahren schon gut gekannt und so kamen wir bald in trauliches Gespräch. Da trat er plötzlich dicht vor mich hin, legte beide Hände auf meine Schultern, schüttelte mich kräftig und herzlich und rief: ‚Du bist ein braver Kerl geworden!' und dann küßte er mich mit wahrer Freundschaft und Liebe. Von allem, was mir an Beifall, Glanz und Ehre in Wien zuteil geworden, hat mich nichts so im tiefsten ergriffen als dieser brüderliche Kuß Beethovens."

Solche Erzählungen aus dem Munde eines selbst so hoch in dem Ruhme der Welt gestellten Mannes wie Weber mußten begreiflicherweise meine Verehrung Beethovens und die beklommene Spannung, mit der ich dem Augenblick entgegenging, wo ich ihm unter die Augen treten sollte, noch immer steigern. – Ganz durchglüht von dem Gedanken an das, was mir bevorstand, nahm ich Abschied von Weber und am andern Tage verließen wir Dresden im schönsten Sonnenschein . . .

Spät am Abend erreichten wir Iglau; am folgenden Tage mußten wir Wien sehen. Unvergeßlich wird mir die Erinnerung an das Gefühl bleiben, mit dem ich zuerst den grauen, riesigen Stephansturm hinter dem Gebirgsrücken, den wir umfuhren, hervortreten und mächtig den Horizont beherrschen sah, während die Stadt noch unter demselben verborgen bleibt. Er schien uns zuzurufen: „Wanderer, hier liegt Wien!" Und was knüpfte sich an diesen Ruf? Für mich in diesem ersten Augenblick nur der Klang des einen hohen Namens: „Beethoven". Ich rief es laut und begeistert aus trotz meines lächelnden, kopfschüttelnden Reisegefährten. Alles was die berühmte Kaiserstadt an Schätzen der Kunst und des Wissens, an großen Männern, Denkmälern, Anstalten in sich birgt, wiegt mir diesen einen Namen nicht auf. Und hätte ich die Wahl, auf der einen Seite alles, auf der andern nur ihn aufzugeben, freudig ließe ich alles, um zu ihm zu wallfahrten, der vielleicht vergessen, als finsterer Sonderling gemieden, in einer düstern, abgelegenen Straße mitten im Glanz dieser taumelnd genießenden Welt einsam und verlassen sitzt – aber von erhabenen Geistern umgeben und von Wundern, die er selbst erschafft!

Obgleich mir, nachdem wir in Wien angekommen, nichts näher am Herzen lag, als Beethoven aufzusuchen, so glaubte ich doch zuvor einige Erkundigungen über die Art und Weise, wie es geschehen könne, einziehen zu müssen. Bei dem unschätzbaren Wert, den ein Besuch dieser Art für mich hatte, war es begreiflich, daß ich eine ähnliche Gesinnung bei vielen Tausenden in Wien voraussetzte und darauf die Meinung gründete, daß der Zutritt zu dem großen Manne mit Schwierigkeiten aller Art umgeben sein würde, wie der zu Goethe. Ich suchte daher zuerst einige Personen auf, von denen ich wußte, daß sie in Beziehungen zu ihm standen oder gestanden hatten, z. B. Grillparzer. Wo ich auch anfragte, erhielt ich den Rat, nur gerades Wegs zu ihm zu gehen. „Wenn Sie ihn gerade in der schlimmen Stunde treffen," sagte mir einer seiner Freunde, „so möchten Sie der Kaiser sein, er würde Sie nicht vorlassen; Vorbereitungen helfen nichts. Redlich, geradezu und frei heraus, sind die besten Empfehlungen ihm gegenüber! Lassen Sie sich durch einen mürrischen Empfang nicht abschrecken; gehen Sie zum zweitenmal und er macht dann vielleicht doppelt gut, was er beim erstenmal gegen Sie versehen." — So faßte ich denn eines Morgens unter Herzklopfen den Entschluß, den Weg nach der Krugerstraße Nr. 767 im vierten Stockwerk, wo Beethoven damals wohnte, anzutreten. Diese Straße ist keine abgelegene, sondern nur eine der minder geräuschvollen Seitenstraßen, die die belebteren Hauptstraßen der innern Stadt durchschneiden. Daß ein Künstler eine solche Wohnung, muß er einmal in der Stadt selbst sein, eher sucht als meidet, begreift sich leicht. Das vierte Stockwerk möge auch niemand durch den Gedanken der Ärmlichkeit erschrecken. Es ist in Wien bei den sechs, sieben, acht Stockwerke hohen Häusern ein so gewöhnliches Höhenmaß, daß der Mittelstand selten darunter bleibt. Im zweiten Stockwerk wohnt man der engen dunkeln Gassen halber sogar lieber als im ersten, das häufig noch zu Geschäftslokalen, Kontoren u. dgl. benutzt wird.

Als ich die ansehnliche Zahl steinerner Stufen emporgestiegen war, fand ich zur Linken einen Glockenzug mit einem halbverwischten Namen; doch glaubte ich Beethoven herauslesen zu können. Ich schellte: Tritte ließen sich hören; man öffnete; meine Pulse flogen; ich weiß wahrlich nicht mehr zu sagen, ob es eine Magd war, die mir öffnete, oder ein junger Mann, Beethovens Neffe, der damals bei ihm wohnte und den ich später einigemal sah. Die hohe Spannung meines Innern hatte mir die Achtsamkeit auf die Außendinge ganz geraubt. Nur erinnere ich mich, daß es mir gar nicht über die Zunge wollte, zu fragen: „Wohnt hier Herr Beethoven?" Wie zerschlägt das Riesengewicht eines so großen Namens die pygmäischen Schranken und Gesetze der Konvention, hinter denen die unermeßliche Alltäglichkeit ihre eiteln Rechte sicherstellt! —

Indes diese Formen wollten ihr kleinliches Recht auch hier nicht aufgeben: ich wurde gemeldet, gab meinen Brief von Zelter als Einlaßkarte mit und stand harrend im Vorzimmer. Noch könnte ich es malen in seiner wüsten halb Leere halb Unordnung. Auf dem Fußboden standen eine Menge geleerter Flaschen, auf einem schlichten Tisch einige Teller, zwei Gläser, eines halb gefüllt. Sollte Beethoven dies halbe Glas zurückgelassen haben? dachte ich. Und es kam mich die Lust an, den Überrest zu trinken, gleichsam ein heimlicher Raub der Herzensbrüderschaft, wie die deutsche Sitte sie knüpft.

Die Tür des Nebenzimmers öffnete sich; ich wurde aufgefordert einzutreten. Als ich den schüchternen Schritt über die heilige Schwelle tat, schlug mir das Herz hörbar! Ich hatte schon vor einigen großen Männern gestanden, die der dichtende Jüngling in gleicher unermeßlicher Höhe über sich sah: ich nenne nur Goethe und Jean Paul. Doch diese Art der Empfindung hatte ich beiden gegenüber nicht gehabt. Ich will nicht anmaßlich sagen, daß es ein halbes „anch' io son pittore" war, was mir zu jenen den Zugang freier machte, die Brücke des geistigen Verkehrs leichter schlug; allein ich gehörte doch zu demselben Reich, das sie beherrschten, wir redeten eine gleiche Sprache, ich hatte ein stärkeres Recht zu einer Erwiderung, ich konnte sie sicherer begründen, es woben sich endlich im Gebiet des dichterischen Gedankens mehr Fäden zwischen uns her- und hinüber; der bittern Hemmung will ich gar nicht gedenken, welche Beethovens verschlossenes Ohr jeder Annäherung wärmerer Teilnahme fast unüberwindlich entgegenstellte! Und doch was im ersten Augenblick zu trennen schien, die Verschiedenheit unserer Lebensgebiete, brachte uns später näher aneinander. Ein mittelmäßiger Musiker wäre vielleicht für Beethoven das gleichgültigste, das lästigste Ding der Welt gewesen; ein Dichter mit leidlichem Talent gab ihm doch immer etwas, was er selbst nicht hatte und doch schätzte und liebte. Mein erster Blick beim Eintreten traf auf ihn. Er saß lässig auf einem ungeordneten Bett an der Rückwand des Zimmers, auf dem er eben zuvor noch gelegen zu haben schien. Den Brief von Zelter hielt er in der einen Hand, die andere reichte er mir freundlich entgegen mit einem solchen Blick der Güte und zugleich des Leidens, daß plötzlich jede Scheidewand der Beklemmung fiel und ich dem im tiefsten Verehrten mit der ganzen Wärme meiner Liebe entgegenschritt. Er stand auf, reichte mir die Hand, drückte sie herzlich, deutsch und sagte: „Sie haben mir einen schönen Brief von Zelter gebracht! Er ist ein wahrer Beschützer der echten Kunst!" — Gewohnt selbst am meisten zu sprechen, da er die Gegenrede nur schwer vernehmen konnte, fuhr er fort: „Ich bin nicht ganz wohl! Ich bin recht krank gewesen! Sie werden sich schlecht mit mir unterhalten, denn ich höre sehr schwer!"

Was ich antwortete, ob ich antwortete — ich weiß es wahrlich nicht! Zumeist werden wohl meine Blicke, der wiederholte Druck meiner Hand das ausgedrückt haben, wozu mir vielleicht die Worte gefehlt hätten, auch wenn ich hier wie zu andern hätte sprechen können.

Beethoven lud mich ein, mich zu setzen; er selbst nahm seinen Platz auf einem Stuhl vor dem Bett und rückte ihn an einen Tisch, der zwei Schritte davon ganz mit Schätzen bedeckt war, mit Noten von Beethovens Hand, mit den Arbeiten, die ihn eben jetzt beschäftigten. Ich nahm einen Stuhl neben dem seinigen. Schnell werfe ich noch einen Blick über das Zimmer. Es ist so groß wie das Vorzimmer, hat zwei Fenster. Unter diesen steht ein Flügel. Sonst ist nichts darin zu entdecken, was irgend Behaglichkeit, Bequemlichkeit, vollends Glanz oder Luxus verriete. Ein Schreibschrank, einige Stühle und Tische, weiße Wände mit alten, verstaubten Tapeten — das ist Beethovens Gemach. Was kümmert er sich um Bronzen, Spiegelwände, Divans, Gold und Silber! Er, dem alle Pracht dieser Erde Tand, Staub und Asche ist gegen einen göttlichen Funken, der alles überstrahlend aus seinem Innern aufleuchtet!

So saß ich denn neben dem kranken, schwermütigen Dulder. Das fast durchweg graue Haar erhob sich buschig, ungeordnet auf seinem Scheitel, nicht glatt, nicht kraus, nicht starr, ein Gemisch aus allem. Die Züge erschienen auf den ersten Blick wenig bedeutend: das Gesicht war viel kleiner, als ich es mir nach den in eine gewaltsam geniale Wildheit gezwängten Bildnissen vorgestellt hatte. Nichts drückte jene Schroffheit, jene stürmische Fessellosigkeit aus, die man seiner Physio=

gnomie geliehen, um sie in Übereinstimmung mit seinen Werken zu bringen. Weshalb sollte denn aber auch Beethovens Angesicht aussehen wie seine Partituren? Seine Farbe war bräunlich, doch nicht jenes gesunde, kräftige Braun, das sich der Jäger erwirbt, sondern mit einem gelblich kränkelnden Ton versetzt. Die Nase schmal, scharf, der Mund wohlwollend, das Auge klein, blaßgrau, doch sprechend. Wehmut, Leiden, Güte las ich auf seinem Angesicht; doch, ich wiederhole es, nicht ein Zug der Härte, nicht einer der mächtigen Kühnheit, die den Schwung seines Geistes bezeichnet, war auch nur vorübergehend zu bemerken. Ich will hier den Leser nicht durch eine Dichtung täuschen, sondern die Wahrheit geben, ein treuer Spiegel eines teuern Bildnisses sein. Er büßte trotz allem eben Gesagten nichts von der geheimnisvoll anziehenden Kraft ein, die uns so unwiderstehlich an das Äußere großer Menschen fesselt. Denn das Leiden, der stumme, schwere Schmerz, der sich darin ausdrückte, war nicht die Folge des augenblicklichen Unwohlseins, da ich diesen Ausdruck auch nach Wochen, wo sich Beethoven viel gesunder fühlte, immer wieder fand — sondern das Ergebnis seines ganzen, einzigen Lebensgeschicks, welches die höchste Gewähr der Bestätigung mit der grausamsten Prüfung des Versagens verschmolz. Bevor wir nicht von einem in der Frische der Lebenskraft erblindeten Raffael zu erzählen haben, wird Beethoven seinesgleichen an Heil und Unheil in der Kunst- wie in der Weltgeschichte nicht finden! Denn auf solcher Höhe wird die Kunstgeschichte zur Weltgeschichte.

Deshalb ergriff der Anblick dieses stillen und tiefen Grams, der auf seiner wehmutvollen Stirn, in seinen milden Augen lag, mit namenloser Rührung. Es gehörte starke Kraft der Selbstüberwindung dazu, ihm gegenüber zu sitzen und die hervordrängende Träne zurückzuhalten. —

Nachdem wir uns gesetzt hatten, reichte mir Beethoven eine Schreibtafel und einen Bleistift, indem er sagte: "Sie dürfen mir nur die Hauptsachen aufschreiben, ich weiß mich dann schon zu finden; ich bin es nun schon viele Jahre gewohnt." — Ich nahm, da er mich fragend ansah, die Schreibtafel zur Hand und wollte die Worte aufschreiben: "Ich bat Zelter, Ihnen zu schreiben, daß ich Ihnen eine Oper zu dichten wünschte." Beethoven sah mir dabei auf die Hand und mit schneller Erratungsgabe fiel er ein, da ich noch nicht halb vollendet hatte: "Zelter schreibt mir das!" Dabei reichte er mir den Brief. Jetzt erst las ich ihn und die hohe, würdige Sprache, tiefste Verehrung, die kurze Gedrungenheit des Ausdrucks ergriffen mich in der heiligen Gegenwart dessen, an den er gerichtet war, mit doppelter Kraft. Beethoven schien zu ahnen, was ich empfand, denn auch auf ihn hatte der Brief unfehlbar einen tiefern Eindruck gemacht, den ich aus seinem Empfang abnehmen konnte. Er wiederholte daher, was er mir zur ersten Begrüßung gesagt hatte. "Das ist ein schöner Brief! Zelter ist ein würdiger Beschützer der wahren Kunst! Grüßen Sie ihn herzlich von mir, wenn Sie zurückkehren! — Sie wollen mir eine Oper schreiben," fuhr er fort, "das würde mir eine große Freude sein! Es ist so schwer, ein gutes Gedicht zu finden! Grillparzer hat mir eins versprochen; er hat schon eins gemacht, doch wir können uns nicht recht verstehen. Ich will ganz anders wie er! Sie werden Ihre Not mit mir haben!"
Ich versuchte ihm mimisch anzudeuten, daß ich keine Arbeit für zu schwer halten würde, ihm zu genügen. Er nickte freundlich zum Zeichen, daß er mich verstanden. — Ich nahm die Schreibtafel wieder zur Hand und wollte aufschreiben: "Welche Gattung des Gedichts wäre Ihnen die liebste?" Doch schon bei dem Worte Gattung nahm Beethoven das Gespräch wieder auf: "Auf die Gattung käme es mir wenig

an, wenn der Stoff mich anzieht. Doch ich muß mit Liebe und Innigkeit daran gehen können. Opern wie ‚Don Juan‘ und ‚Figaro‘ könnte ich nicht komponieren. Dagegen habe ich einen Widerwillen. Ich hätte solche Stoffe nicht wählen können," fuhr er fort; "sie sind mir zu leichtfertig!" — Er sah dabei aus, als wollte er sagen: "Ich bin zu schwer unglücklich, mein Leben hüllt sich in zu düstere Schleier, um mich so eitler Lust hinzugeben!" — In mir bewegte sich eine neu erschlossene Gedankenwelt zu mächtig, als daß ich ihm schnell hätte antworten können. Auch lauschte ich darauf, mehr von ihm über Mozart zu hören. Welche Kleinodien wären Beethovens Worte über ihn gewesen, wenn er sich freiwillig, der Stimmung, dem innern Drang der Wahrheit folgend, ausgesprochen hätte; denn eine abgefragte Meinung wäre nichts dagegen. Allein er schwieg und schien zu erwarten, daß ich mich jetzt äußere.

Es war sehr schwer für mich, über ein Thema, bei welchem es Mühe kostet, sich mündlich ohne Mißverständnisse einander klarzumachen, durch bloße schriftliche Aphorismen eine innerste Meinung auszudrücken. Indessen fiel mir ein Ausweg ein, der für den vorliegenden Fall sehr praktisch zu sein schien. Ich schrieb die Zeile: "Ich werde Ihnen Stoffe nennen."

Beethoven nickte freundlich.

Für diesen Fall war ich nicht unvorbereitet. Schon in der Absicht, für Weber zu wählen, hatte ich mir nachgerade eine Menge von Opernstoffen gesammelt, historische, antike, mythische, romantische usw. Von diesen schrieb ich die Titel nieder, als Attila (wobei ich dessen furchtbare Brautnacht und die Verbindung mit den Ereignissen des Nibelungenliedes im Sinn hatte), Antigone, Belisar, Orestes und mehrere andere, die mir jetzt entfallen sind. Beethoven las die einzelnen

Namen, wiegte bei jedem ſinnend das Haupt, murmelte einige Worte und hieß mich dann weiter ſchreiben.

Nachdem dies einige Minuten gedauert, ſprach er wie zuvor: „Ich mache Ihnen viel Mühe! Es wird Ihnen ſchwer werden, mit mir zurechtzukommen!"

Es brannte mir in der Seele, ihm nun mit ſchneller, fortreißender Rede einen oder den andern Stoff zu entwickeln, ihm, wie ich es Weber gegenüber getan, eine Art Szenarium zu improviſieren, ihn für die Hauptcharaktere und Hauptſituationen durch Schilderung zu gewinnen: doch was vermochte man dem ſo hart vom Schickſal Geſchlagenen gegenüber! Wie tief empfand ich jetzt ſein Leiden an der Rückwirkung auf mich ſelbſt! Von welchen Quellen des Lebens, den nächſten, unmittelbaren Mitteilungen des Geiſtes zum Geiſt, des Herzens zum Herzen war er abgeſchnitten! Welch eine furchtbare Vereinſamung! Und doch wie wenig noch gegen das, was ihm, dem die Welt des Ohrs nach einer andern Richtung noch ſeine innerſte und eigenſte blieb, geraubt wurde!

Der Kampf in meiner Seele ſchien ihm nicht zu entgehen; doch ſei es, daß er ermüdet war, ſei es, daß es ihm, dem ein ſolches Verhältnis ſich vielleicht täglich wiederholte, widerſtrebte, ſich in tauſendfacher Wiederholung darüber auszuſprechen, er ſchwieg.

Ich nahm die Bleifeder und ſchrieb: „Ich werde Ihnen Proben geben, um Ihr Zutrauen zu gewinnen!"

Ein Schimmer der Freude überflog ſein Geſicht, er nickte mir zu, reichte mir die Hand; wir ſtanden auf. Ich ſah ihm die Erſchöpfung an und griff daher nach meinem Hut. Er ſagte, meine Abſicht zu gehen zwar fördernd, aber doch in freundlich offener Weiſe: „Ich bin heut ſo unwohl, ſo müde und abgeſpannt! Aber Sie müſſen recht bald wiederkommen."

Und so bot er mir zum Abschied die Hand, erwiderte meinen warmen Druck voll Herzlichkeit und ich ging! Mit welchen Gefühlen! Ein inneres Jauchzen über meinen funkelnden Glücksstern und zugleich eine Erschütterung der Wehmut, wie ich sie nie empfunden! Eine Aufstürmung der Kräfte, einen drängenden Beruf zur Tat, ein schöpferisches Machtgefühl, dem nichts unmöglich, nichts unerreichbar schien, und doch wiederum die lebendige Verwirklichung dieser Hoffnung ein unmöglicher Traum, so unerreichbar – wie sie in der Tat unerreicht geblieben ist!

Das war der erste Besuch bei Beethoven.

Ich hatte bereits für den Fall vorgesorgt, der jetzt eingetreten war. Nicht nur Abschriften meiner Operngedichte, sondern auch – denn damals war noch fast nichts von mir gedruckt – derjenigen meiner kleinen lyrischen Erzeugnisse, die ich für die besten hielt, hatte ich mitgenommen, um sie Beethoven vorzulegen. Durch Freunde, die ihn genauer kannten, belehrt, daß vieles Lesen ihm nicht behage, daß es lange dauere, bevor er daran gehe, daß er bei der äußern Unordnung, die in allen seinen Angelegenheiten, besonders aber in seinen Papieren herrschte, gar leicht die Dinge so in Verworrenheit brachte, daß ein Buch, ein Heft in Jahr und Tag nicht wieder zum Vorschein kam, durch alle diese Erwägungen bestimmt, sandte ich ihm die Abschriften der Operngedichte noch nicht, sondern wählte mir etwa acht oder zehn der lyrischen Gedichte aus, jedes auf ein besonderes Blättchen sauber geschrieben. Hier genügte ein Blick; die Blätter konnten zerstreut unter den hundert andern in seinem Zimmer umherliegen; verlor er eins, so blieb ihm doch das andere; jeden Augenblick ließ sich der Verlust ersetzen. Die Gedichte bewegten sich in verschiedenen Stimmungen; vielleicht traf doch eins derselben einmal mit der seinigen glücklich zusammen und regte ihm die Lust an, die vorüberfliegende Bewegung seiner Brust in ewige Töne zu hauchen! Und war ein Lied Beethovens mehr nicht schon ein überreicher Gewinn meiner Reise nach Wien? — Wenn jeder ähnliche Anlaß eine ähnliche Folge mitgeführt hätte, um wieviel schöne Liederhefte wären wir reicher!

So packte ich denn die Blättchen sorgfältig ein, schrieb einige Zeilen an Beethoven, wie meine Gesinnung für ihn sie mir nur eingeben mochte, und trug dann beides selbst in seine Wohnung, weil ich die mir so wichtige Angelegenheit keiner fremden Hand anvertrauen mochte.

Einige Tage glaubte ich verstreichen lassen zu müssen, bevor ich einen zweiten Besuch bei Beethoven machen durfte; so sehr ich mich danach sehnte, so wird man es doch natürlich finden, daß einem jungen, lebenslustigen Manne die fremde, prachtvolle Stadt Genüsse und Zerstreuungen genug bieten konnte, um diese Zeit schnell vorüberfliehen zu lassen. Endlich stand ich wieder an der geheiligten Pforte. Ich schellte, mir wurde aufgetan, doch die Antwort auf meine Anfrage lautete: „Der Herr ist so unwohl, daß er niemand sprechen kann!" — Diesen Fall hatte ich mir nicht vorausgedacht! Ich war äußerst betroffen und muß gestehen, daß die Eigensucht des Menschen, mit der er leider geboren ist, mir einen recht übeln Streich spielte. Denn die natürlichste Empfindung wäre doch Sorge und Teilnahme um ein so unschätzbares Leben gewesen: und doch hatte ich, wenn ich mich selbst aufrichtig frage, nur das Gefühl meiner eigenen vereitelten Hoffnung. — Trübselig ging ich langsam die achtzig oder neunzig Steinstufen wieder hinab. Auf der Gasse traf ich einen Bekannten, der mich aus Beethovens Haustür hatte kommen sehen. Er rief mir von weitem zu: „Sie waren bei Beethoven? Haben Sie ihn gesprochen?" Natürlich erzählte ich ihm meinen Vorfall. Er erwiderte: „Ich kann Ihnen einigen Trost dafür

anbieten. Heute abend wird, zwar gegen ein Eintrittsgeld, aber doch nur für einen kleinern vertrauten Kreis echter Musikfreunde eines der neuesten Quartette von Beethoven, die noch Manuskript, aber von Steiner (dem Besitzer der jetzigen Haslingerschen Musikhandlung) angekauft sind, gespielt werden. Ich werde Sie abholen und dorthin führen." — Mit Freuden nahm ich das Erbieten an ...
Ich als Fremder wurde durch meinen Begleiter mit mehreren ausgezeichneten Musikern und sonst Männern von hervortretender Bedeutung bekannt gemacht. Plötzlich aber überraschte mich ein Name; man sagte mir, indem man mich einem elegant gekleideten Herrn im Oberrock vorstellte: „Herr Beethoven!" Es war der Bruder des Komponisten. Er begann sogleich von diesem zu sprechen und erzählte mir viel von dem, was alles geschehen sei, um ihm den Gebrauch des Ohrs wieder zu verschaffen. „Zehntausend Gulden Belohnung habe ich dem Arzt versprochen, der ihn heilt!" rief er aus. — Mich erfreute dieser rege Anteil an dem Schicksal des Bruders, der, wie natürlich er sich erklärt, doch nach den leider allgemeinen Zuständen in der Welt selten genannt werden muß. — Beethovens Bruder fragte mich allerlei, nach Berlin, was man dort von seinem Bruder halte, ob man seine Werke häufig zur Aufführung bringe, und ähnliches mehr. Glücklicherweise konnte ich ihm erwidern, daß der große Genius sich dort einer regeren Anerkennung zu erfreuen habe als vielleicht in Wien selbst, daß stehende Aufführungen seiner Symphonien und Quartetten stattfänden, daß „Fidelio" nie vom Repertoire verschwinde (was leider in Wien der Fall war) und in den Kreisen der gebildeten Liebhaber Beethoven, wenn nicht einzig, doch am höchsten verehrt werde. — Hierauf ließ sich Herr Beethoven klagend vernehmen, daß dem in Wien nicht so sei. Dagegen pries er eine damals neu er-

schienene mufikalische Zeitschrift, deren Redakteur in emphatischer Weise Beethovens Lobredner war, bei dem aber nach meiner Meinung die Bewunderung aus sehr verworrenen Quellen floß und daher auch meistenteils in jene Verkehrtheiten ausartete, die sich aus dem Versuch, die unverstandenen Rätsel des großen Geistes zu lösen, so vielfach in unserer Zeit erzeugt und soviel Verirrungen in der Nachahmung seiner Weise veranlaßt haben. Dieser Eifer für die nichtige, unverständige Bewunderung seines großen Bruders gab mir ein leises Gefühl – des Mißtrauens will ich nicht sagen, aber der Unbehaglichkeit dieser neuen Bekanntschaft gegenüber. Wir werden sehen, inwiefern dieselbe sich rechtfertigte.

So beschloß sich dieser Abend. Hatte ich nun auch Beethoven nicht gesehen, so hatte ich ihn doch gehört, hatte (denn das Quartett war erst ganz vor kurzem fertig geworden) die jüngste Kunde von seinen seltsam wunderbaren Schöpfungen erhalten, in denen sich sein arbeitender Geist jetzt bewegte; fast war es, als habe ich den unmittelbaren Erguß seines erfindenden Geistes empfangen. Welche neuen Anknüpfungspunkte ergaben sich daraus für das persönliche Verhältnis zu ihm und insbesondere für den Zweck, den ich hatte. Soviel ich auch an jenem Tage eingebüßt, welche Hoffnungen mir unerfüllt geblieben, es war mir doch genug gewährt worden, um im Innersten dankbar zu sein! –

Beethovens Unwohlsein hielt an, denn der April war unfreundlich. Die Zeit, wo ich Wien verlassen mußte, rückte indessen näher und näher und die Besorgnis, daß ich ihn vielleicht nicht mehr sehen sollte, fing an mich zu beunruhigen.

Mochte ich auch nicht täglich an seiner Tür schellen, um zu erfragen, wie er sich befinde, so erhielt ich doch fortdauernd bald durch diesen bald durch jenen Vermittler Nachricht. Es war keine ausgesprochene Krankheit, an der er litt, sondern, was noch schlimmer ist, ein fortdauerndes Kränkeln, wodurch seine hypochondrische Stimmung sich natürlich steigern mußte. — In dieser Zwischenzeit führte mich der Zufall einmal mit dem jungen Manne, Beethovens Neffen, der bei ihm wohnte, zusammen. Dieser sagte mir unaufgefordert: „Sie haben meinem Oheim sehr schöne Gedichte geschickt; er dankt Ihnen sehr dafür und hat geäußert, er werde sie in Musik setzen." — Daß mich diese Nachricht, wenn sie auch vielleicht nur eine höfliche Wendung war, in die freudigste Wallung versetzte, wird auch der leicht begreifen, der weder selbst Dichter ist noch die Verehrung Beethovens so nachzuempfinden vermag. Konnte ich auch nur halb daran glauben, so war doch schon diese Hälfte, dieses Schwanken zwischen „Ob" und „Ob nicht" eine Quelle reicher innerer Genüsse und ein ganzer Blütenbaum von Hoffnungen entfaltete seine Pracht vor meinem geistigen Auge.

Endlich nach mehr als vierzehntägiger Pause beschloß ich wieder einen Besuch zu wagen. Ich schellte mit dem alten Herzpochen an der wohlbekannten Tür, sie öffnete sich, und — Beethoven selbst stand vor mir, eine Überraschung, die mich so völlig unvorbereitet traf, daß ich in der Tat keine Wendung wußte, um sie geschickt aufzunehmen. Wer hätte aber auch geglaubt, daß Beethoven, wie jeder andere schlichte Bürger Wiens, seine Tür selbst öffnen könne, wenn irgendein Fremder an derselben poche oder schelle! Doch sein gutmütig freundliches Wesen half mir über alle Klippen hinweg. Denn er sprach, wiewohl er anfangs unmutig über den unwillkommenen Störer ausgesehen, sehr freundlich: „Ach! sind Sie es! Sie haben mich recht lange nicht besucht! Ich dachte gar, Sie wären schon abgereist!" — Die Worte mußten mich in Verwunderung setzen, doch da man ihm nur schriftlich antworten konnte, begnügte ich mich, meine verneinende

Bewegung des Kopfes mit einer der Hände zu begleiten, die ihm ausdrücken sollte, daß das eine Unmöglichkeit für mich sei, wenn ich nicht von ihm Abschied genommen. Es wenigstens schriftlich zu tun, hätte mich ja nichts in der Welt hindern können!

Beethoven führte mich in sein Zimmer und lud mich, indem er mir zugleich die immer bereit liegende Schreibtafel reichte, ein, mich zu setzen. Ich schrieb auf: „Ihre Krankheit hat mich abgehalten zu kommen."

„Ach!" rief er, den Kopf schüttelnd, „das hätte Sie nicht abhalten sollen. Wie ich mich in der letzten Zeit befand, befinde ich mich fast immer im Winter. Mir wird erst wohl, wenn ich im Sommer aufs Land ziehe. Wer hat Ihnen gesagt, daß ich so krank gewesen sei?" — Ich berichtete ihm schriftlich in der Kürze, wie mirs ergangen. — Er schüttelte wieder den Kopf. „Ich habe öfters trübe Stunden," fuhr er fort, „wo ich den Leuten um mich sage, sie sollen niemand vorlassen! Aber sie wissen gar keinen Unterschied zu machen! Es kommt soviel lästiger Besuch! Vornehme Leute! Dazu tauge ich nicht!" —

„Haben Sie meine Gedichte erhalten?" schrieb ich ihm, da er eine Pause machte, auf.

Er nickte und deutete auf den Tisch, wo unter vielen andern Papieren einige Blätter derselben zerstreut lagen. „Sie gefallen mir sehr," sprach er, „wenn ich wohl bin, denke ich einige davon zu komponieren!"

Ich ergriff seine Hand und drückte sie mit aller Wärme! Es war, deucht mir, deutlicher, als wenn ich den kalten Bleistift genommen und die steifen Worte geschrieben hätte: „Das würde mein größtes Glück sein." Beethoven verstand auch, wie ichs meinte; das sagte mir sein erwidernder Händedruck und sein Blick.

„Im Winter", hub er nach einigen Augenblicken an, „tue ich jetzt wenig; ich schreibe dann nur auf und setze in Partitur, was ich im Sommer gemacht. Das nimmt aber doch viel Zeit fort. Jetzt habe ich noch an einer Messe zu arbeiten. Wenn ich erst wieder auf dem Lande bin, dann habe ich Lust zu allem."

Da er schwieg und zu erwarten schien, daß ich wieder beginne, schrieb ich auf: „In voriger Woche habe ich Ihren Bruder kennen gelernt."

Die Worte machten keinen guten Eindruck. Ein halb mißmutiger, halb wehmütiger Zug wurde in Beethovens Antlitz sichtbar. „Ach, mein Bruder," sprach er endlich, „der schwätzt viel, der wird Sie recht gelangweilt haben!"

Es war augenscheinlich, daß Beethoven mit dieser eine Nebensache oder Eigenschaft berührenden Bemerkung bittere Gefühle ableiten wollte, die er nicht auszusprechen Lust hatte. Späterhin hat man mir erzählt, daß er sich sehr übel mit diesem Bruder stand; ob mit Recht oder Unrecht, lassen wir ganz dahingestellt sein; doch wenn ich von dessen Äußerung sprach, dem Arzt, der Beethoven das Gehör zurückgeben würde, 10000 Gulden versprochen zu haben, wollte man diesem großmütigen Eifer wenigstens auch keinen rechten Glauben schenken. — Doch wie gesagt, ich erzähle nur die Tatsachen streng nach der Wahrheit, so treu sie irgend in meinen Notizen und meinem Gedächtnis bewahrt sind, und enthalte mich jedes Urteils, besonders da es bei Beethovens Charakter auch schwer war, ein dauernd ungetrübtes persönliches Verhältnis zu ihm zu erhalten. Um aber für jetzt den unangenehmen Eindruck, den ich unschuldig veranlaßt, vorübergehen zu machen, nahm ich die Schreibtafel und schrieb auf, daß ich das Quartett in Es-Dur gehört. Ein freudiges Leuchten belebte seinen matten Blick, als er die Worte las; doch es war eben nur ein Augenblick, dann sprach er, wie sich selbst tadelnd: „Das ist so schwer! Man wird es schlecht gespielt haben! – Ging es denn?"

Meine schriftliche Antwort lautete in gedrängtester Kürze: „Es war sorgfältig eingeübt und wurde gleich zweimal gespielt."

„Das ist gut. Man muß das öfter hören! – Wie hat es Ihnen gefallen?"

Die Antwort auf diese Frage setzte mich in nicht geringe Verlegenheit: sie wäre mündlich schwer gewesen, in der lakonischen Schriftsprache aber, die mir die Schreibtafel auferlegte, wurde sie doppelt schwierig. Denn mit einer bloßen unempfundenen Versicherung konnte ich mich nicht entschließen, dem Hochverehrten gegenüberzutreten, und wie sollte ich ihm klar machen, wie mir das Werk erschienen sei? – Noch heute trage ich Bedenken vor mir selbst, meine Überzeugung auszusprechen, daß in diesem rätselhaften letzten Werke Beethovens nur die Trümmer jener jugendlichen Schönheit und männlichen Erhabenheit seines Genius zu finden, daß sie oft tief unter wüstem Schutt vergraben sind: noch jetzt also trage ich Bedenken vor mir selbst und falle oft in Zweifel, ob es nicht vielmehr ein mangelhaftes Verstehen ist, was diesen Eindruck erzeugt. Was sollte ich damals sagen? – Doch ich durfte ja eine Wahrheit unbedingt aussprechen, die wenn nicht die Verherrlichung dieses Werkes, doch die des Meisters kundtat, die der Stimmung, in welche mich das Ganze versetzt hatte. Ich schrieb also: „Ich war im Innersten tief und heilig erschüttert!" Und ich war es in diesem Augenblick wieder. Beethoven las und blieb stumm: wir sahen einander an und schwiegen beide, doch eine Welt von Empfindungen überdrängte meine Brust. Auch Beethoven war unverkennbar bewegt. Er stand auf und ging gegen das Fenster, wo er neben seinem Flügel stehen blieb. Ihn diesem so nahe zu sehen, erzeugte einen Gedanken in mir, den ich zuvor niemals gewagt hatte. Wenn er – ach, er durfte sich ja nur halb umwenden, so stand er vor der Klaviatur – wenn er sich niedersetzen, seine Stimmung in Tönen ergießen wollte! In bangseliger Hoffnung ging ich ihm nach, trat nahe zu ihm und legte die Hand auf das Instrument. Es war ein englischer Flügel von Broadwood. Ich gab mit der Linken leise einen Akkord an, um zu veranlassen, daß sich Beethoven umwende; doch er schien ihn nicht gehört zu haben. Einige Augenblicke später drehte er sich jedoch zu mir hin und da er sah, daß ich das Auge auf das Instrument geheftet hatte, sagte er: „Das ist ein schöner Flügel! Ich habe ihn aus London zum Geschenk bekommen. Sehen Sie da die Namen!" Er deutete mit dem Finger auf den Querbalken über der Klaviatur. Ich sah hier in der Tat mehrere Namen aufgeschrieben, die ich zuvor nicht bemerkt hatte. Es waren Moscheles, Kalkbrenner, Cramer, Clementi, Broadwood selbst. Der Umstand war ergreifend. Der reiche, kunstsinnige Verfertiger hatte für ein Instrument, das ihm ganz besonders gelungen schien, kein würdigeres Ziel finden können, als es Beethoven zum Geschenk zu machen. Die genannten großen Künstler hatten, gewissermaßen als Taufzeugen dieses Gedankens, ihre Namen ehrfurchtsvoll unterzeichnet und so war das eigentümliche Stammbuchblatt weit über See gezogen, um dem Höchsten, Berühmtesten die Huldigungen der Berühmten zu Füßen zu legen. „Das ist ein schönes Geschenk," sprach Beethoven, indem er mich ansah, „und es hat einen schönen Ton", fuhr er fort und wandte sich mit den Händen nach der Klaviatur, ohne jedoch das Auge von mir zu wenden. Er schlug einen Akkord sanft an! Niemals wird mir wieder einer so wehmütig, so herzzerreißend in die Seele bringen! Er hatte in der rechten Hand C=Dur gegriffen und schlug im Baß H dazu an und sah mich unverwandt an, wiederholte, um den milden Ton des Instruments recht klingen zu lassen, den unrichtigen Akkord mehrmals und — der größte Musiker der Erde hörte diese Dissonanz nicht! —

Ob Beethoven seinen Irrtum bemerkt hat, weiß ich nicht; doch als er das Haupt von mir weg und gegen das Instrument wandte, griff er einige Akkordsätze vollkommen richtig, wie sie in gewohnter Hand liegen, hörte aber dann sogleich auf zu spielen. Das war alles, was ich unmittelbar durch ihn hörte! ...

Von dem wehmütigen Eindruck ganz erfüllt, hatte ich Beethoven verlassen. Es welkten unter diesem düstern Himmel, unter dieser schwer drückenden Atmosphäre auch die Blüten meiner Hoffnung auf ein neues großes Kunstwerk ab. Dieser tief gebeugte, kranke Geist konnte sich unmöglich noch, wenn nicht zuvor das Wunder der Genesung geschah, zu einer schöpferischen Kraft ermannen, die jahrelang dauern mußte. Wer Beethoven in diesem Zeitraum gesehen, wird nimmer von der Überzeugung lassen können, daß seine letzten Werke tief in diesen düstern Nebel weniger der Schwermut als des herben Unmuts, der bittern Mißstimmung getaucht sind. Mögen sie darum weniger schön, weniger frei sein, mögen sie uns sogar in gewisser Beziehung beängstigen, foltern, weil ihnen die Gesundheit fehlt, deren das Kunstwerk unumgänglich bedarf, sie sind dafür um so erschütternder, wenn man ihren innersten Zusammenhang mit den düstern Leidenszuständen des Schöpfers festhält ...

Mein Aufenthalt in Wien ging zu Ende, wenigstens für den Augenblick ... Kaum daß ich eine Stunde erübrigte, um Beethoven Lebewohl auf den Fall zu sagen, wo ich ihn bei meiner Rückkehr nicht mehr sehen sollte. Ich hatte jetzt nicht mehr die spannende Beklemmung der ersten Besuche, wenn ich an seiner Tür stand. Ich fühlte, daß wir uns näher gerückt waren, soviel es nach so flüchtigem Begegnen bei dem Unterschiede des Alters, der künstlerischen Richtungen und dem Abstande, in welchem ich mich zu allen Zeiten von seiner Größe gefunden haben mußte, nur irgend für mich zu hoffen gewesen war. Meine wahrhafte, innerste Liebe und Verehrung für ihn hatte mir sein Wohlwollen erworben; ich kam jetzt mit Vertrauen. Aber wie traurig, daß uns die besten Augenblicke insgemein erst die des wahrhaften gegenseitigen Erkennens und Genusses zu sein pflegen! Es ist, scheint es, des Menschen Schicksal, immer zu spät zu kommen, zu sehen, zu verstehen! — Ich kann von den Einzelnheiten bei diesem letzten Besuch nur noch weniges berichten. Beethoven sprach sehr offen, sehr bewegt. Ich äußerte ihm mein Bedauern, daß ich in der ganzen Zeit meines Aufenthalts zu Wien nur eine Symphonie von ihm, kein Quartett (außer dem angehörten), in keinem Konzert eine seiner Kompositionen gehört hatte, daß man den „Fidelio" nicht gegeben! — Dies gab ihm Anlaß, sich über den Geschmack des Wiener Publikums auszusprechen. „Seit die Italiener (Barbaja) hier so festen Fuß gefaßt haben, ist das Beste verdrängt. Das Ballett ist dem Adel die Hauptsache vom Theater. Von Kunstsinn muß man nicht sprechen: sie haben nur Sinn für Pferde und Tänzerinnen. Die gute Zeit haben wir hier gehabt. Aber darnach frage ich nichts; ich will nur noch schreiben, was mich selbst erfreut. Wäre ich gesund, so wäre mir alles eins!" — In dieser und ähnlicher Weise sprach er sich aus.

Ich schrieb jetzt auf die Tafel: „Morgen reise ich auf einige Tage nach Preßburg und Eisenstadt; doch wir sind Anfang Mai zurück und bleiben dann vielleicht noch ein paar Tage!"

„Sie wollen schon fort?" rief er erstaunt. Bei der Schwierigkeit, ihm Mitteilungen zu machen, hatte ich mich auf das

nächst Unentbehrliche oder Veranlaßte beschränkt und ihm daher über das Ende meines Aufenthalts in Wien noch nichts gemeldet. „Ja, Sie haben recht," fuhr er fort, „das Wetter wird schön; ich denke auch schon daran, aufs Land zu ziehen. Wenn Sie zurückkommen, bin ich vielleicht schon in Möd= lingen. Dort wird mir besser werden; dort müssen Sie mich besuchen!"
Meine Hoffnung zu diesem Wiedersehen war gering ...
Ich drückte meine Besorgnis aus, daß wir uns vielleicht zum letzten Male sähen, bis ich auf längere Zeit wieder nach Wien käme, was ich im nächsten Jahr allerdings beabsichtigte. Doch wie lang ist ein Jahr, wie ungewiß, was hinter ihm liegt! — Gern hätte ich mir ein Andenken aus Beethovens Zimmer mitgenommen, vielleicht eines jener wild, kaum lesbar ge= schriebenen Notenblätter; doch wie hätte ich gewagt, so et= was von ihm zu erbitten!
„Ich denke gewiß, wir werden uns noch sehen!" sprach er nach einer kleinen Pause in einem so warmen, herzlichen Tone, daß ich fühlte, er sähe mich gern wieder. Um so wehmut= voller wurde mir der Augenblick der Trennung. Doch er war einmal da, ich brach auf. Wie immer wollte ich ihm zum Abschiede die Hand reichen: da nahm er meine beiden Hände, zog mich an sich und küßte mich so herzlich, deutsch, ohne irgendeine erkünstelte Steigerung seiner Empfindung, sondern nur weil es ihm wirklich so zu Sinn war, daß auch mir das ganze von Begeisterung glühende Herz aufging und ich den Teuern, Hochverehrten mit einer unaussprechlich beseligten Empfindung in meinen Armen hielt. Ja ich empfand, daß meine Liebe etwas Ähnliches in seiner Brust geweckt hatte, daß er mir einen warmen Dank zurückgab für das Herz, das ich ihm ganz voll und innig entgegenbrachte. Und sollte ihm das etwas Seltenes gewesen sein? Wäre die heilige Emp=

findung, mit der ich zu ihm getreten war, ihm wirklich nicht oft geboten worden bei den vielen, vielen Tausenden, die ihm die tiefsten Rührungen, die erhebendsten Erschütterungen ihrer Seele danken? – Ich will es nicht fragen! – Mir aber war es wie ein Traum und doch so wirklich, so warm, so menschlich wahrhaft und so göttlich erhebend zugleich. Der große, unsterbliche Ludwig van Beethoven an meiner Brust! Ich fühlte seine Lippen an den meinigen und er mußte sich von meiner warmen, seligen, unaufhaltsam hervordringenden Träne benetzt fühlen!

Und so verließ ich ihn; ich hatte keinen Gedanken, nur eine glühende, meine innerste Brust durchwallende Empfindung: Beethoven hat mich umarmt!

Und auf dieses Glück will ich stolz sein bis an den letzten Tag meines Lebens!

Ein Besuch bei Beethoven.

Wien, Oktober 1825.

Die kaiserliche Bibliothek ist der schönste Saal, den ich je gesehen habe, und der Bibliothekar sehr freundlich und zuvorkommend. Was werden Sie sagen, wenn ich Ihnen erzähle, daß es diesem nach unendlicher Mühe gelungen ist, mir den Zutritt zu Beethoven zu verschaffen, der so außerordentlich schwer zugänglich ist, jedoch auf das Briefchen, in welchem er gebeten wurde, mir zu erlauben, daß ich ihm einen Besuch abstatten dürfe, antwortete:

„Avec le plus grand plaisir je recevrai une fille de …

Beethoven."

Wir begaben uns nach Baden, einem hübschen Städtchen in dem Erzherzogtum Österreich, etwa fünfzehn englische Meilen südwestlich von Wien und sehr besucht wegen seiner heißen Bäder (woher es seinen Namen hat wie unser Bath), wo der

Gigant der lebenden Komponisten — wie Herr ... ihn stets zu meinem Vergnügen zu nennen pflegt — während der Sommermonate verweilt.

Die Leute schienen erstaunt, daß wir uns so viele Mühe gaben; denn so unbegreiflich es auch denen vorkommen mag, welche irgend Kenntnis von der Musik oder Geschmack dafür besitzen, in Wien ist seine Herrschaft vorüber außer in den Herzen weniger Auserwählten, denen ich aber, nebenbei gesagt, noch nicht begegnet bin[1], und ich wurde sogar bedeutet, mich auf einen rauhen, unhöflichen Empfang gefaßt zu machen. Als wir anlangten, war er soeben durch einen Regenschauer nach Hause gekommen und stand im Begriff, seinen Rock zu wechseln. Nach allem, was ich von seinem brüsken Wesen gehört hatte, bekam ich schon Unruhe, er möchte uns eben nicht sehr herzlich empfangen, als er aus seinem Heiligtum hervortrat, eiligen und sehr festen Schrittes; aber er redete uns auf eine so sanfte, so höfliche und so freundliche Weise an und mit so viel Aufrichtigkeit in seiner Freundlichkeit, daß ich nur Herrn ...[2] kenne, mit dem er verglichen werden kann, welchem er sehr ähnlich ist an Gesicht, Figur, Haltung wie auch in den Ansichten. Er ist klein, dünn und hinreichend aufmerksam auf persönliche Erscheinung. Er bemerkte, daß ... viel von Händel halte, daß er selber ihn ebenfalls liebe, und fuhr einige Zeit fort im Lobe dieses großen Tonsetzers. Ich unterhielt mich schriftlich mit ihm, denn ich fand es unmöglich, mich hörbar zu machen, und obgleich dies eine sehr hol-

---

[1] Der Geschmack der vornehmen Welt Wiens ist ihrer Regierung würdig: zur Zeit ziehen sie Karl Czerny dem Beethoven vor. Als Mozart lebte und seine Opern in jener Stadt aufgeführt wurden, bevorzugten Hof und beau monde den Salieri aus Opposition gegen ihn!

[2] Eine literarische Persönlichkeit, bemerkenswert durch Herzensgüte und Sitteneinfalt.

perige Art von Mitteilung war, so hatte es doch nicht viel auf
sich, da er immer frei und unaufgefordert fortsprach und weder
auf Fragen wartete noch lange Antworten zu erwarten schien.
Ich wagte es, meine Bewunderung für seine Kompositionen
auszudrücken, und pries u. a. seine „Adelaide" in Worten, die
für meinen Verstand von ihren Schönheiten keineswegs zu stark
waren. Er bemerkte sehr bescheiden, daß die Dichtung schön sei.
Beethoven spricht gut französisch — wenigstens im Vergleich
mit den meisten andern Deutschen — und unterhielt sich mit
... ein wenig auf Lateinisch. Er sagte mir, er würde englisch gesprochen haben, aber seine Taubheit habe ihn verhindert, es weiter in unsrer Sprache zu bringen als bis zum
Lesen. Er sagte, daß er die englischen Schriftsteller den französischen vorziehe, denn „ils sont plus vrais". Thomson ist
sein Liebling, doch seine Bewunderung für Shakespeare ist
in der Tat sehr groß.
Als wir Anstalt machten, uns zu entfernen, bat er uns noch
zu bleiben: „Je veux vous donner un souvenir de moi."
Er begab sich darauf an den Tisch eines Nebenzimmers und
schrieb zwei Zeilen Musik — eine kleine Fuge für das Pianoforte
— und überreichte sie mir auf die liebenswürdigste Weise.
Darauf ersuchte er mich, ihm meinen Namen vorbuchstabieren
zu wollen, damit er sein Impromptu korrekt überschreiben
könne. Sodann nahm er meinen Arm und führte mich in das
Zimmer, wo er geschrieben hatte (damit ich seine ganze Wohnung zu sehen bekomme), welches ganz das eines Autors,
aber vollkommen reinlich war und, obwohl nichts von dem
Überflusse eines Reichen andeutend, doch auch keinen Mangel
zeigte, weder an nützlichen Mobilien noch an netter Aufstel-
lung derselben. Man darf jedoch nicht vergessen, daß dies
seine Landwohnung ist und daß die Wiener nicht so ver-
schwenderisch oder so eigen in ihren Hausgerätschaften sind

als wir. Ich führte ihn behutsam in ein Zimmer auf der andern Seite zurück, in welchem sein großes, ihm von den Herren Broadwood geschenktes Pianoforte stand; aber er schien bei dessen Anblick melancholisch zu werden und sagte, es sei sehr in Unordnung, denn auf dem Lande sei ein äußerst schlechter Stimmer. Er schlug einige Töne an, um mich zu überzeugen: nichtsdestoweniger legte ich das handschriftliche Blättchen, welches er mir soeben gegeben hatte, auf das Pult und er spielte es ganz simpel durch, aber präludierte dazu mit drei oder vier Akkorden — solche Händevoll Noten! — das würde Herrn ... zu Herzen gegangen sein. Dann hielt er inne und ich wollte um keinen Preis mehr erbitten, da ich fand, daß er spielte, ohne selber Freude daran zu haben.
Wir nahmen Abschied voneinander auf eine Weise, die man in Frankreich dauernde Freundschaft nennen würde, und er sagte ganz aus freien Stücken, er würde uns gewiß besuchen, wenn er nach England kommen sollte.

Friedrich Wieck.

1826 im Mai war es, wo ich durch meinen und Beethovens genialen Freund, den berühmten Instrumentenmacher Andreas Stein, bei Beethoven als Tonkünstler und Schriftsteller, der sich viel mit Gehörverbesserungen und Gehörmaschinen abgäbe, eingeführt wurde und mehrere Stunden bei ihm verweilte. Sonst hätte er mich nach Steins Erfahrungen nicht angenommen. Das Gespräch drehte sich unter roten Weintrauben um Leipziger Musikzustände — Rochlitz — Schicht — Gewandhaus — seine Haushälterin — seine vielen Logis, wo keins recht für ihn paßte — seine Spaziergänge — Hietzing — Schönbrunn — seinen Bruder — verschiedene dumme Menschen in Wien — Aristokratie — Demokratie — Revolution — Napoleon — Mara, Catalani, Malibran, Fodor — und die genialen Sänger Lablache, Donzelli, Rubini u. a. – um die vollendete italienische Oper (deutsche Opern könnten nie so vollkommen sein wegen der Sprache und weil die Deutschen nicht so schön singen lernten wie die Italiener) – und meine Ansichten über Klavierspiel – Erzherzog Rudolf – Fuchs in Wien, eine dazumal berühmte musikalische Persönlichkeit – um meine bessere Methode im Klavierlehren usw., alles unter fortwährendem schnellsten Schreiben von meiner Seite (denn er fragte viel und hastig) und unter stetem Absetzen; er begriff alles schon, wenn ich mit der Antwort erst zum Teil fertig war; aber alles mit einer gewissen Herzlichkeit, selbst in verzweifelten Äußerungen und bei tiefer innerlicher Bewegung seiner Augen und Greifen an den Kopf und Haaren. Alles etwas derb, vielleicht bisweilen etwas roh, aber edel, klagend, gemütlich, gesinnungstüchtig, begeistert, politisch Unglück ahnend. Aber nun? Er phantasierte mir über eine Stunde lang, nachdem er seine Gehörmaschine angelegt und auf den Resonanzboden gestellt, auf dem von der Stadt London ihm geschenkten und bereits ziemlich zerschlagenen, großen, langen Flügel von sehr starkem, puffigem Ton, in fließender genialer Weise, meist orchestral, noch ziemlich fertig im Überschlagen der rechten und linken Hand (griff einigemal daneben), mit eingeflochtenen reizendsten und klarsten Melodien, die ungesucht ihm zuströmten, mit meist nach oben gerichteten Augen und dichten Fingern. Nach drei Stunden höchster Spannung, mit pochendem Herzen, nach angestrengtem und schnellstem Schreiben und höchstem Bemühen, kurze und treffende Antworten zu geben, die er immer durch neue Fragen unterbrach, die ganzen Glieder voll höchstem Respekt, dabei voll inniger Freude, daß ich solch Glück gehabt – dazu das ungewohnte Weintrinken! – nach herzlichem Abschied und der ihm gemachten Aussicht, daß er schon noch die rechte Gehörmaschine finden würde, weil die

Wissenschaft jetzt große Entdeckungen darin mache – schlich ich mit Andreas Stein ganz erschöpft und aufgelöst in wunderbaren Empfindungen, erregt von Unerhörtem, von dannen und fuhr geschwind von Hietzing nach Hause.

Karl Johann Braun von Braunthal.
In einem kleinen Wiener Gasthause sah ich Beethoven in den letzten Jahren seines Lebens manchen Winterabend.
Er war damals bereits des Gehörs ganz verlustig. Alles war größter Ehrfurcht voll, da er eintrat. Ein Mann mittlerer Größe, sehr gedrungener Gestalt, dessen wahrhaften Löwenkopf mähnenartige graue Haare umstrotzten, die Blicke aus scharfen, geistreichen Augen unstät umhersendend, in seinen Bewegungen schwankend, gleich als wandle er im Traume. So trat er ein, setzte sich zu seinem Glase Bier, rauchte aus einer langen Pfeife und schloß die Augen. Angesprochen oder vielmehr angeschrien von einem Bekannten, schlug er die Lider auf wie ein aus dem Schlummer geschreckter Adler, lächelte wehmütig und reichte dem Sprechenden ein Heft Papier mit dem Stifte hin, den er aus seiner Brusttasche zog, und ermahnte ihn mit jener den Tauben eigenen kreischenden Stimme, das zu Fragende niederzuschreiben. War dies geschehen, so schrieb er die Antwort sogleich freundlich darunter oder gab eine solche auch mündlich ...
Bisweilen nahm er ein zweites stärkeres Heft aus seiner Herzenstasche – ich meine die linke Brusttasche eines schlichten grauen Oberrocks – und schrieb mit halbgeschlossenen Augen. „Was schreibt er nun wohl?" fragte ich eines Abends meinen Nachbar, den unerreichten Liederkomponisten Schubert, den allzu früh Verklärten. „Er komponiert!" war seine Antwort. – „Er schreibt ja aber Worte, keine Noten!" – „Das ist so seine Art: er bezeichnet sich gewöhnlich mit Wor-

ten den Ideengang für dieses oder jenes Tonstück und setzt höchstens einige Noten dazwischen. So spielt er auch immer noch sehr schön das Pianoforte und wer ihn hört, der glaubt nicht, daß er nicht hört, so rein, so sicher spielt er. Ihm ist die Kunst bereits Wissenschaft geworden: er weiß, was er kann, und die Phantasie gehorcht seiner unergründlichen Besonnenheit." — Ein andermal sprach Schubert: „Der kann alles, wir aber können noch nicht alles verstehen und es wird noch viel Wasser die Donau dahinwogen, ehe es zum allgemeinen Verständnis gekommen, was dieser Mann geschaffen. Nicht nur, daß er der erhabenste und üppigste aller Tondichter ist, er ist auch der mutwilligste; er ist gleich stark in der dramatischen wie in der epischen Musik, in der lyrischen wie in der prosaischen; mit einem Worte: er kann alles. Mozart verhält sich zu ihm wie Schiller zu Shakespeare; Schiller ist bereits verstanden, Shakespeare noch lange nicht. Mozart versteht alles schon, Beethoven begreift niemand so recht, er müßte denn recht viel Geist und noch mehr Herz haben und entsetzlich unglücklich lieben oder sonst unglücklich sein." Schubert drückte sich immer so kernig aus, so gesund, verständig, bündig.

Samuel Heinrich Spiker. Erinnerungen an Beethoven.

Der große Verlust, welchen die Kunst durch den Tod dieses genialen Mannes erlitten hat, wird nicht so bald ersetzt werden. Wenn bei einem Künstler Reichtum an Kenntnissen mit Fülle der Phantasie vereinigt angetroffen werden, so war dies der Fall bei dem Dahingegangenen, und wenn man in dem Überströmen der letztern zuweilen etwas weniger Ungezwungenes und aus weniger freiem Ergusse der künstlerischen Schöpfungskraft Entstandenes hat sehen wollen, so muß man bedenken, daß Beethoven, abgeschnitten von allem dem, was den Geist anderer Künstler durch Berührung mit fremden Ideen erfrischt und auf sich beschränkt, aus sich selbst das erzeugte, was wir vor uns haben.

Es war nicht leicht, Beethoven in Wien selbst zu sehen. Der beinahe gänzliche Verlust seines Gehörs machte, daß nur wenige, an deren Organ er gewöhnt war, sich ihm verständlich zu machen imstande waren, und die Unbequemlichkeit, welche daraus entstand, daß alle andere, die sich mit ihm unterhalten wollten, ihre Zuflucht zum Schreiben nehmen mußten, mochte ihm selbst es vielleicht peinlich machen, Fremde bei sich zu sehen. Auch dem Schreiber dieses, der es sehnlichst wünschte, Beethovens persönliche Bekanntschaft zu machen, hatte man wenig Hoffnung dazu gegeben. Ein Umstand erleichterte jedoch die Annäherung. Beethoven hatte, wie bekannt, nach eingeholter Erlaubnis Seiner Majestät des Königs Allerhöchstdemselben seine letzte große Symphonie mit Chören zugeeignet und wünschte, die reine Kopie der Originalpartitur mit allen seinen eigenhändigen Verbesserungen und Einschaltungen sicher und schnell in die Hände Seiner Majestät gelangen zu lassen. Es war einige Abrede dazu nötig und dies war die Veranlassung zur Ankündigung eines Besuchs bei Beethoven, den er auch annahm.

Beethoven wohnte in der Vorstadt am Glacis vor dem Schottentore, in einer freien Gegend, von wo man eine schöne Aussicht auf die Hauptstadt mit allen ihren Prachtgebäuden und der Landschaft dahinter genoß, in freundlichen, sonnigen Zimmern. Seine Kränklichkeit machte, daß er in den letzten Jahren sich häufig der Bäder bediente, und wir (ein genauer Freund des Verstorbenen, Herr Tobias Haslinger und ich) sahen daher in dem Vorzimmer dem Apparat zu. An dies stieß Beethovens Wohnzimmer, in welchem in einer ziemlich genialen Unordnung Partituren, Bücher usw. aufeinandergehäuft waren und in dessen Mitte ein Flügel-Pianoforte von dem trefflichen Künstler Konrad Graf stand. Das Meublement war einfach und das ganze Ansehen des Zimmers so, wie man sie wohl bei manchem findet, der in seinem Innern mehr auf das Regelrechte hält als im Äußern. Beethoven empfing uns sehr freundlich. Er war in einen einfachen grauen Morgenanzug gekleidet, der zu seinem fröhlichen, jovialen Gesicht und dem kunstlos angeordneten Haar sehr gut paßte. Nachdem wir uns über die schöne Aussicht aus den Fenstern seines Wohnzimmers gefreuet, lud er uns ein, uns mit ihm an einen Tisch zu setzen, und nun begann die Konversation, die meinerseits schriftlich geführt wurde, während Herr Haslinger, an dessen Organ Beethoven schon gewöhnt war, diesem das, was er sagen wollte, ins Ohr rief. Beethoven sprach vor allem mit großem Enthusiasmus von unserm König, dessen Liebe zu den Künsten und namentlich zur Tonkunst er volle Gerechtigkeit widerfahren ließ und über die ihm zugestandene Erlaubnis (welche ihm durch den verstorbenen Fürsten Hatzfeld bekannt geworden war), dem Monarchen seine letzte Symphonie widmen zu dürfen, seine große Freude bezeigte. So gedachte er auch mit großer Rührung eines freundlichen Schreibens Ihrer Majestät der jetzt regierenden russischen Kaiserin Alexandra, welche ihn ersucht hatte, ein Wiener Flügel-Fortepiano für sie auszuwählen, und äußerte sich über die in der königlichen Familie verbreitete Liebe zur Kunst mit großer Begeisterung. Seine eigenen Verhältnisse in Wien berührte er nur wenig und schien geflissentlich der Erinnerung daran auszuweichen. Übrigens war er ausnehmend heiter und brach über jeden Scherz mit der Gemütlichkeit eines Menschen, der kein Arg und zu jedermann Zutrauen hat, in Lachen aus, etwas, das dem allgemeinen Gerücht nach, das Beethoven als sehr finster und scheu schilderte, nicht zu vermuten war. Sehr interessant war es, sein musikalisches Skizzenbuch zu sehen, das er, wie er uns sagte, auf Spaziergängen immer bei sich trug, um, wenn ihm irgendein musikalischer Gedanke einfiel, ihn mit Bleistift sogleich darin anzumerken. Es war voll von einzelnen Takten von Musik, angedeuteten Figuren usw. Mehrere große Bücher der Art lagen auf dem Pulte neben seinem Pianoforte, in die längere Fragmente von Musik mit Tinte eingeschrieben waren. — Leider machte sein schweres Gehör (das auch die Veranlassung zu einer an seinem Flügel-Pianoforte angebrachten eigentümlichen Vorrichtung war, einer Art von Schallbehälter, unter dem er saß, wenn er spielte, und der dazu dienen sollte, den Schall um ihn her aufzufangen und zu konzentrieren), daß die Unterhaltung mit ihm sehr mühselig wurde, was er indes bei seiner ungemeinen Lebendigkeit wenig zu fühlen schien. Papier und Bleistift waren sogleich bei der Hand, als wir eintraten, und in kurzem war ein ganzer Bogen vollgeschrieben, seine Fragen zu beantworten und ihn wieder zu befragen.

Unter den vielen Bildern, die man von Beethoven hat, ist meines Erachtens das in seinen jüngern Jahren von Louis Letronne gezeichnete und von Riedel gestochene das ähnlichste. In seinen Augen lag etwas ungemein Lebendiges und Glänzendes und die Regsamkeit seines ganzen Wesens hätte wohl seinen Tod nicht als so nahe erwarten lassen sollen.

Von den Prinzen des kaiserlichen Hauses nahm niemand lebendigern Anteil an seinem Schicksale als sein Beschützer und Gönner, der Erzherzog Kardinal Rudolf. Sein Eigentum ist gegenwärtig die vollständigste Sammlung der Werke Beethovens in Partitur, welche aus einer großen Reihe Foliobänden besteht, worin auf das zierlichste alles eingetragen ist, was man von Beethoven besitzt. Bei vielen Werken ist auch ein Teil des Originalmanuskripts beigefügt, jedes einzelne mit einem künstlich geschriebenen Titel versehen usw. Diese Sammlung war früher im Besitze des um die Musik und deren Beförderung in Wien hochverdienten Herrn Tobias Haslinger (des Nachfolgers des bekannten Musikhändlers Steiner), der selbst Komponist ist, als mehrjähriger Freund Beethovens die Sammlung angelegt hatte und sie dem Erzherzog überließ...

Gerhard von Breuning.
Im August 1825 hatte ich das Glück, bei einem nachmittägigen Spaziergange mit meinen Eltern Beethoven kennen zu lernen. — Wir durchschritten die um die innere Stadt Wien laufende, dessen Glacis durchschneidende Allee und befanden uns eben zwischen dem Kärntner- und Karolinentore, durch welches mein Vater nach seinem Bureau einzubiegen gedachte, als wir einen einzeln gehenden Mann stramm auf uns zukommen sahen, welcher Begegnung, kaum wir einander ansichtig geworden, ungewöhnlich freudigste Begrüßung von beiden Seiten folgte. Sein Aussehen war kräftig, die Statur mittelgroß, sein Gang energisch wie seine lebhaften Bewegungen, der Anzug so wenig elegant als eben bürgerlich und doch lag ein Etwas in seiner Gesamtheit, das in keine Rangordnung paßte. Er sprach fast ohne Unterbrechung, nach unserem Befinden, unserer jetzigen Lebensweise, nach den Verwandten am Rhein und vielem anderen sich erkundigend, erzählte — ohne erst viel auf Antwort zu warten, warum ihn mein Vater so lange nicht besucht habe, u. a. m. — daß er vor längerem in der Kotgasse, kürzlich in der Krugerstraße gewohnt, Sommers über aber jetzt in Baden weile; mit besonders freudiger Hast aber teilte er mit, daß er bald — Ende Septembers — in unsere unmittelbare Nachbarschaft, das Schwarzspanierhaus (wir wohnten in dem rechtwinklig gegenüberstehenden fürstlich Esterhazyschen Roten Hause) ziehen werde, welche Mitteilung gesteigertes Interesse hervorrief, daß er dann recht oft und viel

mit uns zu verkehren gedenke, ersuchte gleich meine Mutter, dann seine sehr schlecht bestellte Hauswirtschaft endlich einmal zu ordnen und dann fortan überwachen zu wollen, usf. — Mein Vater, wenn auch seltener zu Wort kommend, sprach dann immer auffallend laut und deutlich, dabei lebhaft gestikulierend, und unter herzlichsten Versicherungen, nun bald recht oft mit ihm zusammenkommen zu wollen und zu können, ward für heute Abschied genommen.

Der gegen meine Eltern oft ausgesprochene Wunsch, Beethoven kennen zu lernen, war endlich erfüllt und mit jugendlichem Ungestüm zählte ich die Tage, die mich in ersehnte nahe Berührung mit dem mir so häufig genannten berühmten Jugendfreunde meines Vaters bringen sollten . . .

Zu wiederholten Malen ist Beethovens Herz zu Liebesflammen aufgelodert, doch mit dem treuen Grundgedanken: „Bis ich dich erlaubt mein nennen darf."

Mein Vater antwortete meiner Mutter, als sie gelegentlich einmal gegen ihn äußerte, daß sie es nicht wohl einsähe, wie Beethoven, da er weder schön noch elegant, ja struppig, eher verwildert aussehe, Frauen gefallen könne: „Und doch hat er bei Frauen immer Glück gehabt." — Es war bei Beethoven stets eine edle, gehobene Empfindung, die sich bei ihm gegenüber den Frauen, sei es in freundschaftlichem oder Liebesverhältnisse gewesen, kundgegeben . . .

Ich besuchte Beethoven einst in seiner Wohnung: Ungargasse zunächst dem Glacis. Er stand eben am Klavier und hielt die Hände auf den Tasten. Als er mich sah, schlug er lachend mit beiden Händen kräftig auf die Tasten und ging vom Klavier weg. — Wahrscheinlich wollte er mir damit anzeigen: Du meinst wohl, ich würde dir etwas vorspielen, aber ich tue es doch nicht. — Ich bat ihn auch nicht . . .

So geordnet übrigens jetzt seine Hauswirtschaft sich bald bestellt fand, so unordentlich blieb jedoch fortan seine Zimmereinrichtung, staubig und untereinandergeworfen seine Papiere und Habseligkeiten, unausgebürstet seine Kleider bei allem blendenden Weiß und Reinheit seiner Wäsche und trotz des vielfachen Waschens seines Körpers. Dies überreichliche Waschen mag wohl einstens auch die ursprüngliche Gelegenheitsursache zum Entstehen seiner Gehörkrankheit – etwa durch rheumatische Entzündung – abgegeben haben; mehr als seine Anlage zu Unterleibsleiden, wie mehrfältig angenommen wird. Er hatte stets die Gewohnheit gehabt, wenn er längere Zeit am Tische komponierend gesessen und hiervon den Kopf erhitzt fühlte, zum Waschtische zu eilen, Kannen Wassers über den erhitzten Kopf zu stürzen und nach solcherweise bewirkter Abkühlung, nur flüchtig abgetrocknet, wieder zur Arbeit zurückzukehren oder wohl gar noch inzwischen einen Spazierlauf ins Freie zu unternehmen. Wie sehr dies alles in flüchtiger Hast geschah, um hierbei nicht aus seinem Phantasienfluge gerissen zu werden, und wie wenig hierbei an ein erforderliches Abtrocknen seiner durchnäßten Haaresfülle gedacht worden, beweist schon die Tatsache, daß es dabei vorkam, daß das über den Kopf geschüttete Wasser, von ihm unbemerkt, reichlich über den Fußboden sich ergoß, ja denselben auch durchdrang, an der Zimmerdecke der unterhalb wohnenden Partei zum Vorschein kam und seinerzeit mitunter zu unliebsamen Behelligungen von seiten dieser, des Hausmeisters und schließlich des Hauseigentümers, ja selbst zur Wohnungskündigung geführt hatte ...

Er nahm gern Einladungen zu uns an oder sandte uns gar oft ein Stück Fisch, wenn er solchen sich auf dem Markte hatte kaufen lassen; denn Fische zählten zu seinen Lieblingsgerichten und was er liebte, wollte er gern mit seinen Freunden teilen ...

Beethovens äußere Erscheinung hatte, der ihm ganz eigentümlichen Nonchalance in der Bekleidung wegen, auf der Straße etwas ungewöhnlich Auffälliges an sich. Meist in Gedanken vertieft und diese vor sich her brummend, gestikulierte er, wenn er allein ging, nicht selten mit den Armen dazu. Ging er in Gesellschaft, so sprach er sehr lebhaft und laut und da der ihn Begleitende dann immer die Antwort in das Konversationsheft schreiben mußte, wurde im Gehen wieder häufig innegehalten, was an sich schon auffällig und durch allenfalls noch mimisch geäußerte Antworten noch auffälliger wurde.

So kam es, daß die meisten der ihm Begegnenden sich nach ihm umwandten, die Straßenjungen auch wohl ihre Glossen über ihn machten und ihm nachriefen. Neffe Karl verschmähte deshalb, mit ihm auszugehen, und hatte ihm auch geradezu einmal gesagt, daß er sich schäme, ihn seines narrenhaften Aussehens wegen auf der Straße zu begleiten, worüber er sehr gekränkt und verletzt uns gegenüber sich äußerte. Ich dagegen war stolz darauf, mit diesem bedeutenden Manne mich zeigen zu können.

Der damals übliche Filzhut, den er beim Nachhausekommen, wenn auch von Regen triefend, nur nach leichtem Ausschwenken (eine Gewohnheit, die er auch wohl bei uns, unbekümmert um alle Zimmereinrichtung, übte) über die oberste Spitze des Kleiderstockes schlug, hatte infolgedessen in seinem Deckel die Ebene verloren und war davon gewölbt nach oben ausgedehnt. Vor wie nach dem Regen nur selten oder gar nicht gebürstet und dann wieder einmal bestaubt, hatte der Hut ein bleibend verfilztes Aussehen. Dazu trug er denselben nach Tunlichkeit aus dem Gesichte heraus, um die Stirn frei zu haben, während beiderseits die grauen wirren Haare, wie Rellstab bezeichnend sagt, "nicht kraus, nicht starr, sondern ein Gemisch von allem", nach außen flogen. Durch das Aufsetzen und Tragen des Hutes weit aus dem Gesichte nach hinten bei hochgetragenem Kopfe aber kam die rückwärtige Krempe in Kollision mit dem damals sehr hoch zum Hinterhaupt ragenden Rockkragen, was der Krempe eine nach aufwärts gestülpte Form gab, den Rockkragen aber durch die beständige Berührung mit der Krempe abgeschabt erscheinen ließ. Die beiden ungeknöpften Rockflügel, zumal jene des blauen Fracks mit Messingknöpfen, schlugen sich nach außen, besonders beim Gehen gegen den Wind, um die Arme um; ebenso flogen die beiden langen Zipfel des um den breit umgeschlagenen Hemdkragen geknüpften weißen Halstuches je nach außen. Die Doppellorgnette, die er seiner Kurzsichtigkeit wegen trug, hing lose herab. Die Schöße des Rockes aber waren ziemlich schwer beladen; denn außer dem oftmals hervorhängenden Taschentuche einerseits stak andererseits darin ein durchaus nicht dünnes, zusammengefaltetes Quart-Notennotizheft, dann noch ein Oktav-Konversationsheft nebst dickem Zimmermannsbleistift, dies zum Verkehr mit den zu begegnenden Freunden und Bekannten, und in früherer Zeit, solange es noch half, das Hörrohr. Das Gewicht des Notenheftes verlängerte den einen Schoß bedeutend und außerdem zeigte sich die Tasche desselben infolge des häufigen Herausziehens desselben und des Konversationsheftes mit der Hand derselben Seite nach außen gekehrt. — Die bekannte Federzeichnung gibt einigermaßen die Gestalt Beethovens wieder, wenn auch der Hut niemals seitlich eingedrückt gewesen, wie es dieselbe — in üblicher Übertreibung — darstellt. — Die hier skizzierte Äußerlichkeit Beethovens hat sich meinem Gedächtnisse unauslöschlich eingeprägt. Gar oft sah ich ihn so von unsern Fenstern aus gegen zwei Uhr — seiner Essensstunde — vom Schottentore her über den Glacisteil, wo jetzt die Votivkirche steht, in seiner gewohnten vorhängenden (nicht aber gebeugten) Körper- und Kopfhaltung seiner Wohnung zusegeln oder ich ging wohl selbst mit ihm.

Auf der Straße, wo man nicht immer Zeit genug hatte zu schreiben, war die Konversation mit ihm am beschwerlichsten, und wie er überhaupt vollkommen taub war, dafür gab mir folgendes schlagenden Beweis, wenn es eines solchen noch bedurft hätte: Er wurde einstens bei uns zu Tisch erwartet, es ging schon nahe auf 2 Uhr (unsre Eßstunde). Meine Eltern in beständigem Argwohne, er dürfte, im Komponieren vertieft, der Zeit nicht gedenken, sandten mich zu ihm hinüber, ihn abzuholen. Ich traf ihn am Arbeitstische, das Gesicht der offenen Tür zum Klavierzimmer hingewandt, an einem der letzten (Gallitzinschen) Quartette schreibend. Er hieß mich, kurz aufblickend, etwas warten, bis er den eben festgehaltenen Gedanken zu Papier gebracht haben werde. Kurze Zeit verhielt ich mich ruhig, dann rückte ich dem zunächststehenden Graffschen Klavier (mit dem aufgesetzten Schallfänger) nahe und fing, von Beethovens Taubheit für Töne nicht überzeugt, an, leise auf den Tasten zu klimpern. Ich blickte dabei öfter nach ihm, prüfend, ob er sich dadurch behindert fühlen möchte. Als ich aber sah, daß er es gar nicht wahrnehme, spielte ich stärker und absichtlich ganz laut: ich hatte keinen Zweifel mehr. Er hörte es gar nicht, schrieb unbekümmert weiter, bis er, endlich fertig, mich zum Fortgehen aufforderte. Auf der Straße fragte er mich etwas: ich schrie ihm die Antwort knapp ins Ohr; doch mehr meine Zeichen verstand er. Nur bei Tische stieß einmal eine meiner Schwestern einen gellenden, hohen Schrei aus und diesen doch noch vernommen zu haben, machte ihn so glücklich, daß er hell und freudig auflachte, wobei seine blendend weißen, vollen Zahnreihen weitaus sichtbar wurden. — —

Charakteristisch war auch die Lebhaftigkeit, mit der er ihn interessierende Gegenstände besprach, wobei es auch vorkam, daß er, mit meinem Vater im Zimmer auf und ab gehend, während solches Gespräches statt zum Fenster hinaus in den Spiegel spuckte, ohne es zu beachten ...

Als Beethoven hörte, daß ich Klavierunterricht erhielt, sagte er: „Nun, so spiele mir mal etwas vor!" Ich tat es, wobei er – nichts hörend – sehr aufmerksam auf meine Hände sah und, meine Handhaltung bekrittelnd, mir sofort einen Lauf vorspielte. Es war auf demselben Flügel Brodmanns, auf dem er in längst verflossenen Zeiten mit Julien oft gespielt und – damals hörend – phantasiert hatte. – „Welche Klavierschule hat Gerhard denn?" – „Die Pleyelsche." – „Ich werde ihm die Elementische verschaffen; diese ist am Ende noch die beste. Danach soll er sich halten und danach werde ich schon das Weitere anraten." – Sie war auf dem Wiener Platze nicht vorrätig, folglich nicht gleich zu bekommen. Er mußte sie verschreiben lassen ...

Bei Gelegenheit, als Beethoven den obenerwähnten Fingerlauf auf dem Klavier mir vorgezeigt, wünschten meine Mutter und ich sehr, daß er uns etwas vorspielen oder vielmehr phantasieren möchte. Meine Mutter und ich hatten ihn nie spielen gehört. Wir gingen deshalb Vater an; doch diesen dauerte es zu sehr, daß Beethoven gleichsam wie ein Automat, ohne das, was er täte, selbst hören zu können, spielen sollte, und konnte es nicht über sich gewinnen, ihm diese Erinnerung an sein Gehörunvermögen so fühlbar zu machen. So blieb dieser Klavierlauf das einzige, was ich je von ihm gehört. Er hielt hierbei die Finger sehr gekrümmt, so daß sie von der Hand ganz verdeckt waren; kurz, er schien die sogenannte ältere gegen die jetzige, mit mehr verflachten Fingern geübte Handhaltung eigen zu haben ...

Am 24. September 1826 als meinem Namenstage war Beethoven abermals unser Tischgenosse... Während des Essens erzählte er uns, daß ihn der Wiener Magistrat zum Bürger von Wien ernannt, man ihm dabei bemerkt habe, daß er kein wirklicher, sondern ein Ehrenbürger geworden sei, worauf er entgegnet hatte: „Ich habe nicht gewußt, daß es auch Schandbürger in Wien gibt."

Nachmittags gingen wir insgesamt nach Schönbrunn zu Fuße. Meine Mutter hatte einen Besuch in Meidling (angrenzend an Schönbrunn) zu machen. Ich begleitete sie. Mein Vater, Beethoven und mein Lehrer erwarteten uns im Parterre des Schönbrunner Gartens auf einer der Bänke. Als wir hierauf im Garten spazieren gingen, sagte Beethoven, auf die nach französischem Geschmacke wandartig geschnittenen Alleen weisend: „Lauter Kunst, zugestutzt wie die alten Reifröcke! Mir geschieht nur dann wohl, wenn ich in der freien Natur bin." — Es ging ein Infanteriesoldat an uns vorüber. Gleich war er mit der sarkastischen Bemerkung fertig: „Ein Sklave, der um tägliche fünf Kreuzer seine Freiheit verkauft hat."

Als wir nach Hause gingen, schoben mehrere Jungen in der Mitte der rechtseitigen Allee vor der Schönbrunner Brücke Kegel mit einer kleinen Kugel und diese traf Beethoven zufällig an den Fuß. Wähnend, es sei dies aus mutwilliger Absicht geschehen, ihn zu necken, wandte er sich unmittelbar heftig gegen sie, ausrufend: „Wer hat euch erlaubt, hier zu spielen? Müßt ihr gerade hier euer Unwesen treiben?! —" und wollte auf sie losstürzen, sie wegzutreiben. Mein Vater, die Roheit der Gassenjungen fürchtend, beruhigte ihn aber bald wieder und überdies hatte ihm das Streifen der Kugel nur flüchtigen Schmerz verursacht.

Es war schon dunkel, als wir beim Rückwege über die „Schmelz" den Weg verfehlten und gezwungen waren, quer über die ge-

ackerten Felder zu gehen. Beethoven brummte Melodien vor
sich her, indem er von einer Scholle zur anderen ziemlich un»
behilflich wankte und bei seiner Kurzsichtigkeit zeitweilig Ge«
leitung gern annahm...

Als der Neffe Karl vor der Prüfung in der Technik stand und
außerdem von Schulden bedrückt war, sich weder in seinem
Wissen noch in seiner Tasche vorbereitet wußte, dazu seines
Oheims Vorwürfe fürchtete, die ihn schon längst ermüdet
hatten und die er abgeschmackt fand – faßte er den Entschluß,
sich zu töten. Er kaufte zwei Pistolen, fuhr nach Baden, be»
stieg den Turm der Ruine Rauhenstein und, auf dessen Höhe
beide Pistolen an beide Schläfen anlegend und losdrückend,
verletzte er sich – nur oberflächlich die Knochenhaut, doch so,
daß er nach Wien in das allgemeine Krankenhaus zu über»
führen war.

Erschütternd traf Beethoven die Kunde. Der Schmerz, den
er über dies Ereignis empfand, war unbeschreiblich; er war
niedergeschlagen wie ein Vater, der seinen vielgeliebten Sohn
verloren. Ganz verstört begegnete ihm meine Mutter auf dem
Glacis. „Wissen Sie, was mir geschehen ist? Mein Karl hat
sich erschossen!" – „Und – ist er tot?" – „Nein, er hat sich
nur gestreift, er lebt noch: es ist Hoffnung vorhanden, ihn
retten zu können; – aber die Schande, die er mir angetan;
ich habe ihn doch so sehr geliebt!"...

Ich muß hier vorausschicken, daß, nachdem mein sehnlicher
Wunsch, mit Beethoven in so nahe tägliche Verbindung ge»
kommen zu sein, nunmehr in vollem Maße in Erfüllung ge»
gangen war, ich den weiteren Wunsch hegte, gleich meinem
Vater zu ihm Du sagen zu können. Hatte ich mich doch längst
mit ganzer Seele an ihn gehangen und nicht geringen Stolz
darein gesetzt, von ihm geliebt zu sein, also auch noch zu den
wenigen Auserwählten in dieser Beziehung gehören zu sollen.

Ich fragte meinen Vater, in welcher Weise ich dazu eine Einleitung treffen könnte: ob er die Vermittlung dafür übernehmen wolle. Mein Vater erwiderte mir kurzweg: „Wenn Dir dies Vergnügen macht, so bedarf es aller dieser Umschweife nicht; rede ihn ohne weiteres so an, er wird es Dir keinesfalls übelnehmen, eher darüber sich freuen und es wird ihm überhaupt gar nicht einmal auffallen." Auf diese Zusage bauend, da ich ja wußte, wie sehr mein Vater Beethovens Denkart kannte, wagte ich mich denn gleich bei meinem nächsten Besuche, wo ich mit Beethoven allein war – es war dies in der ersten Zeit seines Krankseins – mit zwar pochendem Herzen, aber doch kecken Mutes daran, es zu versuchen, und das erste, das ich ihm im Gespräche schrieb, ward in dieser Ansprache gehalten. Gespannt beobachtete ich seine Gesichtszüge, als ich ihm die Schiefertafel vorhielt. – Es kam, wie mein Vater zuletzt gesagt: Beethoven gewahrte es durchaus nicht und fortan blieb es nun dabei. – –

Während seiner Krankheit (gegen Mitte Februar 1827) kamen eines Vormittags Händels sämtliche Werke – in schöner Quartausgabe, gebunden – an ihn als Geschenk, von dem Harfenvirtuosen Stumpff gesendet. Diese zu besitzen, war sein langgehegter Wunsch gewesen, und eben diesem einst verlauteten Wunsche zu entsprechen, war das Geschenk gemacht worden. Als ich mittags wie alltäglich um 12 Uhr zu ihm ins Zimmer trat, wies er mir mit Vergnügen strahlenden Augen alsogleich die auf dem Klavier aufgehäuften Werke: „Sieh, dieses habe ich heute geschenkt erhalten; man hat mir mit diesen Werken eine große Freude gemacht. Schon lange habe ich sie mir gewünscht; denn Händel ist der größte, der tüchtigste Compositeur; von dem kann ich noch lernen. Bring mir die Bücher mal her." Dies und anderes darauf Bezügliches sprach er fort und fort in freudiger Erregung. Und

nun begann ich, ihm eins nach dem anderen hinüber in sein Bett zu reichen. Er blätterte in einem Bande nach dem anderen, wie ich sie ihm gab, verharrte mitunter bei einzelnen Stellen und legte einen Band nach dem anderen sofort zu seiner Rechten auf sein Bett gegen die Wand hin, bis endlich alle dort aufgetürmt standen und mehrere Stunden so verblieben, denn noch nachmittags fand ich sie daselbst. Und wieder begann er über die Größe Händels sich in lebhaften Lobeserhebungen zu ergehen, ihn als den klassischesten und gründlichsten aller Tondichter zu bezeichnen. — —
Einstmals wie öfter, wenn ich kam, fand ich ihn schlafend. Ich setzte mich dann an sein Bett, mich ruhig verhaltend, um ihn aus dem — erhoffend ihn kräftigenden — Schlafe nicht zu wecken, und blätterte und las unterdessen in den auf dem Betttischchen noch zum Gebrauche liegenden Konversationsheften, um zu wissen, wer inzwischen hier gewesen und was besprochen worden sei. Da fand ich unter anderem die Stelle: „Ihr gestern von Schuppanzigh aufgeführtes Quartett hat nicht angesprochen." — Als er nach kurzer Zeit erwachte, hielt ich ihm diese Stelle vor die Augen, ihn fragend, was er dazu sage: „Wird ihnen schon einmal gefallen!" war die lakonische Antwort, die er mir gab, und noch fügte er hinzu im Bewußtsein und unter bündigen Äußerungen etwa, daß er schreibe, wie er es für gut halte, und sich durch das Urteil der Gegenwart nicht beirren lasse: „Ich weiß, ich bin ein Künstler!" ...
Ich nahm Gelegenheit, ihn zu fragen, warum er keine zweite Oper geschrieben. Er erwiderte mir: „Ich wollte eine andere Oper noch schreiben, aber ich habe kein passendes Textbuch dazu gefunden. Ich brauche einen Text, der mich anregt; es muß etwas Sittliches, Erhebendes sein. Texte, wie Mozart komponieren konnte, wäre ich nie imstande gewesen, in Musik

zu setzen. Ich konnte mich für liederliche Texte niemals in Stimmung versetzen. Ich habe viele Textbücher erhalten, aber, wie gesagt, keines, wie ich es gewünscht hätte." Und weiters sagte er mir: „Ich habe noch vieles schreiben wollen. Jetzt die zehnte Symphonie, auch ein Requiem wollte ich komponieren und die Musik zu Faust; ja, auch eine Klavierschule. Diese hätte ich aber ganz anders gemacht, als die anderen sie verfaßt haben. Nun, dazu komme ich nicht mehr und überhaupt, solange ich krank bin, arbeite ich nichts mehr, wie sehr auch Diabelli und Haslinger drängen mögen; denn dazu muß ich aufgelegt sein. Ich habe oft lange Zeit nichts komponieren können; dann kommt es auf einmal wieder." — —
Ein andermal wieder hatte ich ein Skizzenbuch auf einem Möbel im Zimmer liegend gefunden. Ich hielt ihm dasselbe vor, ihn fragend, ob er denn wirklich nötig habe, seine Inspirationen sich zu notieren. Er aber entgegnete mir: „Ich trage solch ein Heft immer bei mir und kommt mir ein Gedanke, so notiere ich ihn gleich. Ich stehe selbst des Nachts auf, wenn mir etwas einfällt, da ich den Gedanken sonst vergessen möchte." ...
So vergnügt Beethoven vorerst das übrigens so hübsch ausgestattete Bild betrachtet hatte, so mißmutig wurde er urplötzlich. Sein Gesicht überzog sich mit Zornesröte und heftig fragte er mich: „Wer hat denn das geschrieben?" — „Mein Klavierlehrer." — „Wie heißt der Esel? — Ein solcher Ignorant will Klavierlehrer, will Musiker sein und weiß nicht einmal den Namen eines Meisters wie Haydn richtig zu schreiben. Das soll er nur gleich ausbessern; denn das ist eine Schande" usw. — Die Folge war, daß ich das Bild wieder nach Hause nehmen und den Fehler tilgen lassen mußte von meinem Vater, aber auch eine Rüge über meine überflüssige Bemerkung erhielt. Als ich das Bild nach ein paar Tagen

wiedergebracht, brummte Beethoven nochmals über den gemachten Fehler und ließ die von mir auf mehrfache Art versuchte Entschuldigung meines Lehrers nicht weiter gelten als mit der Entgegnung: „Er mag als Meister wohl genügen, aber er ist denn doch ein oberflächlicher Mensch, der wie die meisten eben nichts mehr gelernt hat und zu lernen sich bestrebt, als was ihm notdürftig erforderlich ist."

Beethoven in Gneixendorf.

Von der Überzeugung geleitet, daß jeder, auch der kleinste Zug, geeignet, das Konterfei unserer unvergleichlichen Tonmeister zu vervollständigen, von Interesse ist, hatte ich mich vor einiger Zeit an meinen Jugendfreund K..., Apotheker in Langenlois, mit der Bitte gewendet, mir über Beethovens Landaufenthalt in Gneixendorf, einem seinem Bruder Johann gehörigen Landgut in Niederösterreich, alles, was er in Erfahrung bringen könne, zu berichten.

Nicht bloß er, auch der gegenwärtige Gutsbesitzer willfahrten freundlichst meinem Wunsche und ich teile aus diesen verläßlichen Quellen fragmentarisch und schlicht, wie es mir zugekommen, das wenige mit, was sich noch erheben ließ.

Johann van Beethoven ging eines Tages in Begleitung seines Bruders Ludwig und noch mehrerer Personen von Gneixendorf nach Langenfeld, um den dortigen Chirurgen Karrer, der im Beethovenschen Hause gerne gesehen ward, zu besuchen, traf ihn aber nicht, da er eben zu einem Kranken gerufen worden. Frau Karrer fühlte sich durch den Besuch des gnädigen Herrn Gutsbesitzers äußerst geschmeichelt und tischte reichlich auf, was nur immer zu haben war; da fiel ihr Blick auf eine Mannsperson, die sich bescheiden und schweigend auf die Ofenbank niedergelassen hatte. In ihm einen Bedienten vermutend, füllte sie ein irdenes Krügl mit Heurigem (Wein) und reichte es dem Tonsetzer freundlich mit den Worten: „Nu, da hat Er auch einen Trunk!" Als der Chirurg Karrer spät abends nach Hause kam, ahnte er sogleich aus der Beschreibung dessen, der hinter dem Ofen gesessen, den wahren Charakter desselben und rief aus: „Liebes Weib, was hast du getan! Der größte Tonsetzer des Jahrhunderts war heute in unserem Hause und du hast ihn so sehr mißachtet!"

Johann van Beethoven hatte zufällig bei dem Syndikus Sterz in Langenlois Geschäfte abzumachen. Ludwig begleitete ihn dahin. Während der ziemlich langen Verhandlungen blieb Ludwig regungs- und teilnahmslos an der Türe der Amtskanzlei stehen. Beim Abschied machte Sterz gegen diesen viele Bücklinge und frug dann den Kanzellisten Fux, einen Enthusiasten für Musik und namentlich für Beethovensche Musik: „Wer, denken Sie wohl, mag der Mann gewesen sein, der dort bei der Tür gestanden?" Fux erwiderte: „Da ihm Herr Syndikus so viele Komplimente gemacht hat, mag es wohl mit ihm ein eigenes Bewandtnis gehabt haben, sonst aber hätt ich ihn allerdings für einen Trottel (blödsinnigen Menschen) halten müssen."[1] Fux erschrak nicht wenig, als ihm

---

[1] Dies kann doch offenbar nur auf Beethovens gleichgültige, apathische, durch seine Taubheit erklärliche Haltung an der Kanzleitür gehen, denn sonst war seine Miene fürwahr nichts weniger als blöde; namentlich übertraf der wunderbare, fast unheimlich fremdartige Glanz seiner Augen alles in der Art, wie auch ich, da ich noch das Glück genossen, diesen außerordentlichen Mann von Angesicht zu Angesicht gesehen zu haben, ja von ihm, wenn auch mißfällig, bemerkt worden zu sein, zu bestätigen vermag.

Als junger Mensch erst kürzlich vom Lande nach Wien verpflanzt, hatte ich mir noch nicht jene gelenkige, tanzmeisterische Voltigierkunst, so notwendig, um in dem Menschengewusel der Residenz ohne Anstoß sich durchzuwinden, zu eigen gemacht. So rannte ich doch eines Tags in einem engen Gäßchen mit einem Menschen zusammen, der mich darob mit einem durchdringenden Blicke fixierte, dann weiter ging. Nie werde ich dieses Menschenauge, in

sein Chef den Namen des Mannes nannte, den er für einen
Idioten gehalten.

Von dem Dienstpersonal, das zur Zeit von Ludwig van Beethovens Aufenthalt in Gneixendorf im Schloß seines Bruders
sich befand, ist der Weinzierl Michael Krenn erst vor einem
Jahr verstorben. Seine drei Söhne leben noch; einer derselben, Michael, war zu jener Zeit Ludwigs Bedienter. Er
sagt hierüber folgendes aus:

Ludwig van Beethoven war nur einmal und zwar im Jahr
1826 etwa durch drei Monate vom Schnitt bis nach der
Lese (das wäre also in den Monaten August, September,
Oktober) in Gneixendorf. Michael Krenn wurde von der
Frau Gutsbesitzerin zur Bedienung des Compositeurs aufgenommen. In der ersteren Zeit aber hatte die Köchin täglich das Bett Beethovens zu machen. Letzterer saß einmal bei
seinem Tisch, agierte mit den Händen, gab mit den Füßen
den Takt und sang oder brummte dazu. Die Köchin lachte
darüber; als Beethoven, sich zufällig umsehend, sie so lachen
gewahrte, jagte er sie ohne weiters zum Zimmer hinaus.
Michael wollte mit ihr davonlaufen, Beethoven aber zog ihn

---

dessen leuchtenden Abgrund ich so nahe geblickt, vergessen! Aber ist es zu
verwundern, wenn ich, die vernachlässigte Kleidung, das gebräunte Antlitz
mit diesem von höchster Intelligenz und Überlegenheit zeugenden Blick zu-
sammenzureimen suchend, auf die Idee geriet, einen der verschmixtesten,
gefährlichsten Gauner, wie sie in Großstädten sich herumzutreiben pflegen,
getroffen zu haben? In dieser Voraussetzung betrachtete ich ihn stets, wenn
er mir wieder begegnete, auf neugierige und leider nichts weniger als re-
spektvolle Weise. Er hatte es bemerkt, denn er richtete einmal seine kleinen,
wetterleuchtenden Augen halb befremdet, halb verächtlich auf mich, nahm
aber dann weiter keine Notiz mehr von mir. Von einem Freunde zufällig
belehrt, wen ich da vor mir gehabt, zog ich dann freilich bei jeder Begegnung den Hut vor ihm bis zur Erde, er aber ignorierte nun meine Höflichkeit wie früher meine Grobheit.

zurück, schenkte ihm drei Zwanziger und sagte ihm, er solle sich nicht fürchten und er müsse ihm nun täglich das Bett machen und das Zimmer zusammenräumen. Michael mußte immer zeitlich früh hinaufkommen, aber meistens lange klopfen, bis Beethoven ihm aufmachte. Um halb 6 Uhr pflegte letzterer aufzustehen, zu seinem Tisch sich zu setzen, mit Händen und Füßen den Takt zu schlagen und singend und brummend zu schreiben. Anfangs schlich Michael, wenn ihm das Lachen darüber kam, zur Tür hinaus, allmählich aber gewöhnte er sich daran. Um halb 8 Uhr war gemeinsames Frühstück; nach demselben eilte Beethoven stets ins Freie, schlenderte auf den Feldern herum, schrie, agierte mit den Händen, ging einmal sehr langsam, dann wieder sehr schnell oder blieb plötzlich stehen und schrieb in eine Art Taschenbuch. Einmal bemerkte er, als er nach Hause gekommen, daß er dasselbe verloren. „Michael," sagte er, „laufe und suche meine Schriften, ich muß sie um jeden Preis wieder haben"; sie fanden sich auch wirklich. Um halb 1 Uhr pflegte er nach Hause zum Essen zu kommen, nach Tisch ging er in sein Zimmer ungefähr bis 3 Uhr, dann lief er wieder auf den Feldern herum bis vor Sonnenuntergang, denn nach demselben pflegte er nie mehr auszugehen. Um halb 8 Uhr war Nachtmahl, dann verfügte er sich in sein Zimmer, schrieb bis 10 Uhr und legte sich dann zu Bette; zuweilen spielte Beethoven auch Klavier, doch stand dasselbe nicht in seinem Zimmer, sondern im Saale. Beethovens Wohn- und Schlafzimmer, das außer Michael niemand betreten durfte, war das Eckzimmer gegen den Garten und Hof, wo gegenwärtig das Billard sich befindet.

Während der Zeit, daß Beethoven morgens spazieren ging, mußte Michael das Zimmer aufräumen. Da fand er mehrere Male Geld auf der Erde liegen. Als er es Beethoven zurückgab, fragte ihn dieser, wo er es gefunden habe. Michael mußte ihm nun den Platz zeigen, wo er es aufgelesen, worauf es ihm dieser zum Geschenk machte. Dies geschah so drei- bis viermal, dann aber fand Michael kein Geld mehr. Abends mußte Michael immer neben Beethoven sitzen und ihm die Antwort auf die Fragen, die dieser an ihn gestellt, aufschreiben. Meistens wurde er darüber ausgeforscht, was beim Mittags- und Abendtisch über ihn gesprochen worden.

Eines Tages schickte die Frau des Gutsbesitzers Michael mit 5 Gulden nach Stein, um daselbst Wein und einen Fisch zu kaufen.[1] Michael war unachtsam, verlor das Geld und kam nach 12 Uhr ganz bestürzt nach Gneixendorf zurück. Die Gutsbesitzerin fragte ihn alsogleich, wo der Fisch sei, und jagte ihn, als er ihr den Verlust des Geldes anzeigte, alsogleich davon. Beethoven fragte, als er zu Tisch kam, alsogleich nach seinem Michael; die Gutsbesitzerin erzählte ihm den Vorfall. Da ward Beethoven furchtbar aufgebracht, gab der Gutsbesitzerin die 5 Gulden und bestand voll Zorn darauf, daß Michael augenblicklich zurückkomme. Von dieser Zeit an ging er nicht mehr zu Tisch, sondern ließ sich das Essen auf sein Zimmer bringen, wo ihm Michael auch das Frühstück bereiten mußte. Überhaupt hat nach der Aussage des letzteren Beethoven auch schon vor diesem Auftritt mit seiner Schwägerin fast nie und auch mit seinem Bruder nur sehr wenig gesprochen. Noch erwähnte Michael, daß Beethoven ihn nach Wien mitnehmen wollte, was aber nach Ankunft einer Köchin, die, um Beethoven abzuholen, eintraf, wieder unterblieb.

Zwei ältere Bauern, die von dem gegenwärtigen Herrn Gutsbesitzer ebenfalls vernommen wurden, bestätigen die Aussage des Michael Krenn über Beethovens wunderliches Treiben

---

[1] Bei diesem an der Donau gelegenen Städtchen pflegen die Schiffe, die allwöchentlich Krebse und seltene Fische aus den obderennsischen Flüssen und Seen nach Wien führen, auf kurze Zeit anzulanden.

auf den Feldern Gneixendorfs. Sie hielten ihn daher auch anfangs für verrückt und gingen ihm aus dem Wege; später gewöhnten sie sich daran und pflegten ihn, als sie erfuhren, er sei der Bruder des Gutsbesitzers, auch höflich zu grüßen, was aber dieser, stets in Gedanken verloren, selten oder nie erwiderte.
Der eine dieser Bauern hatte auch, damals noch ein junger Mensch, ein kleines Abenteuer mit Beethoven zu bestehen. Er fuhr, wie er erzählt, gerade mit zwei jungen, noch wenig an den Zug gewöhnten Ochsen vom Ziegelofen gegen das Schloß zu. Da kam ihm Beethoven schreiend und mit den Händen herumschlagend und heftig gestikulierend entgegen. Der Bauer rief Beethoven zu: „A bißl staba!" (ein bißchen stiller), worauf aber dieser keine Rücksicht nahm. Da wurden die Ochsen scheu und liefen über eine Gestätte (steiler Abhang) hinauf. Der Bauer brachte sie mit Mühe zum Stehn, kehrte sie um und lenkte sie den Abhang auf die Straße herab. Da kam Beethoven wieder vom Ziegelofen, ebenfalls singend und mit den Händen agierend. Der Bauer rief ihm abermals zu und wieder umsonst und nun rannten dessen Ochsen mit erhobenen Schwänzen gegen das Schloß zu, wo einer der Schloßbewohner sie aufhielt. Als der Bauer endlich auch hinkam und frug: „Wer ist denn der Mann, der meine Ochsen scheu gemacht hat?", sagte ihm der, der sie aufgefangen, es sei der Bruder des Gutsbesitzers. Der Bauer erwiderte: „Das ist mir ein sauberer Bruder!"
Vorstehende fragmentarische Notizen schienen mir der Veröffentlichung wert, nicht weil sie den pikanten Anekdotenkram über Beethoven um ein paar Histörchen vermehren, sondern um der Schlaglichter willen, die einige derselben auf den Charakter des großen Tonsetzers und seines Bruders werfen.
Wie sehr zeugt das Benehmen des letzteren zu Lengenfeld und Langenlois von dem geringen Grad von Ehrerbietung, die er

seinem herrlichen Bruder, der vielleicht auch ihm so wie seinen
Bauern nichts weiter als ein Narr geschienen, zu zollen pflegte.
Der Erbärmliche hätte ja in der Wohnung des Chirurgen, in
der Amtskanzlei des Syndikus nur den Mund zu öffnen gebraucht, um dem größten Musiker des Jahrhunderts Demüti-
gung zu ersparen. Fürchtete der hochmütige „Gutsbesitzer"
von dem „Hirnbesitzer" in Schatten gestellt zu werden? —
Höchst interessant aber erscheint das Verhältnis Ludwig van
Beethovens zu seinem Famulus, Michael Krenn.
Vergleicht man, wie friedlich hier der große Geist mit einem
zwar armen und ungebildeten, aber gutmütigen, natürlich
schlichten und redlich befundenen Landmann — das Geld-
streuen ist bezeichnend — sich verträgt, mit den Explosionen,
wie sie in der Residenz, hervorgerufen durch Beethovens Umgebungen, fort und fort stattgefunden, so liegt die Vermutung
nahe, daß diese Ausbrüche, so verhängnisvoll für Beethoven
als Mensch und Künstler, wohl teilweise in seinen Eigenheiten und Schwächen gegründet — oft aber auch sicherlich
nichts anders als im Grunde sehr ehrenvolle Reaktionen gewesen sein mögen, mit denen sich sein ganz und gar auf
mannhafte Geradheit, Natürlichkeit und Redlichkeit basiertes
Wesen gegen jenes Widerspiel dieser Eigenschaften zur Wehre
gesetzt, das man in Großstädten unter dem Kollektivnamen:
feine Welt und guter Ton begreift.

Ludwig Cramolini.

Ich habe nur ein einziges Mal noch im Leben mit Beethoven
verkehrt und zwar auf Veranlassung meiner Mutter. Es war
am 15. oder 16. Dezember 1826. Ich war bereits zwei Jahre
als Tenorist am k. k. Hofoperntheater angestellt und mit der
ausgezeichneten Sängerin Nanette Schechner verlobt. Da
sagte meine Mutter nach der Vorstellung des „Fidelio", den

Nanny entzückend schön sang und spielte: „Hätte ich doch mein Lebtag nicht geglaubt, daß der alte Brummbär eine so göttliche Musik schreiben konnte, eine Musik, die mir die hellen Tränen auspreßte." Meine Mutter hatte nämlich bis dahin noch keine Gelegenheit, eine Beethovensche Musik zu hören. „Du solltest ihn einmal besuchen, vielleicht erinnert sich Beethoven an uns beide. Es wäre undankbar von ihm, wenn er es nicht täte, was ich aber nicht glauben mag, denn wer so tief fühlt, wie er es in der Komposition seines ‚Fidelio' beurkundet, muß ein gutes Herz haben und daran habe ich nie gezweifelt." Nanny animierte mich ebenfalls dazu und drückte den Wunsch aus, bei der Gelegenheit ihn ebenfalls kennen zu lernen. Ich ging endlich darauf ein, sprach mit Schindler, damals Musikdirektor am Josephstadt-Theater, und bat ihn, Beethoven an den kleinen Louis, den Sohn der Frau Cramolini, zu erinnern, der ihn so oft gequält und der jetzt reif sei, seine unsterblichen Werke zu erkennen und zu bewundern. Nach einigen Tagen sagte mir Schindler, daß Beethoven bereit sei, uns, Nanny und mich, zu empfangen, wir müßten aber verzeihen, wenn er uns im Bette liegend empfange. Auch sollten wir Noten mitbringen, er wollte uns hören — wenigstens singen sehen. Wir fuhren also an jenem Dezembertag nachmittags zu ihm hinaus.

Als wir eintraten, lag der arme Mann auf seinem Krankenlager an der Wassersucht schwer danieder. Mit strahlenden, weitgeöffneten Augen sah er mich an, dann reichte er mir lächelnd seine Linke und sagte: „Das ist also der kleine Louis und jetzt sogar Bräutigam?" Darauf nickte er gegen Nanny und sagte: „Ein schönes Pärchen und, wie ich höre und las, ein paar tüchtige Künstler! — Nun, wie geht es Ihrer lieben Mutter?" Er reichte uns Papier und Bleistift und wir führten die darauffolgende Konversation schriftlich, während er manchmal ziemlich unverständlich sprach. Darauf ersuchte er uns, ihm etwas zu singen. Schindler setzte sich an einen der beiden Flügel, die nebeneinander mitten im Zimmer standen, und wir stellten uns Beethoven vis-à-vis. Ich schrieb ihm, ich würde seine „Adelaide", durch die ich eigentlich bei der Sängerwelt bekannt wurde, singen. Beethoven nickte freundlich. Als ich aber zu singen anfangen wollte, war mir vor Angst der Gaumen und Hals so trocken geworden, daß es mir unmöglich ward, zu singen. Ich bat Schindler, einige Momente zu warten, bis ich gesammelt sei. Beethoven fragte, was vorging, warum ich nicht sänge, und lachte laut auf, als ihm Schindler schrieb, was Ursache sei. Dann sagte er: „Singen Sie nur, lieber Louis, ich höre ja leider nichts, ich will Sie nur singen sehen." Endlich faßte ich Mut und sang mit wahrer Begeisterung das Lied aller Lieder, Beethovens göttliche „Adelaide". Als ich fertig war, winkte mich Beethoven zu sich ans Bett und sagte, mir die Hand freundlich drückend: „Aus Ihrem Atemholen habe ich gesehen, daß Sie richtig singen, und in Ihren Blicken habe ich gelesen, daß Sie, was Sie singen, empfinden. Sie haben mir großes Vergnügen bereitet." Ich war überglücklich über das Urteil dieses großen Mannes und trocknete mir eine Träne ab. Als ich ihm die Hand küssen wollte, zog er sie rasch zurück und sagte: „Das tun Sie Ihrer braven Mutter und grüßen Sie sie zu wiederholten Malen von mir und sagen Sie ihr, welche Freude es mir war, daß sie sich meiner noch erinnert und mir den kleinen Louis geschickt hat." Nun sang Nanny die große Arie der Leonore aus „Fidelio" und mit einer Begeisterung, daß Beethoven wiederholt taktierte und sie mit seinen weitgeöffneten Augen ordentlich verschlang. Nach der Arie hielt Beethoven längere Zeit seine Augen mit der Hand bedeckt, dann sagte er: „Sicher sind Sie eine Meisterin und im Besitz einer Stimme, die an die Mil-

der erinnern mag, der aber die Tiefe des Gefühls nicht so zu Gebote stand wie Ihnen, die sich deutlich auf Ihrem Gesicht zeigte. Wie schade, daß ich Sie nicht —", wahrscheinlich wollte er sagen: „hören kann", aber er brach ab und sagte: „Ich danke Ihnen, Fräulein, für die schöne Stunde und mögen Sie beide recht glücklich miteinander werden." Nanny war ebenfalls tief gerührt und drückte seine Hand an ihr Herz. Es entstand eine kleine Pause, dann sagte Beethoven: „Ich fühle mich doch recht angegriffen."
Wir brachen auf, zuvor aber schrieben wir noch unsern Dank nieder mit der Bitte, zu verzeihen, daß wir seine Ruhe störten, und den Wunsch, der liebe Gott möge ihm bald seine volle Gesundheit wiedergeben. Da sagte Beethoven lächelnd: „Dann schreibe ich eine Oper für euch beide. Grüßen Sie viele, viele Male Ihren Vater und Ihr liebes Mütterchen und sollte ich nochmals gesund werden, will ich Schindler beauftragen, Sie zu mir zu bringen. Adieu, mein kleiner Louis, und adieu, mein lieber Fidelio." Er drückte uns nochmals die Hand, sah uns wehmütig, aber freundlich an und wendete schließlich seinen Kopf nach der Wand. Wir gingen, leise auftretend, um ihn nicht zu stören, zur Tür hinaus und fuhren schon nach der Stadt zurück, als Nanny zuerst das Schweigen brach und sagte: „Wir haben den göttlichen Mann wohl zum letzten Male gesehen." Den gleichen Gedanken hatte ich auch. Ich gab Nanny meine Hand und wir weinten bitterlich.

Anton Schindler an Ignaz Moscheles.

Wien, 22. Februar 1827.

Schon bei Ihrem letzten Hiersein schilderte ich Ihnen Beethovens finanzielle Zustände und ahnte nicht, daß der Zeitpunkt so nahe sei, wo wir diesen würdigen Mann auf eine so jämmerliche Art seinem letzten Ende würden entgegengehen sehen. Ja, wohl kann man sagen "seinem letzten Ende"; denn wie die Sache mit seiner Krankheit gegenwärtig steht, so ist an eine Genesung gar nicht zu denken, obwohl er dies gar nicht wissen darf, aber es selbst schon ahndet.

Erst am 3. Dezember kam er mit seinem nichtswürdigen Neffen vom Lande an. Auf der Hierherreise mußte er des schlechten Wetters halber in einem elenden Wirtshause übernachten, wo er sich dermaßen eine Erkältung zuzog, daß er augenblicklich eine Lungenentzündung bekam und in diesem Zustande hier ankam. Kaum war dieselbe beseitigt, so zeigten sich auch schon alle Spuren der Wassersucht, die so heftig überhandnahm, daß er schon am 18. Dezember das erstemal mußte operiert werden, sonst wäre er geborsten. Am 8. Januar folgte die zweite Operation und am 20. Januar die dritte. Nach der zweiten und dritten ließ man das Wasser jedesmal durch elf Tage aus der Wunde fließen; allein kaum war die Wunde geheilt, so war der Andrang des Wassers ungeheuer schnell, so daß ich öfters fürchtete, er müßte, noch ehe es zur Operation kommen könnte, ersticken. Nur jetzt bemerke ich, daß der Andrang des Wassers nicht so heftig ist als früher, denn es dürften jetzt, wenn es so fortgeht, wohl noch acht bis zehn Tage bis zur vierten Operation vergehen.

Nun, Freund! denken Sie sich Beethoven in einer so fürchterlichen Krankheit mit seiner Ungeduld und überhaupt mit seinem Temperament. Denken Sie sich ihn in diese Lage versetzt durch den niederträchtigsten Menschen, seinen Neffen, zum Teil auch durch seinen Bruder; denn beide Ärzte, Herr Malfatti und Professor Wawruch, erklären den Grund der Krankheit aus den fürchterlichen Gemütsbewegungen, denen der gute Mann lange Zeit hindurch durch seinen Neffen ausgesetzt war, sowie aus dem zu langen Aufenthalt in der nassen Jahreszeit auf dem Lande, welches aber nicht leicht zu

ändern war, weil der junge Herr nicht in Wien bleiben durfte infolge eines Polizeimandates und ein Platz bei einem Regiment nicht sogleich ausfindig zu machen war. Nun ist er Kadett beim Erzherzog Ludwig und beträgt sich noch stets gegen seinen Onkel so wie früher, obwohl er jetzt so wie eh ganz von ihm lebt. Den Brief an Sir Smart schickte ihm Beethoven bereits vor vierzehn Tagen zu zur Übersetzung ins Englische, allein bis heute ist noch keine Antwort zurück, obwohl er nur einige Stationen von hier in Iglau ist.
Sollten Sie es, mein herrlicher Moscheles, in Verbindung mit Sir Smart dahin bringen, daß die Philharmonische Gesellschaft seinem Wunsche willfährt, so tun Sie gewiß dadurch die größte Wohltat: die Ausgaben in dieser langwierigen Krankheit sind außerordentlich, so zwar, daß die Vermutung, er werde in der Folge Mangel leiden müssen, ihn Tag und Nacht quält; denn von seinem abscheulichen Bruder etwas annehmen zu müssen, brächte ihm zuerst den Tod.
Wie es sich jetzt schon zeigt, so wird aus der Wassersucht eine Abzehrung, denn er ist jetzt schon nur Haut und Knochen; allein seine Konstitution wird noch sehr lange diesem entsetzlichen Ende widerstehen.
Was ihn noch sehr kränkt, ist, daß sich hier gar niemand um ihn bekümmert, und wirklich ist diese Teilnahmlosigkeit höchst auffallend. In früherer Zeit ist man in Equipagen vorgefahren, wenn er nur unpäßlich war; jetzt ist er ganz vergessen, als hätte er gar nie in Wien gelebt. Ich habe dabei die größte Plage und wünsche sehnlichst, daß es sich mit ihm bald ändern möge wie immer, denn ich verliere alle meine Zeit, da ich bloß allein mit ihm zu tun habe, weil er sonst niemand um sich haben will, und ihn in dieser ganz hülflosen Lage verlassen, wäre doch unmenschlich.
Er spricht jetzt häufig von einer Reise nach London, wenn er

gesund wird, und rechnet schon, wie wir beide am wohlfeilsten auf der Reise leben werden. Aber, du lieber Gott! die Reise wird hoffentlich weiter als nach England gehen. Seine Unterhaltung, wenn er allein ist, besteht im Lesen der alten Griechen, auch mehrere der W. Scottschen Romane hat er mit Vergnügen gelesen...

24. März 1827.

Mein guter Moscheles, wenn Sie diese Zeilen lesen, wandelt unser Freund nicht mehr unter den Lebenden. Seine Auflösung geht mit Riesenschritten und es ist nur ein Wunsch unser aller, ihn bald von diesen schrecklichen Leiden erlöst zu sehen. Nichts anderes bleibt mehr übrig. Seit acht Tagen liegt er schon beinahe wie tot, nur manchen Augenblick rafft er seine letzten Kräfte zusammen und fragt nach etwas oder verlangt etwas. Sein Zustand ist schrecklich und gerade so, wie wir es kürzlich von dem Herzog von York gelesen haben. Er befindet sich fortwährend in einem dumpfen Dahinbrüten, hängt den Kopf auf die Brust und sieht starr stundenlang auf einen Fleck, kennt die besten Bekannten selten, ausgenommen man sagt ihm, wer vor ihm steht. Kurz, es ist schauderhaft, wenn man dieses sieht, und nur noch wenige Tage kann dieser Zustand dauern; denn alle Funktionen des Körpers hören seit gestern auf. Also wills Gott, so ist er, wie wir auch mit ihm, bald erlöset. Scharenweise kommen jetzt die Menschen, um ihn noch zu sehen, obgleich durchaus niemand vorgelassen wird bis auf jene, welche keck genug sind, den sterbenden Mann noch in seinen letzten Stunden zu belästigen.
Der Brief an Sie ist bis auf wenige Worte im Eingange ganz wörtlich von ihm diktiert und wohl der letzte seines Lebens, obwohl er mir heute noch ganz abgebrochen die Worte „Smart – Stumpff – schreiben" – zuflüsterte. Wird es mög-

lich sein, daß er nur seinen Namen noch aufs Papier bringt, so wird es auch noch geschehen. — Er fühlt sein Ende, denn gestern sagte er mir und Herrn von Breuning: „Plaudite, amici, comoedia finita est!" Auch waren wir gestern so glücklich, mit dem Testamente in Ordnung zu kommen, obwohl nichts da ist als einige alte Möbel und Manuskripte. Unter der Feder hatte er ein Quintett für Streichinstrumente und die zehnte Symphonie, deren er in Ihrem Briefe erwähnt. Von dem Quintett sind zwei Stücke ganz fertig. Es war für Diabelli bestimmt. — Die Tage nach Erhalt Ihres Briefes war er äußerst aufgeregt und sagte mir viel von dem Plan der Symphonie, die jetzt um so größer ausfallen würde, weil er sie für die Philharmonische Gesellschaft schreiben werde.
Ich hätte nur sehr gewünschen, Sie hätten in Ihrem Briefe bestimmt erklärt, er könne diese Summe von 1000 Gulden nur teilweise erheben, und ich hatte es auch mit Herrn Rau so verabredet, allein Beethoven hielt sich an den Schluß des Satzes aus Ihrem Briefe. Kurz, Kummer und Sorgen waren auf einmal verschwunden, wie das Geld da war, und er sagte ganz vergnügt: „Nun können wir uns wieder manchmal einen guten Tag antun"; denn es waren nur noch 340 Gulden in der Kassette und wir beschränkten uns daher seit einiger Zeit auf Rindfleisch und Zugemüse, welches ihn mehr schmerzte als alles andere. Des anderen Tages, als Freitag, ließ er sich sogleich seine Lieblingsgerichte von Fischen machen, um nur davon naschen zu können. Kurz, seine Freude über die edle Handlung der Philharmonischen Gesellschaft artete weilenweise ins Kindische aus. Auch mußte sogleich ein großer sogenannter Großvaterstuhl angeschafft werden, der 50 Gulden kostete, in welchem er täglich wenigstens eine halbe Stunde ruht, so daß er sich das Bett ordentlich machen lassen kann. Sein Eigensinn ist aber noch immer entsetzlich und wirkt vor-

züglich auf mich sehr hart, indem er durchaus niemand um sich leiden will als mich. Und was blieb mir anders übrig als alle meine Lektionen aufzugeben, und die ganze Zeit, die ich nur immer zusammenraffen konnte, ihm zu widmen. Jedes Getränk und jede Speise muß ich vorher versuchen, ob es ihm auch nicht schädlich sein könnte. — So herzlich gerne ich dies nun auch tue, so dauert das für so einen armen Teufel, als ich bin, schon leider zu lange...

Andreas Wawruch. Ärztlicher Rückblick auf Ludwig van Beethovens letzte Lebensepoche.

Wien, den 20. Mai 1827.

Nach Mozart und Haydn sank nun auch der letzte Triumvir im Gebiete der Tonkunst Österreichs, allgemein und tief betrauert, dahin. Da ein Mann, dessen Muse die Welt hohe Achtung zollte, dessen Riesentalent und hochgefeierter Name bis an die äußersten Grenzen der zivilisierten Menschheit drang, der Geschichte seiner Kunst fortan angehört, so glaube ich mich hiermit einer heiligen Pflicht zu entledigen, wenn ich als der ihn behandelnde Arzt einige Merkwürdigkeiten aus seiner Krankheitsperiode aushebe, um sie seinen zahllosen Verehrern und Freunden darzulegen. Seltene Talente seiner Art sind gemeiniglich bis zum Hinscheiden an interessanten Momenten reich, die niemand besser als der befreundete Arzt zu sammeln vermag. Dieser kurze Aufsatz ist daher keine förmliche Krankheitsgeschichte (denn was könnte eine solche den Nichtkennern der Kunst Anziehendes bieten?), wohl aber eine einfache Erzählung der Tatsachen in bezug auf Beethovens mutvolles Dulden und fromme Ergebung, mit welcher er dem herannahenden Ende entgegenblickte.

Ludwig van Beethoven versicherte, von seiner frühesten Jugend an eine rüstige, dauerhafte, durch mancherlei erduldetes

Ungemach abgehärtete Gesundheit besessen zu haben, welche selbst durch die angestrengtesten Lieblingsarbeiten, durch ein ausdauerndes, tiefes Studium nicht im geringsten erschüttert zu werden vermochte. Von jeher sagte die einsame, nächtliche Stille seiner glühenden Phantasie am freundlichsten zu. Er schrieb daher gewöhnlich bis um drei Uhr nach Mitternacht. Ein kurzer Schlaf von vier bis fünf Stunden reichte vollkommen hin, ihn zu erquicken. Nach genossenem Frühstücke saß er wieder bis zwei Uhr nachmittags am Schreibepulte.

Doch mit dem Eintritte ins dreißigste Lebensjahr stellten sich Hämorrhoidalleiden mit einem lästigen Klingen und Sausen in beiden Ohren ein. Bald wurde er schwerhörig und obwohl er oft monatlange ungetrübte Zwischenräume besaß, wuchs sein Übel endlich zur völligen Taubheit an. Alle Versuche der Kunst blieben fruchtlos. Beinahe um dieselbe Zeit empfand Beethoven, daß die Verdauung zu leiden anfing; gestörte Eßlust brachte Unverdaulichkeit, lästiges Aufstoßen, bald hartnäckige Verstopfung, bald oftmaliges Abweichen.

Nie gewohnt, an einen ärztlichen Rat ernstlich zu denken, fing er an, geistige Getränke zu lieben, um die abnehmende Eßlust zu wecken und der Schwäche des Magens durch starken Punsch und Gefrorenes, im Übermaß genossen, durch lange, ermüdende Exkursionen zu Fuße einigermaßen aufzuhelfen. Gerade diese Änderung seiner Lebensweise hatte ihn vor etwa sieben Jahren an den Rand des Grabes geführt. Er bekam eine heftige Gedärmentzündung, die zwar der Kunst wich, jedoch in der Folge oftmalige Gedärmleiden und Kolikschmerzen veranlaßte, die auch zum Teile die spätere Entwicklung seiner tödlichen Krankheit begünstigen mußten.

Im Spätherbste des verflossenen Jahres (1826) entstand bei Beethoven der unwiderstehliche Drang, seiner wankenden Gesundheit wegen sich zur Erholung aufs Land zu begeben.

Da er seiner vollständigen Taubheit wegen jede Gesellschaft sorgfältig vermied, so war er unter den ungünstigsten Umständen Tage, ja Wochen lang sich selbst überlassen. Er schrieb oft mit seltener Ausdauer am Abhange eines Waldhügels an seinen Werken und lief dann nach beseitigter Arbeit, vom Nachdenken noch glühend und oft jeder Witterung trotzend, nicht selten selbst im rauhen Schneegestöber stundenlang in den unwirtbarsten Gegenden umher. Seine schon von Zeit zu Zeit ödematösen Füße fingen an zu schwellen und da er (seiner Beteuerung nach) jede Lebensbequemlichkeit, jede gemächliche Erquickung entbehren mußte, so nahm sein Übel schnell überhand.

Beängstigt durch die traurige Aussicht in die düstere Zukunft, im Erkrankungsfalle auf dem Lande hilflos zu sein, sehnte er sich nach Wien zurück und benützte nach seiner jovialen Aussage das elendeste Fuhrwerk des Teufels, einen Milchwagen, zur Heimkehr.

Der Dezember war rauh, naßkalt und frostig, Beethovens Bekleidung nichts weniger als der unfreundlichen Jahreszeit angemessen und doch trieb ihn eine innere Unruhe, eine düstere Unglücksahnung fort. Er war bemüßigt, in einem Dorfwirtshause zu übernachten, worin er außer dem elenden Obdache nur ein ungeheiztes Zimmer ohne Winterfenster antraf. Gegen Mitternacht empfand er den ersten erschütternden Fieberfrost, einen trockenen, kurzen Husten, von einem heftigen Durste und Seitenstechen begleitet. Mit dem Eintritte der Fieberhitze trank er ein paar Maß eiskalten Wassers und sehnte sich in seinem hilflosen Zustande nach dem ersten Lichtstrahl des Tages. Matt und krank ließ er sich auf den Leiterwagen laden und langte endlich kraftlos und erschöpft in Wien an.

Erst am dritten Tage wurde ich gerufen. Ich traf Beethoven

mit den bedenklichen Symptomen einer Lungenentzündung behaftet an: sein Gesicht glühte, er spuckte Blut, die Respiration drohte mit Erstickungsgefahr und der schmerzhafte Seitenstich gestattete nur eine quälende Rückenlage. Ein streng entzündungswidriges Heilverfahren schaffte bald die erwünschte Linderung; seine Natur siegte und befreite ihn durch eine glückliche Krise von der augenscheinlichen Todesgefahr, so daß er am fünften Tage sitzend imstande war, mir sein bisher erlittenes Ungemach mit tiefer Rührung zu schildern. Am siebenten Tage fühlte er sich so erträglich wohl, daß er aufstehen, herumgehen, lesen und schreiben konnte.

Doch am achten Tage erschrak ich nicht wenig. Beim Morgenbesuche fand ich ihn verstört, am ganzen Körper gelbsüchtig; ein schreckbarer Brechdurchfall drohte ihn die verflossene Nacht zu töten. Ein heftiger Zorn, ein tiefes Leiden über erlittenen Undank und unverdiente Kränkung veranlaßte die mächtige Explosion. Zitternd und bebend krümmte er sich vor Schmerzen, die in der Leber und in den Gedärmen wüteten, und seine bisher nur mäßig aufgedunsenen Füße waren mächtig geschwollen.

Von diesem Zeitpunkte an entwickelte sich die Wassersucht; die Urinaussonderung wurde sparsamer, die Leber bot deutliche Spuren von harten Knoten, die Gelbsucht stieg. Ein liebevolles Zureden seiner Freunde besänftigte bald den drohenden Aufruhr und der Versöhnliche vergaß jede ihm angetane Schmach. Doch rückte die Krankheit mit Riesenschritten vorwärts. Schon in der dritten Woche stellten sich nächtliche Erstickungszufälle ein; das enorme Volum der Wasseransammlung forderte schnelle Hilfe und ich fand mich bemüßigt, den Bauchstich vorzuschlagen, um dadurch der plötzlichen Berstungsgefahr vorzubeugen. Nach ein paar Augenblicken ernsten Nachsinnens willigte Beethoven in die Operation ein, um so mehr, da der zur ärztlichen Beratschlagung erbetene Ritter von Staudenheim dasselbe Mittel als unerläßlich dringend empfahl. Der Primarwundarzt des allgemeinen Krankenhauses Mag. Chir. Herr Seibert machte den Bauchstich mit der ihm gewöhnlichen Kunstfertigkeit, so daß Beethoven beim Erblicken des Wasserstromes mit einem freudigen Gefühle ausrief, der Operateur komme ihm wie Moses vor, der mit seinem Stabe auf den Felsen schlug und demselben Wasser entlockte. Die Erleichterung trat bald ein. Die Flüssigkeit betrug 25 Pfund, doch der Nachfluß gewiß fünfmal so viel.

Eine Unvorsichtigkeit, die den Wundverband des Nachts löste, vermutlich um alles enthaltene Wasser schnell zu entfernen, hätte beinahe die Freude des Besserbefindens ganz verleidet. Eine heftige rotlaufartige Entzündung stellte sich ein und wies die ersten Brandspuren, doch das sorgfältigste Trockenhalten der Wundlippen setzte dem Übel bald Schranken. Zum Glücke waren die folgenden drei Operationen ohne die geringsten Anstände.

Beethoven wußte nur zu gut, daß die Parazentese nur ein Palliativmittel biete, und machte sich daher auf das erneuerte Steigen des Wassers gefaßt, um so mehr, da die regnerische, kalte Winterszeit die Wiederkehr des Übels begünstigen und die Krankheitsursache, die in verjährten Leberleiden sowie in organischen Fehlern der Unterleibseingeweide ihren Sitz hatte, verstärken mußte.

Merkwürdig bleibt es, daß Beethoven selbst nach glücklich vollendeten Operationen fast keine Medikamente vertrug, wenn man die leicht und sanft auflösenden davon ausnimmt. Die Eßlust nahm von Tag zu Tag ab und die Kraft mußte durch den oftmaligen großen Säfteverlust bedeutend schwinden. Daher kam Dr. Malfatti, der von nun an mich mit seinem

Rate unterstützte und als langjähriger Freund Beethovens vorherrschende Neigung für geistige Getränke zu würdigen verstand, auf den Einfall, Punschgefrornes anzuraten. Ich muß eingestehen, daß diese Verordnung wenigstens ein paar Tage trefflich wirkte. Beethoven fühlte sich durch das weingeisthältige Gefrorne so mächtig erquickt, daß er gleich die erste Nacht ruhig durchschlief und mächtig zu schwitzen anfing. Er wurde munter und oft voll witziger Einfälle und träumte sogar, sein begonnenes Oratorium „Saul und David" endigen zu können.

Doch dauerte, was vorauszusehen war, seine Freude nicht lange. Er fing an die Verordnung zu mißbrauchen und sprach dem Punsche wacker zu. Das geistige Getränk verursachte bald einen heftigen Andrang des Blutes nach dem Kopfe; er wurde soporös und röchelte gleich einem im tiefen Rausche sich Befindenden, fing an irre zu reden und einigemal gesellte sich ein entzündlicher Halsschmerz mit einer Heiserkeit, ja sogar mit Stimmlosigkeit dazu. Er wurde stürmischer und als nun von der Verkühlung der Gedärme Kolik und Durchfall entstand, war es hoch an der Zeit, ihm diese köstliche Labung zu entziehen.

Unter so bewandten Umständen bei einer rasch zunehmenden Abmagerung und einem bedeutenden Sinken der Lebenskraft verfloß der Jänner, Februar und März. Beethoven prognostizierte in trüben Stunden des Selbstgefühls nach der vierten Parazentese seine herannahende Auflösung und er irrte nicht. Kein Trost vermochte ihn mehr aufzurichten und als ich ihm mit der herannahenden belebenden Frühlingswitterung Linderung seiner Leiden tröstend verhieß, entgegnete er mir lächelnd: „Mein Tagwerk ist vollbracht; wenn hier noch ein Arzt helfen könnte, his name shall be called wonderful!" — Diese betrübende Anspielung auf Händels

„Messias" ergriff mich so mächtig, daß ich in meinem Innern die Wahrheit des Ausspruches mit tiefer Rührung bestätigen mußte.

Nun rückte der unglücksschwere Tag immer näher heran. Meine schöne und oft so schwere Berufspflicht als Arzt hieß mich, den befreundeten Dulder auf den verhängnisvollen Tag aufmerksam zu machen, damit er den Pflichten des Bürgers und der Religion Genüge leiste. Mit der zartesten Schonung schrieb ich die mahnenden Zeilen auf ein Blatt Papier (denn nur so machten wir von jeher uns einander verständlich). Beethoven las das Geschriebene mit einer beispiellosen Fassung langsam und sinnend, sein Gesicht glich dem eines Verklärten; er reichte mir herzlich und ernst die Hand und sagte: „Lassen Sie den Herrn Pfarrer rufen." Nun wurde er still und nachdenkend und nickte mir sein: „Ich sehe Sie bald wieder" freundlich zu. Bald darauf verrichtete Beethoven mit frommer Ergebung, die getrost in die Ewigkeit blickt, seine Andacht und wandte sich zu den ihn umgebenden Freunden mit den Worten: „Plaudite, amici, finita est comoedia!"

Nach einigen Stunden verlor er die Besinnung, fing an komatös zu werden und zu röcheln. Am folgenden Morgen waren alle Symptome der herannahenden Auflösung da. Der 26. März war stürmisch, trüb, ein Schneegestöber mit Donner und Blitz erhob sich gegen die sechste Nachmittagsstunde. – Beethoven starb. – Würde ein römischer Augur aus dem zufälligen Aufruhr der Elemente nicht auf seine Apotheose geschlossen haben? –

Ferdinand Hiller.

Durch ein geräumiges Vorzimmer, in welchem hohe Schränke dicke, zusammengeschnürte Massen von Musikalien trugen,

kamen wir (wie pochte mir das Herz!) in Beethovens Wohnzimmer und waren nicht wenig erstaunt, den Meister dem
Anscheine nach ganz behaglich am Fenster sitzend zu finden.
Er trug einen langen, grauen, im Momente gänzlich geöff-
neten Schlafrock und hohe, bis an die Knie reichende Stiefel.
Abgemagert von der bösen Krankheit, erschien er mir, als er
aufstand, von hoher Statur; er war nicht rasiert, sein volles,
halb graues Haar fiel ungeordnet über die Schläfen. Der Ausdruck seiner Züge wurde sehr freundlich und hell, als er Hummels ansichtig wurde, und er schien sich außerordentlich mit
ihm zu freuen. Die beiden Männer umarmten einander aufs
herzlichste; Hummel stellte mich vor. Beethoven bezeigte sich
durchaus gütig und ich durfte mich ans Fenster ihm gegenüber
setzen. — Es ist bekannt, daß die mündliche Unterhaltung mit
Beethoven zum Teil schriftlich geführt wurde: er sprach, aber
diejenigen, mit welchen er sprach, mußten ihre Fragen und
Antworten aufschreiben. Zu diesem Ende lagen dicke Hefte
gewöhnlichen Schreibpapiers in Quartformat und Bleistifte
stets in seiner Nähe. Wie peinvoll mag es für den lebhaften,
sogar leicht ungeduldigen Mann gewesen sein, jegliche Antwort abwarten zu müssen, in jeder Minute des Gesprächs
eine Pause eintreten zu lassen, während welcher die Denktätig-
keit gleichsam zum Stillstand verdammt war! Auch verfolgte
er die Hand des Schreibenden mit begierigem Auge und über-
sah das Geschriebene mehr mit einem Blicke, als daß er es las.
Der Lebhaftigkeit des Gespräches tat die fortwährende schriftliche Arbeit der Besuchenden natürlich großen Eintrag. —
Ich darf es mir selbst kaum übelnehmen, wie sehr ich es auch
beklage, alle Äußerungen Beethovens damals nicht ausführ-
licher niedergeschrieben zu haben, als es geschehen, ja, ich
muß mich sogar freuen, daß der 15jährige Knabe, der zum
ersten Male sich in einer großen Stadt befand, Ruhe genug be-

hielt, um sich überhaupt Einzelheiten zu notieren. Für die vollkommenste Genauigkeit alles dessen jedoch, was ich wiederzugeben imstande bin, darf ich mit bestem Gewissen einstehen. — Das Gespräch drehte sich zu Anfang, wie üblich, um Haus und Hof, Reise und Aufenthalt, mein Verhältnis zu Hummel und was dergleichen mehr. Nach Goethes Befinden erkundigte sich Beethoven mit außerordentlicher Teilnahme und wir durften das Beste melden. Hatte mir doch noch vor wenigen Tagen der große Dichter einige freundliche, auf die Reise bezügliche Verse in mein Stammbuch geschrieben. Über sein Befinden klagte der arme Beethoven gar sehr. „Da liege ich nun schon vier Monat," rief er aus, „man verliert zuletzt die Geduld!" Auch sonst schien vieles in Wien nicht nach seinem Sinn und er äußerte sich in der schärfsten Weise über den „jetzigen Kunstgeschmack" und über den „hier alles verderbenden Dilettantismus". Auch die Regierung bis in die höchsten Regionen hinauf wurde nicht verschont. „Schreibe ein Heft Bußlieder und dediziere es der Kaiserin!" sagte er unmutig lachend zu Hummel, welcher aber von dem wohlgemeinten Rat keinen Gebrauch machte. — Hummel, der ein praktischer Mann war, benutzte den momentan günstigen Zustand Beethovens zu einer Mitteilung, welche aber längere Zeit erforderte. Der Nachdruck stand damals in der höchsten Blüte. Bei der Herausgabe eines Konzerts meines Lehrers (ich glaube, es war das in E-Dur) hatte es sich ereignet, daß das Stück, von welchem ein Exemplar aus der Offizin des rechtmäßigen Verlegers entwendet worden war, nicht allein nach-, sondern vorgestochen wurde — der Dieb veröffentlichte es nämlich früher, als es dem Eigentümer gestattet gewesen. An den hohen Bundestag wollte nun Hummel sich mit einer Bittschrift wenden, damit dem Unfuge gesetzlich gesteuert werde, und die Unterschrift Beethovens erschien ihm dabei von größter Wichtigkeit. Er setzte sich hin, den Gegenstand schriftlich zu erörtern, und mir wurde unterdessen die Ehre zuteil, das Gespräch mit Beethoven fortsetzen zu dürfen. Ich tat mein Bestes und der Meister ließ auch weiterhin seinen wehmütig-leidenschaftlichen Ergießungen in zutraulichster Weise ihren Lauf. Sie betrafen zum Teil seinen Neffen, den er sehr liebte, der ihm bekanntlich vieles Ungemach bereitet und zu jener Zeit wegen einiger Lappalien (so schien es Beethoven wenigstens anzusehen) mit den Behörden in Verdrießlichkeiten geraten war. „Die kleinen Diebe hängt man, die großen läßt man laufen!" rief er verdrießlich aus. Nach meinen Studien sich erkundigend und mich ermunternd, sagte er: „Man muß die Kunst immer fortpflanzen", und als ich von dem ausschließlichen Interesse sprach, welches damals die italienische Oper in Wien in Anspruch nahm, brach er in die denkwürdigen Worte aus: „Man sagt: vox populi, vox dei — ich habe nie daran geglaubt."

Am 13. März nahm mich Hummel zum zweiten Male mit zu Beethoven. Wir fanden seinen Zustand wesentlich verschlimmert. Er lag zu Bette, schien starke Schmerzen zu haben und stöhnte zuweilen tief auf, trotzdem sprach er viel und lebhaft. Nicht geheiratet zu haben, schien er sich jetzt sehr zu Herzen zu nehmen. Schon bei unserem ersten Besuche scherzte er mit Hummel hierüber, dessen Gattin er als junges, schönes Mädchen gekannt hatte. „Du," sagte er diesmal lächelnd zu ihm, „Du bist ein glücklicher Mensch; Du hast eine Frau, die pflegt Dich, die ist verliebt in Dich — aber ich Armer!" — und er seufzte schwer. Auch bat er Hummel, ihm doch seine Frau zu bringen, die sich nicht hatte entschließen können, den Mann, den sie auf der Höhe seiner Kraft gekannt, so wiederzusehen. Man hatte ihm kurz vorher ein Bild des Hauses geschenkt, in wel-

chem Haydn geboren worden — er hatte es in der Nähe des Bettes und zeigte es uns. „Es hat mir eine kindische Freude gemacht," sagte er — „die Wiege eines so großen Mannes!"...
Kurz nach unserm zweiten Besuche verbreitete sich in Wien die Nachricht, daß die Philharmonische Gesellschaft in London Beethoven hundert Pfund Sterling gesandt habe, um ihm sein Krankenlager zu erleichtern. Man fügte hinzu, daß diese Überraschung auf den großen armen Mann einen solchen Eindruck gemacht, daß er sich auch körperlich überaus erleichtert fühle. Als wir am 20. wieder an seinem Bette standen, ging zwar aus seinen Äußerungen hervor, wie sehr jene Aufmerksamkeit ihn erfreut, aber er war überaus schwach und sprach nur leise und in abgebrochenen Sätzen. „Ich werde wohl bald nach oben machen", flüsterte er nach unserer Begrüßung. Ähnliche Ausrufungen kamen öfters wieder; — dazwischen aber sprach er von Entwürfen und Hoffnungen, die sich freilich leider nicht realisieren sollten. Von dem edlen Gebaren der Philharmonischen Gesellschaft redend und die Engländer preisend, meinte er, sobald es besser mit ihm stehe, die Reise nach London anzutreten. „Ich will ihnen eine große Ouvertüre komponieren und eine große Symphonie." Und dann wollte er Frau Hummel auch besuchen (sie war mitgekommen) und sich, ich weiß nicht mehr, wo überall, aufhalten. Ihm etwas aufzuschreiben, kam uns nicht in den Sinn. Sein Auge, welches das letztemal, als wir ihn gesehen, noch ziemlich lebendig gewesen, fiel heute zusammen und es wurde ihm schwer, sich von Zeit zu Zeit aufzurichten. Man konnte sich keiner Täuschung mehr hingeben — das Schlimmste stand zu befürchten.
Trostlos aber war der Anblick des außerordentlichen Mannes, als wir ihn am 23. März wieder aufsuchten — es sollte das letztemal sein. Matt und elend lag er da, zuweilen leise seuf-

zend. Kein Wort mehr entfiel seinen Lippen — der Schweiß stand ihm auf der Stirn. Als er zufällig sein Schnupftuch nicht gleich zur Hand hatte, nahm Hummels Gattin ihr feines Batistläppchen und trocknete ihm mehrmals das Antlitz damit. Nie werde ich den dankbaren Blick vergessen, mit welchem sein gebrochenes Auge dann zu ihr hinansah. — Während wir am 26. März im kunstliebenden Hause des Herrn von Liebenberg (der früher Schüler von Hummel gewesen) in heiterer Gesellschaft weilten, wurden wir zwischen fünf und sechs Uhr durch ein starkes Gewitter überrascht. Ein dickes Schneegestöber wurde von heftigen Donnerschlägen und den Saal durchleuchtenden Blitzen begleitet.
Wenige Stunden später kamen Gäste an mit der Nachricht, Ludwig van Beethoven sei nicht mehr — er war um fünfdreiviertel Uhr verschieden.

Rau an Ignaz Moscheles.

Wien, 17. März 1827.

Lieber Freund!

Nach einer sehr bedeutenden Augenentzündung, die mich drei Wochen hindurch zwischen den vier Wänden meiner Kammer gefangen hielt, bin ich, gottlob! wieder so weit hergestellt, daß ich, obschon mit Mühe und Anstrengung, die Feder wieder führen darf. Errate, was Du nicht lesen kannst, und habe Nachsicht mit der Undeutlichkeit meiner Schrift.

Dein Schreiben, welches ich zugleich mit den für Beethoven überschickten 100 Pfund richtig empfing, setzte uns in ebenso großes Staunen als Bewunderung. Der große, in ganz Europa mit Recht verehrte, hochgepriesene Mann, der edelste, gutherzigste Mensch liegt in Wien in der größten Not auf seinem Krankenlager zwischen Leben und Tod! und dies müssen wir von London aus erfahren; von dort eilt man, ihm sein Elend, seinen Kummer zu mildern, ihn mit Hochherzigkeit vor Verzweiflung zu retten. Ich fuhr auf der Stelle zu ihm, um mich von seiner Lage zu überzeugen und ihm die bevorstehende Hilfe anzuzeigen. Es war herzzerreißend, ihn zu sehen, wie er seine Hände faltete und sich beinahe in Tränen der Freude und des Dankes auflöste. Wie belohnend und beseligend wäre es für euch, ihr großmütigen Menschen, gewesen, wenn ihr Zeugen dieser höchst rührenden Szene hättet sein können!

Ich fand den armen Beethoven in der traurigsten Lage, mehr einem Skelette als einem lebenden Wesen ähnlich. Die Wassersucht hat so sehr um sich gegriffen, daß er schon vier bis fünfmal abgezapft werden mußte. Er ist in ärztlicher Beziehung in den Händen des Dr. Malfatti, also gut versorgt. Malfatti gibt ihm wenige Hoffnung. Wie lange sein gegenwärtiger Zustand noch dauern oder ob er überhaupt gerettet werden kann, läßt sich nicht bestimmen. Indes hat die Anzeige der eingetretenen Hilfe eine merkwürdige Veränderung zur Folge gehabt. Durch die freudige Gemütsbewegung veranlaßt, sprang in der Nacht eine der vernarbten Punktionen auf und alles Wasser, das sich seit vierzehn Tagen gesammelt hatte, floß von ihm. Als ich ihn des anderen Tages besuchte, war er auffallend heiter, fühlte sich wunderbar erleichtert. Ich eilte zu Malfatti, um ihn hiervon in Kenntnis zu setzen. Er hielt dieses Ereignis für sehr beruhigend. Man wird ihm auf einige Zeit eine Halbsonde applizieren, um diese Wunde offen zu erhalten und dem Andrange des Wassers freien Abfluß zu verschaffen. Gott gebe seinen Segen!

Mit seiner häuslichen Umgebung und Bedienung, die in einer Köchin und einem Dienstmädchen besteht, ist Beethoven zufrieden. Sein Freund, unser bekannter, braver Schindler, speist täglich bei ihm und sorgt in dieser Beziehung sehr freundschaftlich und redlich für ihn. Schindler besorgt Beethovens Korrespondenz und bestreitet so viel möglich seine Auslagen.

Hier beiliegend empfängst Du, lieber Freund, eine von Beethoven ausgestellte Quittung über die ihm eingehändigten 1000 Gulden Konventionsmünze. Als ich ihm den Vorschlag machte, nur 500 Gulden auf einmal zu übernehmen und den Rest von 500 Gulden beim Herrn Baron von Eskeles in sicherer Verwahrung zu lassen, bis er ihrer bedürfe, gestand er mir offenherzig, daß er, als ihm die Unterstützung von 1000 Gulden gleichsam wie vom Himmel zufloß, eben in der peinlichen Lage war, Geld aufnehmen zu müssen. Ich übergab ihm also seinem dringenden Wunsche gemäß die ganze Summe von 100 Pfund oder 1000 Gulden Konventionsmünze.

Auf welche Art Beethoven der Philharmonischen Gesellschaft seinen Dank abzustatten gedenkt, wird er in einem eigenen Schreiben an sie kund machen. Kannst Du Beethoven in der Folge nützlich sein und ich Dir hierzu meine Hand bieten, zähle auf meinen Eifer und meine Bereitwilligkeit...

Wien, den 28. März 1827.
Lieber Freund!

Beethoven ist nicht mehr; er verschied den 26. März abends zwischen 5 und 6 Uhr – unter dem herbsten Todeskampf und schrecklichen Leiden. Er war jedoch schon den Tag zuvor ohne alle Besinnung.

Nun ein Wörtchen von seiner Verlassenschaft. Aus meinem letzten Schreiben hast Du erfahren, daß Beethoven nach seiner eigenen Äußerung sich ohne Hilfe, ohne Geld, folglich in der größten Not befinde. Allein bei der Inventur, bei welcher ich gegenwärtig war, fand man in einem alten, halbvermoderten Kasten sieben Stück Bankaktien.

Ob Beethoven sie absichtlich verheimlichte (denn er war sehr mißtrauisch und hoffte eine baldige Wiedergenesung) oder ob er es selbst nicht wußte, daß er sie besitze, ist ein Problem, das ich nicht zu lösen vermag. – Die von der Philharmonischen Gesellschaft überschickten 1000 Gulden Konventionsmünze fanden sich noch unberührt vor. Ich reklamierte sie Deiner Erklärung gemäß, mußte sie jedoch bis zur näheren Verfügung von der Philharmonischen Gesellschaft beim Magistrate deponieren. Daß die Leichenkosten aus diesem Gelde bestritten werden, konnte ich ohne Einwilligung von der Gesellschaft nicht zugestehen. Ich erlaube mir aber die Bitte, wenn von dort etwas erwirkt werden dürfte, daß es zugunsten der zwei armen Dienstleute, die den Kranken mit unendlicher Geduld, Liebe und Treue pflegten, geschehen möge, da ihrer im Testamente mit keinem Worte erwähnt wurde. Der Neffe von Beethoven ist Universalerbe. – Über das von Beethoven der Philharmonischen Gesellschaft zugedachte Geschenk wird Dir Herr Schindler seinerzeit das Nähere mitteilen. Schreibe mir bald und bestimmt, was ich zu tun habe, und sei von meiner Pünktlichkeit überzeugt. Den 29. dieses wird Beethoven begraben. Es erging eine Einladung an alle Künstler, Kapellen und Theater. Zwanzig Virtuosen und Compositeurs werden die Leiche mit Fackeln begleiten. Grillparzer hat einen äußerst rührenden Sermon verfertigt, den Anschütz am Grabe sprechen wird. Überhaupt ist die Einleitung zu einer feierlichen, des Verstorbenen würdigen Beerdigung getroffen worden...

Anton Schindler an Ignaz Moscheles.

Wien den, 4. April 1827.

Mein edler Freund!

Ich finde mich veranlaßt, abermals an Sie zu schreiben, um beiliegenden Brief an Sir Smart sicher zu wissen. Er enthält

Beethovens letzten Dank an Smart, Stumpff und an die
Philharmonische Gesellschaft sowie an die ganze englische
Nation, um welches er mich noch in den letzten Augenblicken
seines Lebens innigst gebeten hat. Ich bitte Sie recht sehr,
ihm denselben bald einzuhändigen. Herr Lewinger von der
englischen Gesandtschaft hat die Güte gehabt, ihn gleich ins
Englische zu übersetzen. —

Also erst am 26. März um $^3/_4$ auf sechs Uhr nachmittags
während eines großen Gewitters hauchte unser unsterblicher
Freund seine große Seele aus. Vom 24. gegen Abend bis
zum letzten Hauche war er beinahe stets in delirio. Doch ver‑
gaß er selbst in dem furchtbaren Kampfe zwischen Leben und
Tod der Wohltat der Philharmonischen Gesellschaft nicht, wenn
er nur einen lichten Augenblick hatte, und pries die englische
Nation, die ihm stets so viel Aufmerksamkeit bewies.

Sein Leiden war unbeschreiblich groß, vorzüglich seit dem,
daß die Wunde von selbst aufsprang und die Entleerung von
Wasser so plötzlich erfolgte. — Seine letzten Tage waren über‑
aus merkwürdig und sein großer Geist bereitete sich mit einer
wahrhaft Sokratischen Weisheit zum Tode. Ich werde dies
wahrscheinlich auch niederschreiben und öffentlich bekannt‑
machen, denn es ist für seine Biographen von unschätzbarem
Wert.

Das Leichenbegängnis war nur das eines großen Mannes.
Bei 30,000 Menschen wogten auf den Glacis und in den
Straßen, wo der Zug gehen sollte. Kurz, dies läßt sich gar
nicht beschreiben. Denken Sie an das Praterfest beim Kon‑
greß im Jahre 1814 und Sie haben eine Vorstellung davon.
Acht Kapellmeister trugen die Enden des Leichentuches, dar‑
unter Eybler, Weigl, Gyrowetz, Hummel, Seyfried usw.
36 Fackelträger, darunter Grillparzer, Castelli, Haslinger,
Steiner usw.

Gestern war Mozarts Requiem in der Augustinerkirche für ihn. Die große Kirche faßte nicht alle Menschen, die sich hineindrängten. Lablache sang den Baß. Das Gremium der Kunsthändler veranlaßte diese Totenfeier.

Sie haben den letzten Brief von Beethoven, den vom 18. März, und Schott in Mainz seine letzte Unterschrift.

An mobilem Vermögen fanden sich sieben Bankaktien und einige hundert Gulden Wiener Währung. Und nun schreien und schreiben die Wiener laut und öffentlich, er bedurfte nicht der Hilfe einer fremden Nation usw., bedenken aber nicht, daß Beethoven, 56 Jahr alt und nervös, Ansprüche machen konnte, 70 Jahre alt zu werden. Wenn er nun jahrelang nichts arbeiten sollte, wie es ihm seine Ärzte sagten, so war er ja gezwungen, eine Aktie nach der anderen zu verkaufen, und wieviel Jahre konnte er denn von sieben Aktien leben, ohne in die größte Not zu kommen! Kurz, lieber Freund! ich und Herr Hofrat von Breuning ersuchen Sie recht sehr, wenn sich derlei abscheuliche Räsonnements bis nach England verbreiten sollten, es den Manen Beethovens zulieb zu tun und die Briefe, die Sie von Beethoven hierüber haben, in einem der gelesensten deutschen Blätter, z. B. in der Augsburger Allgemeinen Zeitung, öffentlich bekanntzumachen, welches die Philharmonische Gesellschaft auf ihre eigene Veranlassung tun könnte, damit man diese Skribler hier eines beffern belehre. Die Philharmonische Gesellschaft hat die Ehre, diesen großen Mann von ihrem Gelde beerdigt zu haben, denn ohne dieses konnten wir es nicht anständig tun.

Alles schrie: „Welche Schande für Österreich! Das soll man nicht angehen lassen, alles wird dazu beitragen!" Allein es blieb beim Schreien. Der Musikverein beschloß den Tag nach der Beerdigung ――― ihm ein Requiem halten zu lassen, und dies ist alles. Wir aber vom Kärntnertor werden noch im

Laufe des April eine große Akademie veranstalten, um ihm einen hübschen Leichenstein machen zu lassen.
Noch muß ich Ihnen melden, daß der Totengräber von Währing, wo er begraben liegt, gestern bei uns war und meldete, daß man ihm mittelst eines Billetts, welches er zeigte, 1000 Gulden Konventionsmünze anbot, wenn er den Kopf von Beethoven an einem bestimmten Ort deponiere. Die Polizei ist dieserhalb schon mit der Ausforschung beschäftigt. — Das Leichenbegängnis kostete etwas über 300 Gulden Konventionsmünze. Freund Rau wird Ihnen schon darüber geschrieben haben. Wollte die Philharmonische Gesellschaft das übrige Geld hier lassen und z. B. mir auch einen kleinen Teil davon schenken, so würde ich es als Legat von meinem Freunde Beethoven betrachten; denn ich habe wirklich nicht das allermindeste Andenken an ihn, so wie niemand, denn der Tod überraschte ihn und uns, die wir um ihn waren...
Die Verwandten Beethovens haben sich gegen das Ende auf das niederträchtigste benommen: er war noch nicht ganz tot, so kam schon sein Bruder und wollte alles fortschleppen, selbst die 1000 Gulden aus London, allein wir haben ihn gerade zur Türe hinausgeworfen. Solche Szenen gingen am Sterbebette Beethovens vor. Machen Sie doch die Philharmonische Gesellschaft auf die goldene Medaille von Ludwig XVIII. aufmerksam: sie wiegt 50 Dukaten und wäre das schönste Andenken an diesen großen Mann...

Wien, den 11. April 1827.
Mein edler Freund!
Sie werden erschrecken über die vielen und noch dazu dickleiben Briefe. Aber Bester! leset! und staunet! — Um Ihre, unseres Freundes Beethoven und die Ehre der Philharmonischen Gesellschaft zu retten, blieb uns nichts übrig als Ihnen

alles genau und umständlich zu berichten. – Schon in meinem letzten Brief habe ich Ihnen gemeldet, daß man hier schreit und schreibt über die edle Handlung der Gesellschaft. Nun aber enthält die Allgemeine Zeitung einen Artikel, der jeden aufs höchste empören muß. Wir haben es für Pflicht gehalten, darauf zu antworten, und Hofrat Breuning übernahm es, diesen hier beiliegenden Artikel der Wahrheit gemäß abzufassen, und Pilat schickt ihn selbst noch heute dem Redakteur der Allgemeinen Zeitung. – Ohne den Artikel der Allgemeinen Zeitung zu kennen, werden Sie beim Durchlesen unserer Antwort sogleich den Inhalt und den Zweck desselben erraten. Ihnen und Smart bleibt nun noch übrig, Ihre Briefe ebenfalls in der Allgemeinen Zeitung öffentlich bekanntzumachen, damit dieses Kanaillenvolk recht tüchtig gedemütigt werde. Unser Aufsatz, meint Rau und Pilat, ist zu höflich; allein wir beide, Breuning und ich, dürfen keiner so die Wahrheit darüber sagen, wie wir wünschten und man es der Welt schuldig wäre; denn ohnehin habe ich mir schon als Freund Beethovens und als Verteidiger seiner Sache viele Feinde gemacht; allein es wäre niederträchtig von mir, daß ich stilleschweigen sollte, wenn sein Andenken noch im Grabe beschimpft und seine wohlmeinenden Freunde für ihr edles Bestreben sollten öffentlich angegriffen werden.

Ich schrieb Ihnen schon letzthin, daß die Philharmonische Gesellschaft in ihrem Namen sich durch die Bekanntmachung von Ihren und Smarts Briefen in die Schranken stellen sollte, und jetzt ist es nicht nur mein, sondern unser aller Wunsch. – Die Philharmonische Gesellschaft soll sagen, daß man gut in London wisse, daß Beethoven nach seiner ersten Akademie im Kärntnertortheater vor zwei Jahren nach Abschlag aller Unkosten, wozu auch die 1000 Gulden kommen, welche er der Administration für das Theater bezahlen mußte, nur 300 Gulden

Wiener Währung übrigblieben; denn kein einziger der Abonnenten bezahlte ihm für seine Loge nur einen Heller und nicht einmal der Hof ließ sich in dieser Akademie sehen, obwohl Beethoven unter meiner Begleitung alle Glieder des kaiserlichen Hauses persönlich einlud. Alle versprachen zu kommen und am Ende erschienen sie nicht nur nicht, sondern überschickten ihm auch nicht einen Groschen, welches doch bei dem allergewöhnlichsten Benefizianten nicht zu geschehen pflegt.

Bei seinem zweiten Konzerte im selben Monate im Reboutensaal mußte die Administration, die es für ihre Rechnung unternahm, bei 300 Gulden Konventionsmünze darauf bezahlen und ich hatte die größte Mühe, Beethoven abzuhalten, daß er nicht dieses Defizit von denen ihm von der Administration für dieses Konzert garantierten 500 Gulden Konventionsmünze bezahlte, indem es ihn aufs tiefste schmerzte, daß die Administration durch ihn sollte einen Schaden leiden.

Bei der Subskription für seine letzte große Messe wollte hier niemand, auch der Hof nicht, subskribieren und andere unzählige Niederträchtigkeiten und Erniedrigungen, die der arme Mann erfahren mußte. Dies alles sollte jetzt bekanntgemacht werden, weil jetzt die beste Veranlassung dazu ist.

Ganz Wien wußte es, daß Beethoven schon zwei, dann drei Monate krank liege, und niemand bekümmerte sich weder um sein Befinden noch um seine ökonomischen Verhältnisse. Hätte er also nach solchen traurigen Erfahrungen hier noch Hilfe suchen sollen? Und bei Gott! hätte die Philharmonische Gesellschaft durch ihr edles Geschenk nicht den Impuls gegeben und die Wiener aufgeregt, Beethoven wäre gestorben und so begraben worden wie Haydn, hinter dessen Bahre fünfzehn Menschen gingen.

Mit der Akademie, die der gesamte Körper unseres Theaters für das Grabmonument geben will, sieht es so aus. Der Normatag nach Ostern ist in diese Woche verlegt worden, folglich kämen mehr in diesem Monate. Das Konzert am Mittage zu geben, rät Weigl nicht, so wie er auch vorschlägt, diesen Plan erst im nächsten Herbst auszuführen. Allein bis dahin ist der wenige Eifer ganz erkaltet und niemand denkt mehr daran, etwas dafür zu tun.

Auch über die ärztliche Behandlung muß ich Ihnen etwas sagen. Gleich am Anfange der Krankheit ließ Beethoven seine früheren Ärzte bitten, sich seiner anzunehmen. Dr. Braunhofer ließ sich entschuldigen, daß ihm der Weg bis zu ihm zu weit sei, und Dr. Staudenheim kam endlich nach dreitägigem Bitten, aber er blieb aus und kam nicht zum zweiten Male. Er mußte sich daher einem Professor des allgemeinen Krankenhauses anvertrauen, den er noch auf eine höchst sonderbare Art erhielt. Nämlich der Kaffeesieder Gehringer auf dem Kohlmarkte hatte einen kranken Dienstboten, den er gern diesem Professor auf seine Klinik übergeben wollte; er schrieb deshalb diesem Professor Wawruch, daß er ihn aufnehmen möchte, und ersuchte ihn zugleich, zu Beethoven zu gehen, der eines Arztes bedürfe, und nur zu sagen, er schicke ihn hin. Nach längerer Zeit konnte ich erst erforschen, daß der liebenswürdige Neffe Karl van Beethoven, während er eines Tages dort Billard spielte, dem Kaffeesieder diesen Auftrag erteilte. — Der Professor kannte weder Beethoven noch seine Natur und behandelte ihn daher ganz schulmäßig, ließ ihn die ersten vier Wochen nur allein 72 Flaschen Medizin nehmen, manchen Tag drei verschiedene, so daß Beethoven schon in den ersten Tagen des Jänners mehr tot als lebend war. Endlich konnte ich diesem Unheile nicht länger mehr zusehen und ging ohne weiteres zu Dr. Malfatti, der ehemals sein Freund war. Dieser ließ sich lange Zeit bitten und Beethoven selbst bat ihn bei dem erſten Conſilio, um Gottes willen ſich ſeiner anzunehmen. Allein Malfatti wendete ein, er könne dies aus Rückſicht für den anderen Arzt nicht tun, und kam die Woche ein-, höchſtens zweimal zum Conſilio, bis er in den letzten acht Tagen täglich kam.

Kurz, zu Ihnen kann und darf ich es ſagen: Beethoven iſt als Opfer der abſcheulichſten Niederträchtigkeit und Unwiſſenheit wenigſtens zehn Jahr zu früh ins Grab gegangen. Doch die nähere Aufklärung über alles dieſes bleibt einer ſpäteren Zeit vorbehalten.

Hummel iſt am 9. wieder nach Weimar zurückgereiſt. Er hatte ſeine Frau und ſeinen Schüler, einen Herrn Hiller aus Frankfurt, mit hier. Letzterer grüßt Sie recht ſehr, ebenſo auch Hummel.

Die Auslagen für die Leiche ſind denn jetzt beinahe beendigt und betragen bei 330 Gulden Konventionsmünze.

Ich hätte Ihnen noch ſehr, ſehr viel zu ſagen, allein ich muß ſchließen. Freund Lewinger grüßt Sie beide herzlich; er iſt ſo gütig, dieſen Brief durch Rothſchild zu expedieren. Auch Rau grüßt Sie. Schreiben Sie uns nur recht bald. An Herrn Stumpff alles erdenkliche Schöne und melden Sie ihm, daß es Beethovens Wille war, ihm eines ſeiner neueſten Werke zu dedizieren. Dies ſoll auch geſchehen, wenn wir nur einiges finden, was ganz iſt...

Anton Schindler an Schotts Verlag.   Wien, am 12. April 1827.

Gerne ſchon hätte ich mir die Freiheit genommen, Ihnen im Namen unſers verewigten Beethoven, der mich noch auf dem Sterbebette damit beauftragte, das hier beiliegende Dokument zu übermachen; allein der Geſchäfte gab es ſo viele nach dem Hinſcheiden meines Freundes, daß früher an dieſes gar nicht gedacht werden konnte. — Leider war es nicht möglich, dieſes

Dokument legalisieren zu lassen: in diesem Falle hätte die Unterschrift Beethovens vor Gericht geschehen müssen und dies war denn doch die größte Unmöglichkeit. Indessen ersuchte Beethoven Herrn Hofrat von Breuning und mich, selbes als Zeugen mitzufertigen, weil wir beide zugegen waren. Und so, glauben wir, wird es auch seine erforderlichen Dienste tun. — Bemerken muß ich Ihnen aber noch, daß Sie in diesem Dokumente die letzte Unterschrift dieses unsterblichen Mannes besitzen; denn dies war sein letzter Federzug. —

Ich kann mich nicht enthalten, Ihnen zugleich etwas aus den letzten Stunden seines Bewußtseins (nämlich am 24. März von früh bis gegen 1 Uhr nachmittags) zu melden, da es grade für Sie, meine Herren, von nicht geringem Interesse sein dürfte.

Nachdem ich am Morgen des 24. März zu ihm kam, fand ich sein ganzes Gesicht zerstört und ihn so schwach, daß er sich mit größter Anstrengung nur mit höchstens zwei bis drei Worten verständlich machen konnte. Gleich darauf kam der Ordinarius, der, nachdem er ihn einige Augenblicke beobachtete, zu mir sagte: Beethoven gehe mit schnellen Schritten der Auflösung nahe! Da wir nun die Sache mit seinem Testamente schon tags vorher, so gut es immer ging, beendigt hatten, so blieb uns nur noch ein sehnlicher Wunsch übrig, ihn mit dem Himmel auszusöhnen, um auch der Welt zugleich zu zeigen, daß er als wahrer Christ sein Leben endigte. Der Professor Ordinarius schrieb ihm also auf und bat ihn im Namen aller seiner Freunde, sich mit den heiligen Sterbsakramenten versehen zu lassen, worauf er ganz ruhig und gefaßt antwortete: „Ich wills!" — Der Arzt ging fort und überließ mir, dies zu besorgen. Beethoven sagte mir dann: „Ich bitte Sie nur noch um das, an Schott zu schreiben und ihm das

Dokument zu schicken. Er wirds brauchen. Und schreiben Sie ihm in meinem Namen, denn ich bin zu schwach: ich laß ihn recht sehr bitten um den versprochenen Wein. – Auch nach England schreiben Sie, wenn Sie heute noch Zeit haben."
Der Pfarrer kam gegen 12 Uhr und die Funktion ging mit der größten Auferbauung vorüber – und nun erst schien er an sein letztes Ende selbst zu glauben, denn kaum war der Geistliche draußen, als er mir und dem jungen Herrn von Breuning sagte: „Plaudite, amici; comoedia finita est! – Habe ichs nicht immer gesagt, daß es so kommen wird?" – Darauf bat er mich nochmals, nicht an Schott zu vergessen und auch der Philharmonischen Gesellschaft nochmals in seinem Namen für das große Geschenk zu danken mit dem Beisatze, daß die Gesellschaft ihm seine letzten Lebenstage erheitert habe und daß er noch am Rande des Grabes der Gesellschaft und der ganzen englischen Nation danken werde! – Gott wolle sie segnen! u. dgl.
In diesem Augenblicke trat der Kanzleidiener des Herrn Hofrat von Breuning mit dem Kistchen Wein und dem Tranke, von Ihnen geschickt, ins Zimmer. Dies war gegen $3/4$ auf 1 Uhr. Ich stellte ihm die zwei Bouteillen Rüdesheimer und die andern zwei Bouteillen mit dem Tranke auf den Tisch zu seinem Bette. Er sah sie an und sagte: „Schade! – Schade! – – zu spät!" – Dies waren seine allerletzten Worte. – Gleich darauf verfiel er in solche Agonie, daß er keinen Laut mehr hervorbringen konnte.
Gegen Abend verlor er das Bewußtsein und fing an zu phantasieren. Dies dauerte fort bis den 25. abends, wo schon sichtbare Spuren des Todes sich zeigten. Dennoch endete er erst den 26. um $3/4$ auf 6 Uhr abends. –
Dieser Todeskampf war furchtbar anzusehen, denn seine Natur überhaupt, vorzüglich seine Brust war riesenhaft. Von

Ihrem Rüdesheimer Weine genoß er noch löffelweise bis zu seinem Verscheiden.

So teile ich Ihnen mit wenigem die drei letzten Lebenstage unsers unvergeßlichen Freundes mit...

Anselm Hüttenbrenner an Alexander Wheelock Thayer.
Hallerschloß zu Graz, am 20. August 1860.
Euer Wohlgeboren!
Sehr lieber und geehrter Freund!
Ihr wertes Schreiben aus Wien vom 17. Juli b. J. hat mich sehr erfreut. Obschon mir das Korrespondieren nicht mehr so leicht vonstatten geht wie vor 30 Jahren und ich mich ungerne an traurige Begebenheiten erinnere, in die ich einst mitverflochten war, so will ich doch Ihrem Wunsche nachkommen und über Beethovens letzte Momente als Augenzeuge so viel zu Papier bringen, als mir nach 33 Jahren in noch ziemlich deutlicher Erinnerung verblieben ist. Oft wollte ich über diesen Gegenstand einen Aufsatz in irgendein Blatt liefern, kam aber nie zur Ausführung dieses Vorhabens, weil ich mir selbst so viel als möglich ausweiche und höchst ungern von mir und meinen Erlebnissen eine Erwähnung mache.

Als ich am 26. März 1827 gegen 3 Uhr nachmittags in Beethovens Schlafzimmer trat, fand ich da den Herrn Hofrat Breuning, dessen Sohn und die Frau van Beethoven, Gattin des Johann van Beethoven, Gutsbesitzers und Apothekers aus Linz, dann meinen Freund Joseph Teltscher, Porträtmaler.

Ich glaube, daß auch Herr Professor Schindler anwesend war. Genannte Herren verließen nach einer Weile den mit dem Tode ringenden Tondichter und hegten wenig Hoffnung, ihn bei ihrer Wiederkehr noch lebend anzutreffen.

In den letzten Lebensaugenblicken Beethovens war außer

der Frau van Beethoven und mir niemand im Sterbezimmer anwesend. Nachdem Beethoven von 3 Uhr nachmittag an, da ich zu ihm kam, bis nach 5 Uhr röchelnd im Todeskampfe bewußtlos dagelegen war, fuhr ein von einem heftigen Donnerschlage begleiteter Blitz hernieder und erleuchtete grell das Sterbezimmer (vor Beethovens Wohnhause lag Schnee). Nach diesem unerwarteten Naturereignisse, das mich gewaltig frappierte, öffnete Beethoven die Augen, erhob die rechte Hand und blickte starr mit geballter Faust mehrere Sekunden lang in die Höhe mit sehr ernster, drohender Miene, als wollte er sagen: „Ich trotze euch, ihr feindlichen Mächte! Weichet von mir! Gott ist mit mir!" Auch hatte es den Anschein, als wollte er wie ein kühner Feldherr seinen zagenden Truppen zurufen: „Mut, Soldaten! Vorwärts! Vertrauet auf mich! Der Sieg ist uns gewiß!"

Als er die erhobene Hand wieder aufs Bett niedersinken ließ, schlossen sich seine Augen zur Hälfte. Meine rechte Hand lag unter seinem Haupte, meine Linke ruhte auf seiner Brust. Kein Atemzug, kein Herzschlag mehr! Des großen Tonmeisters Genius entfloh aus dieser Trugwelt ins Reich der Wahrheit. Ich drückte dem Entschlafenen die halbgeöffneten Augen zu, küßte dieselben, dann auch Stirne, Mund und Hände. Frau van Beethoven schnitt auf mein Ersuchen eine Haarlocke vom Haupte des Dahingeschiedenen und übergab sie mir zum heiligen Angedenken an Beethovens letzte Stunde.

Darauf eilte ich tief bewegt in die Stadt, teilte dem Herrn Tobias Haslinger die Nachricht von Beethovens Tode mit und kehrte nach einigen Stunden in meine Heimat Steiermark zurück.

Beethovens Persönlichkeit war mehr abstoßend als anziehend, doch der hohe Geist, der in seinen wunderherrlichen Tonschöpfungen weht, macht auf das Gemüt jedes höher gebilbeten Musikfreundes einen gewaltigen, unwiderstehlichen, magischen Eindruck. Man muß Beethoven hochachten, lieben und bewundern!

Es ist nicht wahr, daß ich Beethoven gebeten haben solle, sich mit den Sterbsakramenten versehen zu lassen; wohl aber veranlaßte ich auf Ersuchen der Gattin des verstorbenen Musikverlegers Herrn Tobias Haslinger, daß Beethoven von Jenger und von der Gutsbesitzerin Frau van Beethoven auf die zarteste Weise gebeten wurde, sich durch den Genuß des heiligen Abendmahles zu stärken. Daß Beethoven zu mir (der ich bei dem Ausspenden der Sterbsakramente am 24. März 1827 vormittag gar nicht zugegen war) die Worte: „Plaudite, amici! Comoedia finita est!" gesprochen haben solle, ist eine reine Erfindung. Auch zu anderen hat Beethoven sicherlich keine solche, seinem biederen Charakter zuwiderlaufende Äußerung getan. Wohl aber erzählte mir Frau van Beethoven am Todestage ihres Schwagers, daß er nach dem Empfange der Sterbsakramente zum Pfarrer gesprochen habe: „Geistlicher Herr! Ich danke Ihnen! Sie haben mir Trost gebracht!"

Das muß ich übrigens dem Herrn Johann van Beethoven und seiner Gattin sowie dem Herrn Professor Schindler nachrühmen, daß sie gegen mich sehr freundlich und gefällig waren.

In der Anhoffnung, Sie, geehrtester Freund, vor Ihrer Rückreise nach Amerika noch einmal in Graz zu sehen und zu umarmen, verbleibe ich mit vorzüglicher Hochachtung Ihr treu ergebenster Freund

Anselm Hüttenbrenner m. p.

Nachschrift. Wollen Sie nun, verehrter Freund, sich mit dem begnügen, was ich Ihnen – und nur Ihnen – über Beethoven in diesem Briefe mitteile. Es sind wahrscheinlich die letzten Zeilen, die ich in musikalischer Beziehung schreibe.

Franz Grillparzers Grabrede.

Indem wir hier am Grabe dieses Verblichenen stehen, sind wir gleichsam die Repräsentanten einer ganzen Nation, des deutschen gesamten Volkes, trauernd über den Fall der einen hochgefeierten Hälfte dessen, was uns übrigblieb von dem dahingeschwundenen Glanz heimischer Kunst, vaterländischer Geistesblüte. Noch lebt zwar – und möge er lange leben! – der Held des Sanges in deutscher Sprache und Zunge; aber der letzte Meister des tönenden Liedes, der Tonkunst holder Mund, der Erbe und Erweiterer von Händel und Bachs, von Haydn und Mozarts unsterblichem Ruhme hat ausgelebt und wir stehen weinend an den zerrissenen Saiten des verklungenen Spiels.

Des verklungenen Spiels! Laßt mich ihn so nennen! Denn ein Künstler war er und was er war, war er nur durch die Kunst. Des Lebens Stacheln hatten tief ihn verwundet und wie der Schiffbrüchige das Ufer umklammert, so floh er in deinen Arm, o du des Guten und Wahren gleichherrliche Schwester, des Leides Trösterin, von oben stammende Kunst. Fest hielt er an dir und selbst als die Pforte geschlossen war, durch die du eingetreten bei ihm und sprachst zu ihm, als er blind geworden war für deine Züge durch sein taubes Ohr, trug er noch immer dein Bild im Herzen und als er starb, lags noch auf seiner Brust.

Ein Künstler war er und wer steht auf neben ihm?

Wie der Behemot die Meere durchstürmt, so durchflog er die Grenzen seiner Kunst. Vom Girren der Taube bis zum Rollen des Donners, von der spitzfindigsten Verwebung eigensinniger Kunstmittel bis zu dem furchtbaren Punkt, wo das Gebildete übergeht in die regellose Willkür streitender Naturgewalten, alles hatte er durchmessen, alles erfaßt. Der nach ihm kommt, wird nicht fortsetzen, er wird anfangen müssen, denn sein Vorgänger hörte nur auf, wo die Kunst aufhört.

Adelaide und Leonore! Feier der Helden von Vittoria und

des Meßopfers demütiges Lied! – Kinder ihr der drei- und viergeteilten Stimmen! brausende Symphonie: „Freude, schöner Götterfunken", du Schwanengesang! Muse des Lieds und des Saitenspiels: stellt euch rings um sein Grab und bestreuts mit Lorbeeren!

Ein Künstler war er, aber auch ein Mensch, Mensch in jedem, im höchsten Sinn. Weil er von der Welt sich abschloß, nannten sie ihn feindselig und weil er der Empfindung aus dem Wege ging, gefühllos. Ach, wer sich hart weiß, der flieht nicht! Die feinsten Spitzen sind es, die am leichtesten sich abstumpfen und biegen oder brechen! Das Übermaß der Empfindung weicht der Empfindung aus! Er floh die Welt, weil er in dem ganzen Bereich seines liebenden Gemüts keine Waffe fand, sich ihr zu widersetzen. Er entzog sich den Menschen, nachdem er ihnen alles gegeben und nichts dafür empfangen hatte. Er blieb einsam, weil er kein zweites Ich fand. Aber bis an sein Grab bewahrte er ein menschliches Herz allen Menschen, ein väterliches den Seinen, Gut und Blut der ganzen Welt.

So war er, so starb er, so wird er leben für alle Zeiten.

Ihr aber, die ihr unserem Geleite gefolgt bis hierher, gebietet eurem Schmerz! Nicht verloren habt ihr ihn, ihr habt ihn gewonnen. Kein Lebendiger tritt in die Hallen der Unsterblichkeit ein. Der Leib muß fallen, dann erst öffnen sich ihre Pforten. Den ihr betrauert, er steht von nun an unter den Großen aller Zeiten, unantastbar für immer. Drum kehrt nach Hause, betrübt, aber gefaßt! Und wenn euch je im Leben wie der kommende Sturm die Gewalt seiner Schöpfungen übermannt, wenn euer Entzücken dahinströmt in der Mitte eines jetzt noch ungebornen Geschlechts, so erinnert euch dieser Stunde und denkt: wir waren dabei, als sie ihn begruben, und als er starb, haben wir geweint.

Erläuterungen

Die beste Biographie Beethovens ist die fünfbändige von Alexander Wheelock Thayer, neu bearbeitet und fortgesetzt von Hermann Deiters und Hugo Riemann (Berlin 1901 und Leipzig 1907—11). Daneben seien als besonders wichtig für die Erkenntnis von Beethovens Schaffen die Arbeiten von Gustav Nottebohm genannt (Ein Skizzenbuch von Beethoven, Leipzig 1865; Beethovens Studien, Leipzig und Winterthur 1873; Ein Skizzenbuch von Beethoven aus dem Jahre 1803, Leipzig 1880; Beethoveniana, Leipzig und Winterthur 1872—87).
Von den älteren biographischen Werken behalten noch immer ihren Wert: Anton Schindler, Biographie von Ludwig van Beethoven (dritte Auflage, Münster 1860); F. G. Wegeler und Franz Ries, Biographische Notizen über Ludwig van Beethoven (Koblenz 1838; Neudruck Berlin und Leipzig 1906); Gerhard von Breuning, Aus dem Schwarzspanierhause (Wien 1874; Neudruck Berlin und Leipzig 1907). Nur aus den beiden letztgenannten Werken habe ich Auszüge der vorliegenden Sammlung eingereiht, neben der alle drei Schriften als Ergänzung gelesen werden mögen.
Beethovens Briefe benutzt man am besten in der Gesamtausgabe von Alfred Christlieb Kalischer und zwar in der zweiten, vom zweiten Bande an von Theodor von Frimmel besorgten Auflage (Berlin und Leipzig 1909—11): die bis jetzt erschienenen drei Bände (zwei stehen noch aus) reichen bis zum Jahre 1818. Die wichtigsten Briefe enthält auch meine Auswahl (zweite Auflage, Leipzig, im Insel-Verlag 1912).

Gottfried Fischer (S. 5): Thayer 1, 426. 427. 430. 431. 434. 436. 441.
zum Herrn Bruder Willibald (S. 6): Der Franziskaner Willibald Koch galt damals in Bonn für einen der besten Orgelspieler und Theorielehrer. — den Hofdozal (S. 10): das den hohen Chor abtrennende Gitter. — Schlöpp (S. 10): Schleifen. — Spangol (S. 11): Spagnuolo, Spanier. — vom alten Zoll (S. 11): einer ehemaligen Bastei, jetzt Spaziergang.

Mozart (S. 12): Jahn, W. A. Mozart 2, 40.

Karl Ludwig Junker (S. 13): Musikalische Korrespondenz der teutschen filarmonischen Gesellschaft für das Jahr 1791 Nr. 48 vom 30. November

(S. 380). Der Aufsatz führt den Titel: „Noch etwas vom Kurkölnischen Orchester".

in Mergentheim (S. 14): Hier fand im Herbst 1791 eine über vierwöchentliche Sitzung der Deutschordensritter unter dem Vorsitz ihres Großmeisters Maximilian Franz von Köln statt, den sein Hoforchester dorthin begleitet hatte.

Johann Schenk (S. 14): Thayer 1, 329.
die Lehre des Kontrapunktes (S. 14): Über Beethovens Unterricht bei Haydn vgl. Nottebohm, Beethovens Studien 1, 19. — Gradus ad Parnassum (S. 16): Dieses System des Kontrapunkts auf der Grundlage der alten Kirchentonarten erschien Wien 1725. — der ... von London nach Wien zurückgekommen (S. 16): am 24. Juli 1792.

Frau von Bernhard (S. 18): Nohl, Beethoven nach den Schilderungen seiner Zeitgenossen S. 17.

Wenzel Johann Tomaschek (S. 21): Libussa 4, 374.
Ah, tu fosti (S. 21): aus dem Duett „Ah, perdona al primo affetto" Nr. 7. — das er in Prag erst komponierte (S. 22): Das zweite Klavierkonzert ist in seiner ersten uns unbekannten Gestalt tatsächlich älter als das erste, doch war Beethoven damals mit der Umarbeitung beschäftigt (vgl. Nottebohm, Beethoveniana 2, 479).

Ignaz von Seyfried (S. 22): Ludwig van Beethovens Studien im Generalbaß, Kontrapunkt und in der Kompositionslehre, zweite Auflage, Anhang S. 5.

Karl Czerny (S. 25): Jahresbericht des Konservatoriums der Gesellschaft der Musikfreunde in Wien 1869/70 S. 4. Die Aufzeichnungen stammen aus dem Jahre 1842.
des Campeschen Robinson Crusoe (S. 28): Er erschien zuerst Hamburg 1779—80. — Emanuel Bachs Lehrbuch (S. 28): Versuch über die wahre Art das Klavier zu spielen, Berlin 1753. — Im Jahre 1802 (S. 29): Dies Konzert fand am 5. April 1803 statt. — Statt „erstes C-Dur-Konzert" (S. 30) ist „drittes C-Moll-Konzert" zu lesen.

Karl Friedrich Amenda (S. 34): Thayer 2, 118.
Freudvoll und leidvoll (S. 35): aus Goethes Egmont. Die Vari-

ationen darüber sind nicht erhalten. — häufig (S. 36): Die Korrespondenz war nicht sehr lebhaft.

Ignaz von Seyfried (S. 36): Cäcilia 9, 218. Die Abschnitte sind einer Rezension über die Missa sollemnis, die neunte Symphonie und das Quartett op. 131 entnommen.

Charakterzüge und Anekdoten (S. 39): Seyfried, Beethovens Studien, zweite Auflage, Anhang S. 14.
Jemand (S. 41): Beethovens Bruder Johann. — Mehlschöberl (S. 42): vgl. Sämmtliche Briefe 1, 35 (meine Auswahl S. 12). — in Arsin . . . in Thesin (S. 43): auf den guten, auf den schlechten Taktteil. — Johanna d'Arcs Worte (S. 47): Schiller, Jungfrau von Orléans 5, 14. — Stracchino (S. 47): Kräuterkäse. — schönere Noten usw. (S. 48): Dieses Wortspiel kehrt in Beethovens Briefen bis zum Überdruß oft wieder. — mit seiner Auffassung des Requiems (S. 49): „Der Schwerpunkt liegt nicht in der Verklärung der Abgeschiedenen und in der Ausmalung des ewigen Lebens, sondern in dem Schmerz und der Trauer der Hinterbliebenen" (Hohenemser, Luigi Cherubini S. 432). — Während seines Sommeraufenthaltes usw. (S. 49): Diese Szene trug sich in Grätz auf dem Schlosse des Fürsten Lichnowsky im Jahre 1806 zu (vgl. Thayer 2, 518). — nachstehendes Impromptu (S. 52): Beethovens Kanon auf die Worte „Kühl, nicht lau, Kuhlau" und sein Brief an Kuhlau vom 3. September 1825 sind abgedruckt bei Thayer 5, 235. — der ersten Aufführung der Zauberflöte (S. 52): am 30. September 1791.

Ferdinand Ries (S. 57): Wegeler und Ries, Biographische Notizen über Ludwig van Beethoven S. 75.
in einer großen Akademie (S. 57): vgl. oben zu S. 29. Ries irrt sich in der Zeit: das Oratorium wurde erst 1802 vollendet. — wie meine Mutter starb (S. 58): am 17. Juli 1787. — noch ein neues Stück (S. 58): Es wurde noch die erste Symphonie aufgeführt. — Im Jahre 1802 usw. (S. 59): Die dritte Symphonie entstand 1803 in Döbling. — Bonaparte habe sich zum Kaiser erklärt (S. 60): am 20. Mai 1804. — in Puntos Konzert (S. 62): am 18. April 1800. — sein Konzert (S. 63): Es fand am 24. Mai 1803 statt. — eine große Akademie (S. 63): am 22. Dezember 1808. — bei Albrechtsberger . . . bei Salieri (S. 65): vgl. darüber Nottebohm, Beethovens Studien 1, 45. 205. — die von Ritter von Seyfried herausgegebenen Stu=

dien (S. 66): vgl. oben zu S. 22. — zu finden (S. 68): vgl. zu diesem Absatz auch Sämtliche Briefe 1, 108. 109. — auf einer Flöte (S. 74): vgl. auch das sogenannte Heiligenstädter Testament (Sämtliche Briefe 1, 90; meine Auswahl S. 29). — Leonore (S. 78): Über die Urform des Fidelio und ihre Veränderungen 1806 vgl. Thayer 2, 463. 474. — Beethovens Brief an mich vom 24. Juli 1804 (S. 85): vgl. Sämtliche Briefe 1, 138 (meine Auswahl S. 38). — drei Ouverturen (S. 94): Außer der genannten waren es die zur Namensfeier und zu „König Stephan" (vgl. Thayer 5, 167).

Joseph August Röckel (S. 96): Gartenlaube 1868 S. 601.
nach dem fürstlichen Palais (S. 96): des Fürsten Lichnowsky. — Mayer (S. 96): Er hatte die Rolle des Pizarro. — seine durchgefallene Oper (S. 96): „Leonore" war am 20., 21. und 22. November 1805 ohne Erfolg aufgeführt worden; vgl. die Berichte bei Thayer 2, 488. — dem früheren Tenoristen (S. 96): Den Florestan hatte Demmer gesungen. — zu meiner großen Arie (S. 98): Nr. 11. — mit dem Direktor (S. 102): Baron Braun. — von der Paerschen Oper (S. 102): Sie behandelte den gleichen Stoff und war am 3. Oktober 1804 zuerst aufgeführt worden.

Wilhelm Rust an seine Schwester (S. 104): Thayer 3, 62.
eine Oper (S. 106): Über Beethovens damalige Opernprojekte (Macbeth, Bradamante) vgl. Thayer 3, 64.

Johann Friedrich Reichardt (S. 106): Vertraute Briefe, geschrieben auf einer Reise nach Wien und den österreichischen Staaten zu Ende des Jahres 1808 und zu Anfang 1809 1, 166. 189. 209. 218. 231. 234. 254. 285.
meine Goetheschen Lieder (S. 107): Reichardt war vor Zelter Goethes Hauskomponist gewesen. — ein Neapolitanischer Gitarrenspieler (S. 109): Mauro Giuliani. — eine sehr glänzende Symphonie (S. 111): die vierte. — eine lange italienische Szene (S. 112): die Arie „Ah perfido, spergiuro". — Ein Gloria (S. 113): aus der C-Dur-Messe. — ein neues Fortepianokonzert (S. 113): das vierte in G-Dur. — eine große ... Symphonie (S. 113): die fünfte. — ein „Heilig" (S. 113): gleichfalls aus der C-Dur-Messe.

Baron de Trémont (S. 114): Guide musical Nr. 11 und 12 vom 23. und 27. März 1892.

Balzac oder Dickens (S. 116): Die Erwähnung dieser beiden Namen zeigt, daß der Bericht frühstens Ende der dreißiger Jahre niedergeschrieben sein kann, wenn er auch auf gleichzeitigen Notizen beruhen wird; vgl. auch Thayer 3, 142. — dieses Billett (S. 118): Es ist bisher nicht veröffentlicht worden. — Shakespeare, seinen Abgott (S. 118): vgl. meinen Aufsatz über Beethovens literarische Bildung in der Deutschen Rundschau vom Februar 1913. — wer die Giulietta war (S. 122): Beethovens Brief an die unsterbliche Geliebte (Sämtliche Briefe 1, 71; meine Auswahl S. 86) erschien zuerst 1840 in Schindlers Biographie (erste Auflage, S. 63) als an eine Julia gerichtet und aus dem Jahre 1806 stammend. Beide Angaben sind falsch und der über der Persönlichkeit ruhende Schleier des Geheimnisses noch heute nicht gelüftet: eher dürfte es die an letzter Stelle oben genannte oder vielmehr nichtgenannte Dame sein.

Bettina Brentano an Anton Bihler (S. 122): Gartenlaube 1870 Nr. 20 (S. 315).
Der Name des Adressaten dieses Briefes, der einzigen gleichzeitigen Nachricht Bettinas über ihr Zusammensein mit Beethoven, war nach den Andeutungen des Aufsatzes in der Gartenlaube und der Liste der Landshuter Schüler Savignys nicht allzu schwer zu eruieren. Bihlers Antwort auf den vorliegenden Brief ist in Varnhagens Nachlaß erhalten und vom 19. Juli 1810 datiert.

Bettina von Arnim (S. 125): Goethes Briefwechsel mit einem Kinde 2, 122. 129. 131 (Fränkel).
Zur Kritik dieser Berichte vgl. Thayer 3, 213 und Oehlke, Bettina von Arnims Briefromane S. 148.

Friedrich Treitschke (S. 134): Orpheus 2, 258.

Ignaz Moscheles (S. 140): The life of Beethoven 1, IX. 11. 17. 84.
an das große letzte Duett (S. 144): Nr. 15.

Karl August Varnhagen von Ense an Ludwig Uhland (S. 144): Uhlands Briefwechsel 1, 279.
Über Beethovens Beziehungen zu Varnhagen vgl. den wichtigen Aufsatz von Jacobs in der Musik vom 15. Dezember 1904. — komponiert zu sehn (S. 146): Beethoven hat von Uhlands Gedichten nichts komponiert.

Karl August Varnhagen von Ense (S. 146): Denkwürdigkeiten des eigenen Lebens ³ 3, 225.

an ähnliche, ihm werte Züge (S. 146): An wen Varnhagen hier denkt, ist unklar; jedenfalls wissen wir von intimeren jüdischen Beziehungen Beethovens nichts. — ein Fürst (S. 146): Lichnowsky.

Xaver Schnyder von Wartensee an Hans Georg Nägeli (S 147): Thayer 4, 44.

Goethe an seine Frau (S. 147): Goethes Briefe 23, 45.
Prinz Friedrich Durchlaucht (S. 147): von Sachsen-Gotha.

Goethe an Karl Friedrich Zelter (S. 148): Goethes Briefe 23, 89. Goethes Verhältnis zu Beethoven ist häufig behandelt worden; vgl. vor allem Thayer 3, 320. Die kürzeste und beste Charakteristik gibt Oehlke (Bettina von Arnims Briefromane S. 154): „Seine (Goethes) Musikauffassung lag verankert in der Melodie. Beethovens oft unmelodische Ströme von Harmonie zerren an dem Anker und des Dichters Staunen löst sich in Verdruß."

Bettina von Arnim an den Fürsten Hermann von Pückler-Muskau (S. 148): Briefwechsel und Tagebücher des Fürsten Hermann von Pückler-Muskau 1, 90.
Zu dem ersten Bericht vgl. oben zu S. 125. — In Teplitz (S. 150): Zur Kritik dieses Berichts vgl. Thayer 3, 326. Beethovens Brief an Bettina vom August 1812 (Sämtliche Briefe 2, 94) ist ohne jeden Zweifel unecht. — dem Herzog Rainer (S. 151): Gemeint ist Erzherzog Rudolf.

Louis Spohr (S. 152): Selbstbiographie 1, 197. 213.
mein Oratorium (S. 152): „Das jüngste Gericht", vollendet 1811. — am ersten Abend (S. 154): am 23. Mai 1814. — ein Konzert (S. 154): Es fand am 2. Januar 1814 statt. — bei Beethovens letztem Konzerte (S. 155): vgl. oben zu S. 63. — ein neues Pianofortekonzert (S. 155): vgl. oben zu S. 113. — eine Wiederholung des Konzertes (S. 157): am 27. Februar 1814. — Kurz ist der Schmerz usw. (S. 158): Schillers Jungfrau von Orléans 5, 14. — Rastral (S. 159): Instrument zum Ziehen von Notenlinien.

Wenzel Johann Tomaschek (S. 159): Libussa 5, 359. 6, 430.
Herr Doktor R. (S. 160): Gemeint ist wohl Kanka, der in Beethovens Prozeßsache gegen die Familie Kinsky eine wichtige Rolle spielte. Dann wäre R. Druckfehler für K. — eine neue Oper von Seyfried (S. 161): Am 10. Oktober 1814 wurde Klingemanns „Moses" mit Seyfrieds Musik aufgeführt. — ein junger fremder Künstler (S. 161): Meyerbeer. — bei der Aufführung meiner Schlacht (S. 161): Bei der Aufführung der „Schlacht von Vittoria" am 8. und 12. Dezember 1813 wirkten Salieri, Spohr, Hummel, Romberg, Meyerbeer und andre bekannte Komponisten mit. — mit Ihrer Akademie (S. 162): Am 29. November und 2. Dezember 1814 gab Beethoven zwei große Konzerte. — in Meyerbeers Oper (S. 163): „Die beiden Kalifen".

Alois Weißenbach (S. 167): Meine Reise zum Kongreß, Wahrheit und Dichtung S. 164.
Zu diesem Bericht vgl. Nottebohm, Beethoveniana 1, 145. — ob diese Blätter je in seine Hände kommen werden (S. 167): Der Auktionskatalog von Beethovens hinterlassenen Büchern verzeichnet auch Weißenbachs Werk. — was Lessing ... sagen läßt (S. 168): Emilia Galotti 1, 4. — wie der Dichter sagt (S. 169): Schiller in dem Gedicht „Das Mädchen von Orléans"; das Zitat ist ungenau. — Sparten (S. 170): Partituren. — Bürgers Lied von der Manneskraft (S. 171): „Männerkeuschheit" (Gedichte S. 89 Sauer). — der Stadtmusikant Miller (S. 171): in Schillers „Kabale und Liebe".

Karl von Bursy (S. 172): Thayer 3, 557. Ein Exemplar des Originaldrucks aus der Petersburger Zeitung von 1854 mit Ausfüllung der Zensurstriche enthält Otto Jahns Nachlaß.
Jean Paul (S. 143): Bursys interessanter Bericht über seinen Besuch bei ihm ist in der Baltischen Monatsschrift 48, 371 abgedruckt. — nach dem Operntext von Berge (S. 174): Amenda hatte im März 1815 eine Operndichtung „Bacchus" von seinem Freunde vom Berge an Beethoven geschickt.

Fanny del Rio (S. 180): Thayer 4, 523. 10. 26. 540. 34. 36. 91. 107. 110. 111. 200; Grenzboten 1857, 2, 24.
Über die Verfasserin und ihr Verhältnis zu Beethoven vgl. Thayer 4, 513. — das Institut (S. 180): Fannys Vater leitete ein Erziehungsinstitut,

dem Beethoven seinen Neffen für einige Zeit übergab. — Der junge
Mann, welcher mit ihm war (S. 181): Bernard. — Leopolds und
Nannis (S. 181): Fannys Schwester Nanni del Rio war mit Leopold
von Schmerling verlobt. — mit der Mutter (S. 182): Johanna van
Beethoven, der Mutter des Neffen Karl. — Musik von unserm teu-
ren Beethoven (S. 185): Es wurde unter anderm das Violinkonzert
und die Egmontouverture gespielt. — einen sehr lieben Brief (S. 189):
Dieser Brief ist nicht erhalten. — seines Dekrets (S. 193): Gemeint
ist die schriftliche Verpflichtung des Erzherzogs Rudolf und der Fürsten
Lobkowitz und Kinsky, Beethoven ein festes Jahresgehalt auszusetzen. —
der Brief von Beethoven (S. 194): vom 28. Juli 1816 (Sämtliche
Briefe 3, 58). — ein Notizbuch (S. 199): Dieses Tagebuch mit Ein-
trägen aus den Jahren 1812—18, von dem uns leider nur eine fehlerhafte
Abschrift erhalten ist, hat Nohl, Die Beethovenfeier und die Kunst der
Gegenwart S. 52 abgedruckt. — eine Person (S. 200): Sie dürfte aller
Wahrscheinlichkeit nach mit der sogenannten unsterblichen Geliebten identisch
sein. Wer sie war, ist völlig dunkel. — wegen der ... Operation
Karls (S. 201): Karl wurde glücklich am Bruch operiert. — einen
jungen Menschen (S. 202): Simrock, der Sohn eines alten Bonner
Jugendfreundes von Beethoven, war damals in Wien. — das kleine neue
Lied (S. 207): "Ruf vom Berge" von Treitschke. — vom Mittwoch
(S. 207): Beethoven hatte am 25. Dezember 1816 in einem Konzert seine
siebente Symphonie dirigiert. — von einer Bremer Bürgerin (S. 209):
Elise Müller. — jenen Brief (S. 210): Dieser verstimmende Brief ist
nicht erhalten. — Mit seinem neuen Lied (S. 211): "So oder so"
von Lappe. — Der förmliche ... Brief (S. 216): vom 6. Januar 1818
(Sämtliche Briefe 3, 265). — aus England (S. 216): von Thomas
Broadwood (vgl. Thayer 4, 84). — ein neues schönes Lied (S. 219):
von Göble, komponiert am 4. März 1820. — Wenn ich ein Vöglein
usw. (S. 222): vgl. oben zu S. 207. — Wie Silber usw. (S. 222):
Verse aus Saadis Rosental in Herders Übersetzung. — Sensarie (S. 226):
Vermittlungsgebühr. — Fermate (S. 227): Kadenz. — Mein Herz
strömt über usw. (S. 233): Diese Worte finden sich in dem oben zu
S. 199 erwähnten Notizbuche nicht.

Cipriani Potter (S. 234): Thayer 4, 55.
Romulus (S. 236): Seit 1815 plante Beethoven eine Oper "Romulus
und Remus", zu der Treitschke den Text verfaßt hatte (vgl. Thayer 3. 484).

Friedrich August von Kloeber (S. 237): Allgemeine muſikaliſche Zeitung 2, 324.
Über Kloebers Beethovenbilder vgl. Frimmel, Beethovenſtudien 1, 74. — der ein Geſchenk aus England war (S. 238): vgl. oben zu S. 216.

Per Daniel Amadeus Atterbom (S. 240): Vandrings minnerunor S. 174.

Karl Friedrich Zelter an Goethe (S. 241): Briefwechſel zwiſchen Goethe und Zelter 3, 36. 38. 47. 53.
ein Schreiben von Beethoven (S. 244): vom 18. September (Thayer 4, 164).

Wilhelm Chriſtian Müller an Konferenzrat Gaehler (S. 244): Briefe an die Freunde von einer Reiſe durch Italien 1, 130.
Einer derſelben ... der andere (S. 245): Fürſt Lobkowitz, Fürſt Kinsky. — jenes Hauptthema (S. 246): im Anfang der fünften Symphonie. — ſagt der Phantaſie-Hoffmann (S. 247): im erſten Kapitel der Erzählung „Datura fastuosa".

Sir John Ruſſel (S. 247): A tour in Germany 2, 312.

Friedrich Rochlitz an Gottfried Chriſtoph Härtel (S. 250): Für Freunde der Tonkunſt 4, 348.
mit drei andern großen Werken (S. 256): Gemeint ſind die neunte, eine geplante zehnte Symphonie und die Missa sollemnis.

Heinrich Anſchütz (S. 260): Erinnerungen aus deſſen Leben und Wirken S. 267.
Ich habe mich auch ſchon damit beſchäftigt (S. 261): Beethoven wollte ſchon 1808 eine Macbethmuſik zu Collins Bearbeitung des Dramas ſchreiben; ein ſkizzenhafter Anfang iſt erhalten (vgl. Thayer 3, 66).

Franz Liszt (S. 262): Frimmel, Beethovenſtudien 2, 101.

Wilhelmine Schröder-Devrient (S. 263): Claire Glümer, Erinnerungen S. 25.
am Abend der Aufführung (S. 263): am 3. November 1822.

Franz Grillparzer (S. 264): Sämtliche Werke ⁵ 20, 203.
einen Aufsatz von Herrn Ludwig Rellstab (S. 264): Ich habe diesen, jedenfalls vor 1844 erschienenen Aufsatz nicht auffinden können. — Schwebler (S. 267): Von Goethe im achten Briefe von „Der Sammler und die Seinigen" gebrauchter Terminus für Künstler ohne rechte Realität. — ihn zu besuchen (S. 269): Die in Beethovens Konversationsheften vorhandenen Notizen aus seinen Unterredungen mit Grillparzer hat Sauer, Grillparzers Gespräche 2, 184. 193. 215 kritisch behandelt. — eine Rede (S. 272): Vgl. oben S. 415. — Euryanthe (S. 273): Die erste Wiener Aufführung war am 25. Oktober 1823.

Louis Schlösser (S. 275): Halleluja Nr. 20 und 21 vom Jahre 1885 (6, 231).
die Eingabe Beethovens an den Großherzog (S. 278): In einem Briefe vom 5. Februar 1823 forderte Beethoven den Großherzog von Hessen zur Subskription auf die Missa sollemnis auf (Thayer 4, 362). — Neophyten (S. 284): Neuling. — eines väterlichen Amphitryonen (S. 284): Amphitryon gilt nach einer Stelle in Molières gleichnamigem Lustspiel (3, 5, 89) als Typus eines wohlhabenden und gastfreien Mannes. — nach dem Tode seines Vaters Johann (S. 285): Beethoven hatte schon etwa sechs Wochen vor seines Vaters Tode Bonn verlassen. — die versprochenen Briefe usw. (S. 291): Sie sind nicht erhalten. — einen besonderen Brief (S. 291): Beethovens Brief an Schlösser ist vom 6. Mai 1823 (Thayer 4, 421). — Edel sei der Mensch usw. (S. 292): aus Goethes Gedicht „Das Göttliche".

Edward Schulz (S. 292): The harmonicon 1824 S. 10 (Jahrbücher für musikalische Wissenschaft 1, 439).
seine zweite Messe (S. 297): die Missa sollemnis. — Ich glaube usw. (S. 297): Hier hat der Berichterstatter sicher etwas mißverstanden, da Beethoven Weber sehr gut kannte. — Homer ... und Plutarch (S. 297): vgl. meinen oben zu S. 118 zitierten Aufsatz. — ein Trio (S. 297): Ein solches ist aus dieser Zeit nicht bekannt.

Karl Maria von Weber (S. 298): Max Maria von Weber, Karl Maria von Weber 2, 509.
Benedikt (S. 299): Auch von ihm haben wir einen Bericht über diese Begegnung mit Beethoven, der bei Thayer 4, 462 abgedruckt ist. — Vestalin und Wasserträger (S. 300): Opern von Cherubini.

Johann Sporschil (S. 301): Morgenblatt für gebildete Stände Nr. 265 vom 5. November 1823 (S. 1057).
wo man dem Weltgeist usw. (S. 303): Schiller, Wallensteins Tod 2, 3. — eine Messe (S. 304): die Missa sollemnis. — Ludwig XVIII. (S. 304): Er verehrte Beethoven zugleich eine große goldene Medaille (vgl. Thayer 4, 369). — Eine Symphonie (S. 304): die neunte. — ein biblisches Oratorium (S. 304): vgl. darüber Thayer 4, 415.

Johann Andreas Stumpff (S. 305): Thayer 5, 122.
den bewußten Aufsatz (S. 314): ein über der Klaviatur und dem Kopf des Spielers angebrachter Schallfangapparat in Gestalt eines hölzernen Daches. — das hat kein Feind getan (S. 314): vgl. Matthäus 13, 28.

Karl Gottlieb Freudenberg (S. 318): Erinnerungen aus dem Leben eines alten Organisten S. 37.

Jakob Reuter (S. 323): Thayer 5, 218.

Ludwig Rellstab (S. 326): Aus meinem Leben 2, 224.
magna voluisse (S. 327): Ungenaues Zitat aus Properz 3, 1, 6. — einige Zeilen an Beethoven (S. 341): Sie sind abgedruckt bei Thayer 5, 202. — eines der neuesten Quartette (S. 342): Es war das Es-Dur-Quartett op. 127. — einige davon zu komponieren (S. 345): Das ist nicht geschehen. — an einer Messe (S. 346): Nur eine Revision der Missa sollemnis könnte gemeint sein.

Ein Besuch bei Beethoven (S. 352): The harmonicon 1825 S. 222 (Jahrbücher für musikalische Wissenschaft 1, 444).
Die Berichterstatterin, eine englische Dame, war vielleicht eine Lady Clifford. — der Bibliothekar (S. 352): Graf Dietrichstein. — die Dichtung (S. 354): von Matthisson.

Friedrich Wieck (S. 355): Thayer 5, 342.

Karl Johann Braun von Braunthal (S. 357): Nohl S. 230.

Samuel Heinrich Spiker (S. 358): Berliner Nachrichten von Staats- und gelehrten Sachen Nr. 96 vom 25. April 1827.
seine letzte große Symphonie (S. 359): die neunte. Beethovens

Schreiben an Friedrich Wilhelm III. vom September 1826 und des Königs Antwort sind bei Thayer 5, 368 abgedruckt. — das ... von Louis Letronne gezeichnete (S. 361): vgl. über dieses Bild Frimmel, Beethovenstudien 1, 52.

Gerhard von Breuning (S. 362): Aus dem Schwarzspanierhause S. 9. 54. 62. 93. 95. 96. 103. 106. 109. 119. 139. 144. 147.
Bis ich dich usw. (S. 363): Eine Niederschrift Beethovens, deren Faksimile Schindlers Biographie beigegeben ist, hat den Wortlaut: „Nur Liebe, ja nur sie vermag dir ein glücklicheres Leben zu geben. O Gott, laß mich sie, jene endlich finden, die mich in Tugend bestärkt, die mir erlaubt mein ist." — Ich besuchte usw. (S. 363): Diesen Absatz berichtet Breuning aus Grillparzers Munde. — wie Rellstab bezeichnend sagt (S. 365): vgl. oben S. 335. — Die bekannte Federzeichnung (S. 366): von Boehm; vgl. darüber Frimmel, Beethovenstudien 1, 127. — mit Julien (S. 368): der Frau Stephan von Breunings. — verschreiben lassen (S. 368): Beethovens Brief an Haslinger, in dem er Clementis Klavierschule bestellte, und der an Breuning, mit dem er sie als Geschenk übersandte, sind bei Thayer 5, 257 abgedruckt. — in der Technik (S. 370): in der technischen Hochschule. — das ... Bild (S. 373): Breuning hatte ihm ein Bild von Haydns Geburtshaus gezeigt, auf dem der Name als Hayden verschrieben war. — Mein Klavierlehrer (S. 373): Heller.

Beethoven in Gneixendorf (S. 374): Deutsche Musikzeitung 3, 77. Als Verfasser des Aufsatzes zeichnet ein Dr. L.
Weinzierl (S. 376): Winzer.

Ludwig Cramolini (S. 380): Frankfurter Zeitung Nr. 270 vom 29. September 1907.
am 15. oder 16. Dezember 1826 (S. 380): Nach Thayer 5, 307 fand der Besuch Cramolinis erst im Februar 1827 statt.

Anton Schindler an Ignaz Moscheles (S. 383): Aus Moscheles' Leben 1, 142. 152.
beim Erzherzog Ludwig (S. 385): Das Regiment stand in Iglau. — Den Brief an Sir Smart (S. 385): Dieser Brief vom 22. Februar 1827 ist abgedruckt bei Thayer 5, 462. — mit Vergnügen (S. 386): Ein andres Urteil über Scott lautet ablehnend (vgl. Thayer 5, 437). — Der Brief an Sie (S. 386): gleichfalls vom 22. Februar 1827,

abgedruckt bei Thayer 5, 462. — ein Quintett für Streichinstrumente (S. 387): vgl. darüber Nottebohm, Beethoveniana 1, 79. 2, 522.

Andreas Wawruch (S. 388): Wiener Zeitschrift für Kunst, Literatur, Theater und Mode Nr. 86 vom 30. April 1842 (S. 681).
Saul und David (S. 393): Über diesen Plan eines Oratoriums, dessen Textdichtung Kuffner übernommen hatte, vgl. Thayer 5, 326. — his name usw. (S. 393): aus Händels Messias Nr. 12.

Ferdinand Hiller (S. 394): Aus dem Tonleben unsrer Zeit, neue Folge S. 169.
vor wenigen Tagen (S. 396): am 10. Februar 1827. Die Verse stehen in Goethes Werken 4, 276 Weimarische Ausgabe.

Rau an Ignaz Moscheles (S. 399): Aus Moscheles' Leben 1, 148. 155.

Anton Schindler an Ignaz Moscheles (S. 402): Aus Moscheles' Leben 1, 159. 162.
beiliegenden Brief an Sir Smart (S. 402): vgl. oben zu S. 385. — den vom 18. März (S. 404): Er ist abgedruckt bei Thayer 5, 471 (meine Auswahl S. 252). — die goldene Medaille von Ludwig XVIII. (S. 405): vgl. oben zu S. 304. — einen Artikel (S. 406): Er findet sich in der Allgemeinen Zeitung Nr. 94 vom 4. April 1827 (S. 376). — nach seiner ersten Akademie im Kärntnertortheater (S. 406): am 7. Mai 1824. — Bei seinem zweiten Konzerte (S. 407): am 23. Mai 1824. — für seine letzte große Messe (S. 407): die Missa sollemnis.

Anton Schindler an Schotts Verlag (S. 409): Cäcilia 6, 309.
das hier beiliegende Dokument (S. 409): Es betraf das Eigentumsrecht auf den Verlag des Cis-Moll-Quartetts op. 131. — der Ordinarius (S. 410): Wawruch.

Anselm Hüttenbrenner an Alexander Wheelock Thayer (S. 412): Nohl S. 268.

Franz Grillparzers Grabrede (S. 415): Sämtliche Werke [5] 20, 213.
des Meßopfers demütiges Lied (S. 416): die Missa sollemnis.

Namenregister

A. 185.

Albrechtsberger, Johann Georg (1736—1809), Beethovens Lehrer, Kapellmeister an der Stephanskirche in Wien 17. 25. 65. 66. 235.

Allegri, Gregorio (1584—1652), Kirchenkomponist in Rom 323.

Amenda, Karl (1771—1836), Beethovens Freund, Prediger in Talsen in Kurland 34—36. 173.

—, sein Bruder 36.

Anschütz, Heinrich Eduard (1785—1865), Burgschauspieler in Wien 260—261. 272. 402.

Artaria, Musikverleger in Wien 91. 95. 140. 141.

Atterbom, Per Daniel Amadeus (1790—1855), schwedischer Dichter 240. 241.

Auersperg, Anton Alexander Graf von (1806—76), Dichter (Anastasius Grün) in Wien 276.

Bach, Johann Sebastian (1685—1750), Kantor an der Thomasschule in Leipzig 32. 52. 64. 105. 244. 257. 262. 292. 312. 322. 415.

—, Karl Philipp Emanuel (1714—88), sein Sohn, Musikdirektor in Berlin und Hamburg 28. 29. 292.

Balzac, Honoré de (1799—1850), französischer Romandichter 116.

Barbaja, Operndirektor in Wien 350.

Bauer, Gesandtschaftssekretär in London 82.

Becker, Alfred Julius (1803—48), Kritiker in Wien 55.

Beethoven, Ludwig van (1712—73), Beethovens Großvater, Kapellmeister in Bonn 188. 226. 280.

—, Johann van (1740—92), Beethovens Vater, Tenorist in Bonn 5. 6. 8—12. 93. 188. 226.

—, Maria Magdalena van, geb. Keverich (1746—87), Beethovens Mutter 9. 10. 58. 93. 99. 183. 188. 226.

—, Kaspar Anton Karl van (1774—1815), Beethovens Bruder, Bankbeamter in Wien 8. 9. 17. 28. 67. 71. 72. 74. 76. 88. 91. 94. 176. 220. 244.

—, Johanna van, geb. Reiß, dessen Frau 182. 185. 186. 189. 195. 196. 201. 213. 216. 218—220. 223. 224. 228. 285. 307.

—, Karl van (1806—58), deren Sohn, Beethovens Neffe 32. 176. 179—181. 184. 186. 187. 189. 190. 192. 195. 196. 200—202. 209—211.

213—226. 228. 230. 231. 238. 241. 244. 294. 297. 299. 303. 307—309. 313. 325. 333. 344. 365. 370. 384. 397. 402. 408.

Beethoven, Nikolaus Johann van (1776—1836), Beethovens Bruder, Apotheker in Wien und Linz, Gutsbesitzer 8. 9. 17. 28. 41. 72. 74. 94. 226. 303. 313. 314. 342. 346. 355. 374—376. 378—380. 384. 385. 405. 414.

—, Johanna van, geb. Obermayer, dessen Frau 376. 378. 412—414.

Benedikt, Julius (1804—85), Kapellmeister in Wien 299.

Berge, Rudolf vom, Dichter in Kurland 174. 180.

Bernard, Joseph Karl, Dichter in Wien 181. 196—198. 221.

Bernhard, Frau von, geb. von Kissow (1783—1865), in Wien 18—21.

Bigot, Bibliothekar des Grafen Rasumowsky in Wien 111.

—, Marie, geb. Kiene (1786—1820), seine Frau, Pianistin 111.

Bihler, Anton, Jurist, Student in Landshut 122—125.

Blöchlinger, Joseph (1788—1855), Institutsdirektor in Wien 231.

Boehm, Joseph Daniel (1794—1865), Maler und Bildhauer in Wien 366.

Boosey, Musikverleger in London 93.

Boßler, Heinrich Philipp (1754—1812), Musikschriftsteller in Speier 13.

Braun, Baron Peter von, Theaterdirektor in Wien 102—104. 134.

— von Braunthal, Karl Joseph (1802—66), Schriftsteller in Wien 357. 358.

Braunhofer, Arzt und Professor in Wien 408.

Brentano, Johanna Antonie, geb. von Birkenstock (1780—1869), in Wien und Frankfurt 93.

—, Bettina, spätere von Arnim (1785—1859) 122—134. 148—152.

Breuning, Stephan von (1774—1827), Beethovens Jugendfreund, Hofkriegsrat in Wien 67. 71. 74. 79. 85. 97. 277. 362. 363. 367—371. 373. 404. 406. 410—412.

—, Julie von, geb. von Vering (1791—1809), dessen erste Frau 368.

—, Konstanze von, geb. Roschowitz, dessen zweite Frau 362. 363. 367—370.

—, Gerhard von (1813—92), deren Sohn 362—374. 387. 411. 412.

Bridgetower, George August Polegreen (1779—1839), Violinist 63.

Broadwood, Thomas, Klavierfabrikant in London 285. 348. 355.

Brodmann, Klavierfabrikant in Wien 368.

Browne, Graf, in Wien, Gönner Beethovens 68—70. 88. 91.

Bürger, Gottfried August (1747—94), Dichter 171.

Buquoy, Graf, in Prag 160.

Bursy, Karl von (1791—1870), Arzt in Kurland 172—180.

C., Herzog 315.

Caché, Sänger in Wien 97.
Campe, Joachim Heinrich (1746—1818), Jugendschriftsteller 28.
Castelli, Ignaz Franz (1781—1862), Dichter in Wien 276. 403.
Catalani, Angelica (1780—1849), Sängerin 355.
Cherubini, Luigi (1760—1842), Komponist in Paris 44. 49. 114. 121. 235. 265. 283. 291. 300.
Clary, Graf, in Prag 22. 146.
Clementi, Muzio (1752—1832), Komponist und Pianist 30. 31. 76. 93. 348. 368.
Clifford, Lady 352—355 (?).
Collin, Heinrich Joseph von (1771—1811), Hofrat und Dichter in Wien 79. 97. 109.
Cotta, Johann Friedrich (1764—1832), Buchhändler in Tübingen 54.
Cramer, Johann Baptist (1771—1858), Pianist in London 75. 236. 348.
Cramolini, Ludwig (1803—84), Tenorist in Wien 380—383.
—, Nanette, geb. Schechner, dessen Frau, Sängerin 380—383.
—, dessen Eltern 380—383.
Czerny, Wenzel, Pianist und Klavierlehrer in Wien 25. 27—29. 31.
—, Karl (1791—1857), dessen Sohn, Klavierpädagog in Wien 25—34. 214. 227. 235. 262. 293. 296. 353.

Demmer, Tenorist in Wien 96. 98.
Diabelli, Antonio (1781—1858), Komponist und Musikverleger in Wien 373. 387.
Dickens, Charles (1812—70), englischer Romandichter 116.
Dietrichstein, Moritz Joseph Johann Graf (1775—1864), Theaterdirektor und Bibliothekar in Wien 267. 352.
Dont, Joseph Valentin (1776—1833), Cellist in Wien 238. 239.
Donzelli, Sänger in Wien 356.
Dragonetti, Domenico (1763—1846), Kontrabassist in Venedig 234.
Drescher, Jurist, Student in Breslau 318.
Duncker, Friedrich, Kabinettssekretär in Berlin 185. 186. 191. 192. 194. 215. 220.
Dunst, in Frankfurt 79.
Duport, Jean Pierre (1741—1818), Cellist in Berlin 83.

England, Georg IV. von (1762—1830) 81. 82.
Erdödy, Gräfin Marie, geb. Niczky (1780—1837), Beethovens Freundin 106—108. 114. 122.

Eskeles, Bankier in Wien 401.

Esterhazy, Nikolaus Fürst (1765—1833), Feldmarschall in Wien, Beethovens Gönner 286.

—, Fürstin, geb. Fürstin von Liechtenstein 69.

Eybler, Joseph (1764—1846), Hofkapellmeister in Wien 276. 403.

Fichte, Johann Gottlieb (1762—1814), Philosoph 251.
Fischer, Theodor, Bäckermeister in Bonn 12.
—, Maria Susanna Katharina, geb. Rheindorf, dessen Frau 8.
—, Cäcilie (1762—1845), deren Tochter 5—7. 11.
—, Johann, deren Sohn 9.
—, Gottfried (1780—1864), deren Sohn 5—12.
Flehberger, Bauer in Döbling bei Wien 266. 267.
—, Lise, dessen Tochter 266. 267.
Fodor, Sängerin in Wien 355.
Förster, Emanuel Alois (1748—1823), Musiklehrer in Wien 325.
Forti, Bassist in Wien 276.
Frankreich, Ludwig XVIII. von (1755—1824) 304. 405.
Franz II., Kaiser (1768—1835) 123. 147. 176. 225. 257. 286. 318.
—, Maria Ludowika Beatrix (1787—1816), dessen dritte Gemahlin 151.
—, Karoline Auguste, dessen vierte Gemahlin 115. 396.
Freudenberg, Karl Gottlieb (1797—1869), Organist in Breslau 318—323.
Fries, Graf Moritz, in Wien, Gönner Beethovens 61. 62.
Fuchs, Alois (1799—1853), Hofkriegsratsadjunkt in Wien, Musikkenner und -historiker 164. 165. 326. 356.
Fux, Johann Joseph (1660—1741), Hofkapellmeister in Wien 16. 66.
—, Kanzlist in Gneixendorf 375.

Gaehler, Konferenzrat in Altona 244—247.
Gall, Franz Joseph (1758—1828), Anatom und Phrenologe, Arzt in Wien 167.
Gallitzin, Fürst Nikolaus (1774—1844), Musikliebhaber 367.
Gaveaux, Pierre (1761—1825), Sänger und Opernkomponist in Paris 134.
Gebauer, Franz Xaver (1784—1822), Musiklehrer in Wien 257.
Gehringer, Kaffeewirt in Wien 408.
Gelinek, Joseph (1758—1825), Abbé, Komponist in Wien 14—17. 25. 30.
Gervinus, Georg Gottfried (1805—71), Literarhistoriker in Heidelberg 274.
Giuliani, Mauro, Gitarrenspieler aus Neapel 109.
Gluck, Christoph Willibald (1714—87), Komponist in Wien 23. 32. 143.

Goethe, Johann Wolfgang (1749—1832) 35. 54. 56. 107. 124—13[
147. 148. 150—152. 169. 170. 179. 225. 238. 241—244. 255. 25[
273. 284. 292. 297. 302. 329. 332. 334. 396. 415.

Golz, in Prag 146.

Graf, Konrad, Klavierfabrikant in Wien 51. 360. 367.

Graun, Karl Heinrich (1701—59), Kapellmeister in Berlin 76.

Griesinger, Georg August (1754—1828), Legationssekretär in Wien, Freun[
Haydns 52—55.

Grillparzer, Franz (1791—1872), Dichter in Wien 264—276. 287. 29[
304. 332. 337. 402. 403. 415. 416.

—, dessen Mutter und Großmutter 266.

Guicciardi, Giulietta (1784—1856), Gräfin in Wien 122.

Gyrowetz, Adalbert (1763—1850), Komponist in Wien 275. 403.

Händel, Georg Friedrich (1685—1759), Komponist in London 32. 4[
54. 64. 106. 236. 257. 285. 296. 311. 353. 371. 393. 415.

Härtel, Gottfried Christoph (1763—1827), Musikverleger in Leipzig 25[
—260.

Haizinger, Anton (1796—1869), Tenorist in Wien 276.

Hanzmann, Pater in Bonn 6.

Hardenberg, Friedrich von (1772—1801), Dichter (Novalis) 267.

Haslinger, Tobias (1787—1842), Musikverleger in Wien 51. 56. 250-
253. 257. 276. 288. 293. 294. 296. 300. 305. 306. 308. 342. 35[
360. 362. 373. 403. 413. 414.

—, dessen Frau 414.

Hatzfeld, Franz Ludwig Fürst von (1756—1827), Preußischer Gesandte[
in Wien 360.

Haydn, Joseph (1732—1809), Komponist in Wien 14. 16. 17. 21. 2[
26. 31. 50. 59. 64. 65. 95. 110. 114. 119. 242. 286. 292. 296. 30[
328. 373. 388. 398. 407. 415.

Heller, Klavierlehrer in Wien 373. 374.

Herder, Johann Gottfried (1744—1803), Dichter 238.

Hessen, Ludwig I. Großherzog von (1753—1830) 278. 281.

Hiller, Ferdinand (1811—85), Pianist und Komponist 394—399. 409.

Himmel, Friedrich Heinrich (1765—1814), Hofkapellmeister in Berlin 8[
84. 146.

Hoffmann, Ernst Theodor Amadeus (1776—1822), Dichter und Komponi[
in Berlin 247.

Hogarth, William (1697–1764), englischer Maler 92. 217.
Holz, Karl (1798–1858), Freund Beethovens 51. 276.
Homer, griechischer Dichter 284. 297.
Houdetot, Frau von, Geliebte Rousseaus 122.
Hüttenbrenner, Anselm (1794–1868), Komponist in Graz 412–414.
Hummel, Johann Nepomuk (1778–1837), Beethovens Schüler, Komponist in Wien, dann Hofkapellmeister in Weimar 24. 30. 31. 292. 395–399. 403. 409.
—, Elisabet, geb. Röckel (1793–1883), dessen Frau 397–399. 409.
Huppert (richtiger Rupert), Lehrer in Bonn 5.

Jeitteles, Alois, Dichter in Wien 222.
Jenger, Johann Baptist, Kanzleibeamter in Graz 414.
Jerome Napoleon, König von Westfalen (1784–1860) 72.
Junker, Karl Ludwig (1740–97), Komponist und Pfarrer in Kirchberg 13. 14.

K., Apotheker in Langenlois 374.
Kalkbrenner, Friedrich Wilhelm Michael (1788–1849), Pianist in London 348.
Kanka, Johann Nepomuk (1772–1864), Landesadvokat in Prag 160 (vgl. die Anmerkung).
Karoly, Graf, in Wien 286.
Karrer, Chirurg in Langenfeld 374. 375.
—, dessen Frau 374.
Kerner, Justinus (1786–1862), Dichter 145.
Kiesewetter, Rafael Georg (1773–1850), Hofrat und Musikhistoriker in Wien 276.
Killitschky, Josephine, Sängerin in Wien 113.
Kind, Johann Friedrich (1768–1843), Dichter in Dresden 52. 53.
Kinsky, Fürst Ferdinand (1782–1813), Beethovens Gönner 72. 245.
Kirchhofer, in Wien 326.
Kirnberger, Johann Philipp (1721–83), Violinist und Musiktheoretiker in Berlin 66. 292.
Kissow, von, in Augsburg 18.
Klengel, August Alexander (1783–1852), Pianist 76.
Kloeber, Friedrich August von (1793–1864), Maler in Berlin 237–240.
Klopstock, Friedrich Gottlieb (1724–1803), Dichter 255.
Klüpfell, von, Gesandtschaftssekretär in Wien 19. 20.

Koch, Willibald, Franziskaner in Bonn 6.

Krenn, Michael, Beethovens Diener in Gneixendorf 376—378. 380.

Kreutzer, Konradin (1780—1849), Kapellmeister in Stuttgart 274. 275. 293.

—, Rodolphe (1766—1831), Violinist in Paris 63.

Krommer, Franz (1760—1831), Kapellmeister in Wien 20. 30.

Krumpholz, Wenzel (1750—1817), Violinist in Wien 26. 27. 29. 33. 77. 90.

—, Johann Baptist (1745—90), Harfenvirtuose in Paris 26.

Kuhlau, Friedrich (1786—1832), Kammermusiker in Kopenhagen 51. 52.

L. 374—380.

Lablache, Luigi (1794—1858), Bassist in Paris 356. 404.

Lessing, Gotthold Ephraim (1729—81), Dichter 168.

Letronne, Louis, Maler 361.

Lewinger, Gesandtschaftssekretär in Wien 403. 409.

Lichnowsky, Fürst Karl (1758—1814), Schüler und Freund Mozarts, Gönner Beethovens 19. 21. 23—25. 31. 49. 50. 58. 61. 64. 77—79. 88. 96. 97. 99. 105. 106. 146. 171. 193. 225.

—, Fürstin Marie Christine, geb. Gräfin Thun, seine Frau 20. 21. 79. 97—99. 225.

Liebenberg, von, Musikliebhaber in Wien 399.

Liechtenstein, Fürst Johann Joseph von, Generalfeldmarschall in Wien 286.

—, Fürstin Josephine von (1776—1848), geb. Gräfin Fürstenberg 70.

Linke, Joseph, Cellist in Wien 276.

Lipowsky, Pianist in Wien 30.

Liszt, Franz (1811—86), Pianist 262—263. 293.

Lobkowitz, Franz Joseph Maximilian Fürst (1772—1816), Gönner Beethovens 54. 60. 72. 112. 153. 245. 286.

Mälzel, Johann Nepomuk (1772—1838), Musikmechaniker, Erfinder des Metronoms 142.

Malfatti, Johann, Arzt in Wien 384. 392. 400. 408.

Malibran, Maria Felicità (1808—36), Sängerin 355.

Mara, Gertrud Elisabet, geb. Schmehling (1749—1833), Sängerin 355.

Marpurg, Friedrich Wilhelm (1718—95), Musiktheoretiker in Berlin 66. 292.

Matthisson, Friedrich von (1761—1831), Dichter 354.

Maximilian Franz (1756—1801), Kurfürst von Köln 13. 14. 17.

Mayseder, Joseph (1789—1863), Violinist in Wien 55. 166. 275. 276. 289. 393.

Méhul, Etienne Nicolas (1763—1817), Komponist in Paris 44.

Merk, Joseph (1795—1852), Cellist in Wien 276.

Meyer, Sebastian, Bassist in Wien 79. 96. 97. 99.

Meyerbeer, Giacomo (1791—1864), Pianist und Komponist 161. 163.

Michelangelo Buonarotti (1475—1564), Bildhauer 110.

Milder-Hauptmann, Pauline Anna (1785—1838), Sängerin in Wien, dann in Berlin 97. 134. 166. 176. 383.

Mollo, Tranquillo, Musikverleger in Wien 180.

Moscheles, Ignaz (1794—1870), Pianist und Komponist in Wien, dann in London 140—144. 165. 236. 348. 383—388. 399—409.

—, dessen Bruder 144.

Mosel, Ignaz Franz (1772—1844), Musikschriftsteller in Wien 276.

Mozart, Wolfgang Amadeus (1756—91), Komponist in Wien 12. 14. 21. 22. 24—26. 28—31. 49. 52. 64. 65. 103. 110. 119. 143. 236. 257. 286. 292. 296. 301. 312. 328. 338. 353. 358. 372. 388. 404. 415.

—, Konstanze, geb. Weber (1763—1842), seine Frau 30. 34.

Müller, Wilhelm Christian (1752—1831), Musikdirektor in Bremen 244—247.

—, Elise, seine Tochter 209. 244. 246.

—, Sängerin in Wien 97. 134.

Mylich, Heinrich, Student in Wien 35.

Nägeli, Hans Georg (1773—1836), Musikverleger in Zürich 67. 147.

Napoleon I., Kaiser (1769—1821) 59. 60. 114. 115. 117. 119. 121. 277. 304. 306. 355.

Nohl, Ludwig (1831—85), Musikschriftsteller in München und Heidelberg 18—21.

Nußbaumer, Student in Landshut 124.

Odescalchi, Babette Fürstin, geb. Gräfin Keglevich 71.

Oliva, Franz, Beethovens Freund, Bankbeamter in Wien 145—147.

Ossian, keltischer Held und Sänger 240. 299. 303.

Pacher, Louis, in Wien 214. 215.

Paer, Ferdinando (1771—1839), Kapellmeister und Komponist in Dresden 61. 102. 108. 134. 139.

Palestrina, Giovanni Pierluigi (1514—94), Kirchenkomponist 323.

Palffy, Graf Ferdinand, Theaterdirektor in Wien 69? 153. 176. 286.

Pasqualati, Baron Johann Baptist, Beethovens Hauswirt, Kaufmann in Wien 85.

Ph. 198.

Piccini, Nicola (1728—1800), Opernkomponist in Paris 23.

Pilat, Joseph Anton von (1782—1865), Schriftsteller und Redakteur in Wien 406.

Pixis, Johann Peter (1788—1874), Pianist in Wien 293.

Pleyel, Ignaz Joseph (1757—1831), Kapellmeister und Komponist in Straßburg 368.

Plutarch, griechischer Historiker 297.

Potter, Cipriani (1792—1871), Pianist und Komponist in London 234—237.

Preußen, Friedrich Wilhelm II. von (1744—97) 34. 83.

—, Friedrich Wilhelm III. von (1770—1840) 175. 220. 359. 360.

—, Prinz Louis Ferdinand von (1772—1806) 83. 84.

Pückler-Muskau, Fürst Hermann von (1785—1871) 148—152.

Punto, Giovanni (eig. Johann Wenzel Stich) (1746—1803), Hornvirtuose 62.

Rafael Sanzio (1483—1520), Maler 168. 336.

Ramm, Friedrich, Oboist in München 61.

Rasumowsky, Graf Andreas, russischer Gesandter in Wien 19. 111.

—, Gräfin Elisabet, geb. Gräfin Thun 21.

Rau, Bankbeamter in Wien 387. 399—402. 405. 406. 409.

Reicha, Anton (1770—1836), Jugendfreund Beethovens, Komponist in Paris 114. 115. 117.

Reichardt, Johann Friedrich (1752—1814), Kapellmeister in Berlin, dann in Kassel 72. 106—114.

Rellstab, Heinrich Friedrich Ludwig (1799—1860), Musikkritiker in Berlin 264. 271. 274. 326—352. 365.

Reuter, Jakob, Lehrer am Polytechnikum in Wien 323—326.

—, dessen Bruder 326.

Richter, Jean Paul Friedrich (1763—1825), Dichter 173. 177. 329. 334.

Riedel, Kunsthändler und Verleger in Wien 172. 178. 361.

Riem, Friedrich Wilhelm (1779—1857), Organist in Bremen 246.

Ries, Franz (1755—1846), Musikdirektor in Bonn 57. 58. 71. 88.

—, Ferdinand (1784—1838), dessen Sohn, Beethovens Jugendfreund und Schüler, Pianist in London 57—95. 140. 142. 262.

—, dessen Frau 93.

Rio, Kajetan Giannatasio del, Institutsdirektor in Wien 182. 187. 188. 195. 196. 200. 201. 203. 210. 213—216. 218. 221—223. 230. 231. 233.

—, dessen Frau 181. 182. 184. 185. 188. 189. 194. 208. 224. 231.

—, Fanny del (1790—1868), deren Tochter 180—234.

—, Nanny del (1792—1878), deren Tochter 181—187. 189—192. 197. 199. 201. 203—205. 207—210. 212—215. 217. 218. 220—224. 226. 228. 229. 231—233.

Rochlitz, Johann Friedrich (1769—1842), Musikschriftsteller in Leipzig 250—260. 355.

Rode, Jacques Pierre Joseph (1774—1830), Violinist in Paris 114.

Röckel, Joseph August (1783—1870), Tenorist in Wien 78—80. 96—104.

Rohmann, in Wien 206. 208. 214.

Romberg, Andreas Jakob (1767—1821), Beethovens Jugendfreund, Violinist und Komponist in Paris 108.

Rossini, Gioachino Antonio (1792—1868), Opernkomponist 50. 275. 309. 311. 322.

Rothschild, Bankier in Wien 409.

Rousseau, Jean Jacques (1712—78), Schriftsteller 33. 118. 122.

Rubini, Giovanni Battista (1795—1854), Sänger 356.

Rudolf, Erzherzog (1788—1831), Beethovens Schüler, Freund und Gönner, Kardinal-Erzbischof von Olmütz 72. 84—86. 123. 147. 151. 171. 225. 242. 245. 285. 286. 304. 356. 361. 362.

Russell, Sir John 247—250.

Rußland, Alexander I. von (1777—1825) 63. 175.

—, Alexandra von, Gemahlin Nikolaus' I. 360.

Rust, Wilhelm Karl (1787—1855), Organist in Wien 104—106.

Saal, Sänger in Wien 135. 138.

Sachsen-Gotha, Prinz Friedrich von (1744—1825) 147.

Sachsen-Weimar, Karl August von (1757—1828) 152.

Salieri, Antonio (1750—1825), Hofkapellmeister in Wien 21. 25. 65. 66. 143. 237. 275. 276. 353.

Schenk, Johann (1753—1836), Beethovens Lehrer, Komponist in Wien 14—18.

Schicht, Johann Gottfried (1783—1823), Kantor an der Thomasschule in Leipzig 355.

Schiller, Friedrich (1759—1805) 19. 47. 157. 158. 169. 171. 273. 297. 303. 358.

Schindler, Anton (1796—1864), Beethovens Freund, Kapellmeister in Wien 142. 269. 271. 272. 277. 381—388. 400—412. 414.

Schlegel, August Wilhelm (1767—1845), Dichter 267.

Schlemmer († 1823), Beethovens Kopist 237.

Schlesinger, Adolf Martin, Musikverleger in Paris 291.

Schletterer, Hans Michel (1824—93), Kapellmeister in Augsburg 18.

Schlick, Gräfin, in Prag 21.

Schlösser, Louis (1800—86), Hofkapellmeister in Darmstadt 275—292.

Schmerling, Leopold, Bräutigam Nanny del Rios 181. 185. 186. 189. 201. 204. 207. 222. 226. 228.

Schnabel, Joseph Ignaz (1767—1831), Organist in Breslau 323.

Schnyder von Wartensee, Xaver (1786—1868), Musiklehrer in Frankfurt 147.

Schönauer, Advokat in Wien 222.

—, Onkel der Familie del Rio, in Wien 187. 189. 209. 222.

Schott, Gebrüder Andreas (1781—1840) und Johann Joseph (1782—1855), Musikverleger in Mainz 404. 409—412.

Schröder-Devrient, Wilhelmine (1804—60), Sängerin in Wien, dann in Dresden 104. 263—264. 276. 330.

Schubert, Franz (1797—1828), Komponist in Wien 253. 275. 277. 357. 358.

Schulz, Edward, Engländer 292—298.

Schuppanzigh, Ignaz (1776—1830), Violinist in Wien 28. 108. 141. 255. 276. 309. 372.

Schwenke, Christian Friedrich Gottlieb (1767—1822), Kantor in Hamburg 292.

Scott, Walter (1771—1832), englischer Romandichter 386.

Seibert, Arzt in Wien 392.

Sellner, Professor in Wien 51.

Seyfried, Ignaz von (1776—1841), Kapellmeister und Opernkomponist in Wien 22—25. 36—57. 66. 155. 161. 275. 276. 403.

Shakespeare, William (1564—1616), englischer Dichter 118. 188. 261. 299. 354. 358.

Simrock, Nikolaus (1752—1834), Musikverleger in Bonn 68.

—, Peter Joseph (1796—1870), dessen Sohn 202. 229.

Skrbenzky, von, Gutsbesitzer in Schlesien 237. 240.

Smart, Sir George Thomas (1776—1867), Organist und Komponist in London 385. 386. 402. 403. 406.

Sokrates, griechischer Philosoph 403.

Sonnleithner, Joseph von (1765–1835), Hoftheatersekretär in Wien 134 135. 165. 166. 265.

Spåth, Franz Jakob, Klavierfabrikant in Regensburg 13.

Spiker, Samuel Heinrich (1786–1858), Journalist in Berlin 358–362

Spohr, Ludwig (1784–1859), Kapellmeister in Frankfurt, dann in Kassel 152–159. 165. 275. 292. 322.

—, Dorette, geb. Scheidler, dessen Frau 152. 153.

Spontini, Gasparo (1774–1851), Kapellmeister in Paris, dann in Berlin 322. 329.

Sporschil, Johann, Publizist in Wien 301–304.

Stadler, Maximilian (1748–1833), Komponist und Musikschriftsteller in Wien 205. 275. 293.

Staudenheimer, Arzt in Wien 392. 408.

Steibelt, Daniel (1765–1823), Pianist 61. 62.

Stein, Johann Andreas (1728–92), Klavierfabrikant in Augsburg 13. 18.

—, Andreas, dessen Sohn, Klavierfabrikant in Wien 87. 312. 355. 357.

—, Professor in Wien 223.

Steiner, S. A., Musikverleger in Wien 243. 288. 289. 305. 342. 362. 403.

Steinkopf, Sänger in Wien 97.

Sterz, Syndikus in Langenlois 375.

Stoll, Joseph Ludwig (1778–1815), Dichter in Wien 267.

Stommb, in Bonn 7.

Streicher, Johann Andreas (1761–1833), Schillers Jugendfreund, Klavierfabrikant in Wien 19. 234. 235. 306.

—, Nanette, geb. Stein (1769–1833), dessen Frau 18. 172. 234. 235.

Stumpff, Johann Andreas, Harfenfabrikant in London 305–317. 371. 386. 403. 409.

Süßmayr, Franz Xaver (1766–1803), Kapellmeister in Wien 28.

Swieten, Gottfried Baron van (1734–1803), Freund und Gönner Mozarts und Beethovens, Bibliothekar in Wien 14.

Teltscher, Maler in Wien 412.

Thayer, Alexander Wheelock (1817–97), Musikschriftsteller, amerikanischer Konsul in Triest 412–414.

Thomson, James (1700–48), englischer Dichter 354.

Thun, Gräfin, in Wien 20.

Tiedge, Christoph August (1782—1841), Dichter 190. 224.

Tomaschek, Johann Wenzel (1774—1850), Organist und Musiklehrer in Prag 21—22. 159—166.

—, dessen Bruder 159—161.

Treitschke, Georg Friedrich (1776—1842), Hofoperndichter in Wien 134 —140.

—, dessen Frau 137.

Trémont, Baron de, Staatsratsauditor in Paris 114—122.

Türk, Daniel Gottlob (1750—1813), Organist in Halle, Musiktheoretiker 292.

Türkheim, von, hessischer Gesandter in Wien 278.

Uhland, Ludwig (1787—1862), Dichter 144—146. 270.

Umlauf, Michael (1781—1842), Kapellmeister in Wien 139. 162. 166. 263.

Varnhagen von Ense, Karl August (1785—1858), österreichischer Offizier, Schriftsteller 144—147.

—, Rahel (1771—1833), dessen Frau 146.

Vogl, Johann Michael (1768—1840), Sänger in Wien 135. 138.

Vogler, Georg Joseph (1749—1814), berühmter Organist und Musiktheoretiker 13. 265.

Waldstein, Graf Ferdinand, in Wien 76.

Wallishauser, Franz, Verleger in Wien 270. 274.

Walter, Klavierfabrikant 27.

Wawruch, Andreas, Arzt in Wien 384. 388—394. 408. 410.

Weber, Friedrich Dionys (1766—1842), Musiklehrer in Prag 140.

—, Karl Maria von (1786—1826), Opernkomponist, Kapellmeister in Dresden 49. 52. 53. 269. 273. 275. 292. 297—301. 329—331. 338. 339.

Weigl, Joseph (1766—1846), Kapellmeister in Wien 275. 403. 408.

Weinmüller, Sänger in Wien 97. 135. 138.

Weißenbach, Alois (1766—1821), Arzt in Salzburg 159. 167—172.

Wessenberg, Ignaz Heinrich Karl von (1774—1860), Generalvikar in Konstanz, Dichter 202. 230.

Wetzlar, Raimund von, Musikliebhaber in Wien 23. 24.

Wieck, Friedrich (1785—1873), Klavierlehrer in Leipzig, Klara Schumanns Vater 355—357.

Windeck, Oberbürgermeister in Bonn 5.

Winneberger 14.

Winter, Peter von (1754—1825), Hofkapellmeister in München 124.
Wölfl, Joseph (1772—1812), Pianist 23—25. 30.
Worzischek, Johann Hugo, Komponist in Prag 160. 275.
Wranitzky, Anton (1761—1819), Violinist in Wien 28. 40.
—, Paul (1756—1808), dessen Bruder, Kapellmeister und Komponist in Wien 28.

York, Friedrich Herzog von (1763—1827), englischer Feldmarschall 386.

Zelter, Karl Friedrich (1758—1832), Direktor der Singakademie in Berlin, Goethes Freund 148. 241—244. 328. 333. 334. 337.
Zizius, Johann (1772—1824), Professor am Theresianum in Wien 141.
Zmeskall von Domanovez, Nikolaus, Hofkanzleibeamter in Wien 20. 141.

Register der erwähnten Werke Beethovens

Andante favori 77.
Arien: Ah perfido (op. 65) 112.

Bagatellen (op. 119) 93.

Cellosonaten (op. 5) 83.
Chorphantasie (op. 80) 40. 63. 113. 141.
Christus am Ölberge (op. 85) 37. 38. 57. 58. 134.

Egmont (op. 84) 255. 256. 261.

Faustplan 256. 373.
Fidelio (Leonore, op. 72) 32. 37. 38. 45. 53. 77—80. 85. 96—104. 134—141. 144. 154. 167. 176. 178. 236. 254. 263—264. 276. 277. 281. 286. 300. 302. 309. 322. 342. 350. 380—383. 415.
Fugen 76. 354.

Hornsonate (op. 17) 62.

Jugendkompositionen 11. 13. 94. 95.

Kanons 52. 159. 222. 292.
Kantate „Der glorreiche Augenblick" (op. 136) 159. 162. 166. 175.
Klavierkonzerte: 1 (op. 15): 21. 80. 262. — 2 (op. 19): 22. — 3 (op. 37): 30. 37. 45. 58. 86—88. 141. — 4 (op. 58): 37. 45. 87. 113. 155. — 5 (op. 73): 45.
Klaviermärsche (op. 45) 69.
Klavierquintett (op. 16) 61. 71.
Klavierschulenplan 373.
Klaviersonaten: op. 2: 19. 21. 22. 25. 95. — op. 13: 28. 80. — op. 26: 61. 220. — op. 28: 33. — op. 31: 33. 67. 70. — op. 53: 31. 76. — op. 57: 75. — op. 101: 56. — op. 106: 81. 236. — op. 109—111: 93. 287.
Klaviertrios: op. 1: 25. 64. 297. — op. 11: 61. 62. — op. 44: 180. — op. 70: 108. 114. 158.
Klaviervariationen 13. 22. 25. 30. 35. 91. 106. 111. 145. — op. 34: 71. — op. 120: 93.

Leonore Prohaska 220.

Lieder: 94. 207. 211. 219. 222. 223. 256. — Adelaide (op. 46): 26. 28. 354. 382. 415. — op. 75: 127. 148. 222. — op. 82: 180. — op. 85: 124. 127. 128. 133. 149. — An die Hoffnung (op. 94): 190. 224. — An die ferne Geliebte (op. 98): 206—209. 222. 228.

Macbethplan 261.
Messen: C-Dur (op. 86): 113. — Missa sollemnis (op. 123): 256. 297. 304. 346. 407. 416.

Opernpläne 106. 236. 264. 268—274. 286. 297. 304. 337—339. 372. 383.
Oratorienplan 304. 393.
Ouvertüren: Prometheus (op. 43): 139. — Coriolan (op. 62): 106. 109. 111. — Die Ruinen von Athen (op. 113): 95. — Zur Namensfeier (op. 115): 95. — König Stephan (op. 117): 95.

Phantasien, freie 12. 13. 15. 20. 21. 23. 25. 32. 33. 35. 62. 75. 107. 113. 118. 119. 123. 137. 146. 236. 250. 314. 356.

Requiemplan 49. 160. 373.

Septett (op. 20) 71. 227. 236. 297.
Streichquartette: op. 18: 66. 78. — op. 127. 130. 132. 135: 287. 304. 342. 343. 346. 367. 372.
Streichquintette: op. 29: 91. — unvollendetes: 387.
Symphonien: 1 (op. 21): 30. 58. — 2 (op. 36): 30. 58. 59. — 3 (Eroica, op. 55): 37. 59. 60. 101. 121. 300. — 4 (op. 60): 111. — 5 (op. 67): 37. 63. 193. 300. — 6 (Pastorale, op. 68): 37. 63. 112. 288. 315. — 7 (op. 92): 156. 165. — 9 (op. 125): 157. 256. 287. 304. 359. 360. 416. — 10 (unvollendet): 256. 373. 387. 398.

Violinkonzert (op. 61) 37. 71.
Violinsonaten: op. 23: 70. — op. 30. 47: 63.

Wellingtons Sieg oder die Schlacht bei Vittoria (op. 91) 81. 142. 161. 166. 184. 415.

Bilderverzeichnis

1. Ludwig van Beethoven in seinem 16. Jahre. Schattenriß. Titelbild zu: Biographische Notizen über Ludwig van Beethoven von Dr. F. G. Wegeler . . . und Ferdinand Ries . . . Coblenz, bei K. Bädeker. 1838.
2. Franz Klein: Beethovens Gesichtsmaske (1812)
3. Franz Klein: Büste Beethovens (1812). Im Besitz von Herrn Emil Streicher in Wien
4. Kupferstich von Blasius Höfel nach der Zeichnung von Louis Letronne (1814). Verlag von Artaria & Co. Die Platte ist noch vorhanden.
5. August von Kloeber: Kreidezeichnung (1818). Im Besitz von C. F. Peters in Leipzig
6. Ferdinand Schimon: Ölgemälde (Ende 1818). Im Besitz des Beethovenhauses in Bonn
7. Stich von L. Sichling nach dem Ölgemälde von F. G. Waldmüller (1823). Verlag von Breitkopf & Härtel in Leipzig
8. Zeichnung von Johann Peter Lyser (um 1825). Im Besitz der Gesellschaft der Musikfreunde in Wien.